Kapitalismus zur Einführung

Julian L. Garritzmann

Kapitalismus zur Einführung

JUNIUS

Junius Verlag GmbH
Stresemannstraße 375
22761 Hamburg
www.junius-verlag.de

Umschlaggestaltung: Florian Zietz
Printed in the EU 2023
ISBN 978-3-96060-335-1

Bibliografische Information der Deutschen Nationalbibliothek
Die Deutsche Nationalbibliothek verzeichnet diese Publikation in der Deutschen Nationalbibliografie; detaillierte bibliografische Daten sind im Internet über http://dnb.dnb.de abrufbar.

Zur Einführung ...

... hat diese Taschenbuchreihe seit ihrer Gründung 1977 gedient. Zunächst als sozialistische Initiative gestartet, die philosophisches Wissen allgemein zugänglich machen und so den Marsch durch die Institutionen theoretisch ausrüsten sollte, wurden die Bände in den achtziger Jahren zu einem verlässlichen Leitfaden durch das Labyrinth der neuen Unübersichtlichkeit. Mit der Kombination von Wissensvermittlung und kritischer Analyse haben die Junius-Bände stilbildend gewirkt.

Seit den neunziger Jahren reformierten sich Teile der Geisteswissenschaften als Kulturwissenschaften und brachten neue Fächer und Schwerpunkte wie Medienwissenschaften, Wissenschaftsgeschichte oder Bildwissenschaften hervor. Auch im Verhältnis zu den Naturwissenschaften sahen sich die traditionellen Kernfächer der Geisteswissenschaften neuen Herausforderungen ausgesetzt. Diesen Veränderungen trug eine Neuausrichtung der Junius-Reihe Rechnung, die seit 2003 von der verstorbenen Cornelia Vismann und zwei der Unterzeichnenden (M.H. und D.T.) verantwortet wurde.

Ein Jahrzehnt später erweisen sich die Kulturwissenschaften eher als notwendige Erweiterung denn als Neubegründung der Geisteswissenschaften. In den Fokus sind neue, nicht zuletzt politik- und sozialwissenschaftliche Fragen gerückt, die sich produktiv mit den geistes- und kulturwissenschaftlichen Problemstellungen vermengt haben. So scheint eine erneute Inventur der Reihe sinnvoll, deren Aufgabe unverändert darin besteht, kompetent und anschaulich zu vermitteln, was kritisches Denken und Forschen jenseits naturwissenschaftlicher Zugänge heute zu leisten vermag.

Zur Einführung ist für Leute geschrieben, denen daran gelegen ist, sich über bekannte und manchmal weniger bekannte Autor(inn)en und Themen zu orientieren. Sie wollen klassische Fragen in neuem Licht und neue Forschungsfelder in gültiger Form dargestellt sehen.

Zur Einführung ist von Leuten geschrieben, die nicht nur einen souveränen Überblick geben, sondern ihren eigenen Standpunkt markieren. Vermittlung heißt nicht Verwässerung, Repräsentativität nicht Vollständigkeit. Die Autorinnen und Autoren der Reihe haben eine eigene Perspektive auf ihren Gegenstand, und ihre Handschrift ist in den einzelnen Bänden deutlich erkennbar.

Zur Einführung ist in der Hinsicht traditionell, dass es den Stärken des gedruckten Buchs – die Darstellung baut auf Übersichtlichkeit, Sorgfalt und reflexive Distanz, das Medium auf Handhabbarkeit und Haltbarkeit – auch in Zeiten liquider Netzpublikationen vertraut.

Zur Einführung bleibt seinem ursprünglichen Konzept treu, indem es die Zirkulation von Ideen, Erkenntnissen und Wissen befördert.

Michael Hagner
Ina Kerner
Dieter Thomä

Inhalt

1. Warum sollten wir uns mit Kapitalismus beschäftigen?

Es ist der 9. November 1989. Die Mauer fällt. Die DDR und die Sowjetunion kollabieren. Mit dieser Zeitenwende, die neben dem Ende des Zweiten Weltkriegs vermutlich die wichtigste Zäsur des 20. Jahrhunderts war, stand für viele fest: Der (»real existierende«) Sozialismus ist mit seiner Planwirtschaft gescheitert; der Kapitalismus hat gesiegt und wird sich als einzig wahres, dauerhaft funktionierendes Wirtschaftssystem durchsetzen.

In der Folge wurde weithin angenommen, dass nun in Ländern der ganzen Welt Veränderungsprozesse einsetzen würden, die mittelfristig zu einer Konvergenz hin zu Kapitalismus, Demokratie und Liberalismus nach US-amerikanischem Vorbild führen würden. Globalisierung, so die Argumentation, werde diesen Wandel noch vorantreiben und in einem globalen Diffusionsprozess zur Angleichung der politökonomischen Systeme an jenes der nun alleinigen Weltmacht USA führen (Kurzer 1991; Friedman 2007). Am prominentesten findet sich diese buchstäblich zehntausendfach zitierte These bei Francis Fukuyama, Politikwissenschaftler an der Stanford University, der mit dem Zusammenbruch der Sowjetunion das »Ende der Geschichte« (1989, 1992) verkündete. In seinen, aber auch in vielen anderen wissenschaftlichen Arbeiten und journalistischen Beiträgen dieser Zeit erscheint der Kapitalismus nach dem

Ende des Kalten Krieges als Dominante des Zeitgeists, ja sogar eines neuen Zeitalters.

Heute stellen sich diese Prognosen als mindestens vorschnell und viel zu eindeutig, wenn nicht gar als falsch heraus. Es zeigen sich mindestens vier Anomalien. Erstens: Während sich zahlreiche Länder zwar von Plan- zu Marktwirtschaften und von Autokratien zu Demokratien entwickelt haben, finden sich gleichzeitig immer noch viele Länder, die dem prophezeiten Wandel nicht oder nur teilweise gefolgt sind, z.B. Russland, China oder Kuba. Zweitens scheint die »Wahlverwandtschaft« von Kapitalismus mit Demokratie und Liberalismus viel weniger eng als angenommen, so dass Länder wie China oder Russland sich zwar zum Kapitalismus, aber nicht gleichzeitig zu Demokratie und Liberalismus öffnen konnten. Drittens zeigen aktuelle Demokratieberichte, dass global gesehen die liberale Demokratie zwar stark ist, aber zunehmend durch autokratische und populistische Tendenzen herausgefordert wird (Hellmeier et al. 2021). Und viertens schließlich sehen wir keineswegs eine Konvergenz in Richtung eines US-amerikanischen liberalen »laissez-faire«-Kapitalismus; vielmehr zeigt sich eine breite Vielfalt an unterschiedlichen Arten von Kapitalismus.

Es gibt nicht *den* Kapitalismus, sondern zahlreiche Spielarten – so die zentrale These dieses Bandes, der grundlegende Erkenntnisse der Vergleichenden Kapitalismusforschung für interessierte Leser:innen vorstellen will. Wir können und sollten Kapitalismen also nicht nur im Singular, sondern auch im Plural – als *Kapitalismen* – denken. Anders als der Großteil der bestehenden Forschung, der stark auf die reichen, entwickelten Demokratien in Europa und Nordamerika fokussiert, nehme ich hier eine global vergleichende Perspektive ein. Drei Fragen stehen dabei im Zentrum: Erstens, wie unterscheiden sich die unterschiedlichen Kapitalismustypen weltweit? Zweitens, welche

Konsequenzen, welche Vor- und Nachteile haben die jeweiligen Systeme? Und drittens, warum haben unterschiedliche Staaten unterschiedliche Kapitalismen entwickelt?

In diesen Fragezusammenhängen stellt der Band verschiedene, höchst unterschiedliche Kapitalismustypen vor: Liberalen Kapitalismus (den wir am prominentesten in den USA, aber auch in anderen angelsächsischen Ländern sowie im Baltikum finden), Koordinierten Kapitalismus (wie etwa in Deutschland und Kontinentaleuropa), Abhängigen Kapitalismus (in Teilen Zentral- und Osteuropas), Konglomerat-Kapitalismus (in Lateinamerika) und Netzwerk-Kapitalismus (in Japan und Ostasien). Auch geht der Band auf weitere Typen (siehe Kapitel 9) wie etwa den Staatskapitalismus ein (z.B. in China), die aber aus Platzgründen weniger im Zentrum stehen.

Gemeinsam ist all diesen Varianten, dass sie kapitalistisch sind. Kapitalismus definiere ich dabei als Wirtschaftssystem, in dem (1) Privateigentum legal und staatlich geschützt ist, (2) zentrale Elemente der Wirtschaft durch Märkte, Wettbewerb und Preissysteme gesteuert sind und (3) Kapital und Finanzwirtschaft eine zentrale Rolle für Produktion und Wirtschaft spielen (ähnlich: Ingham 2008). Gleichzeitig sind diese Systeme alle auf unterschiedliche Weise kapitalistisch – vor allem zeichnen sie sich durch unterschiedliche institutionelle Gefüge aus, beispielsweise durch unterschiedliche Banken- und Finanzsysteme, unterschiedliche Beziehungen zwischen Arbeitnehmer:innen und Arbeitgebern, unterschiedliche Wohlfahrtsstaatlichkeit, unterschiedliche Bildungssysteme und unterschiedliche Management- und Firmenführungsansätze – um nur einige zentrale Elemente von kapitalistischen Systemen zu nennen.

Ein Beispiel: Nur in Deutschland und einer Handvoll anderer Länder existiert ein duales Ausbildungssystem, in dem Jugendliche teilweise in Betrieben, teilweise in Schulen lernen. Dies ist relevant, denn Länder mit dualem Ausbildungssystem haben sehr viel geringere Jugendarbeitslosigkeit, geringere Lohnungleichheit sowie die Fähigkeit, bestimmte hochqualitative Güter herzustellen, was Ländern ohne solche Systeme nicht gelingt – man denke an die Qualitätsmarke »Made in Germany«. Das duale Ausbildungssystem funktioniert aber nur, weil Deutschland auch eine bestimmte Verhandlungskultur zwischen Gewerkschaften und Arbeitgebern hat. Dies wiederum ist eng mit der Art der Unternehmensführung verknüpft, ebenso mit dem Bankensystem und einer bestimmten Sozial- und Bildungspolitik. Andere Länder wie die USA, Japan, Chile oder China zeichnen sich dagegen durch ganz andere institutionelle Gefüge aus. Was die unterschiedlichen Kapitalismustypen also ausmacht, ist, dass die jeweiligen Institutionen eng verzahnt sind und alle in- und miteinander wirken. Mit Speusipp, Platons Nachfolger in der Akademie, gesprochen können wir sagen: »Alles hängt mit allem zusammen.«

Dieser Band will die unterschiedlichen Kapitalismen nicht nur beschreiben und ihre internen Wirkweisen aufzeigen, sondern diese auch erklären. Dabei erweist sich, dass es nicht den *einen* Faktor gibt, der alle Unterschiede erklären kann. Monokausale Erklärungen greifen zu kurz. Vielmehr müssen wir das Zusammenspiel von drei Gruppen von Erklärungen betrachten: Es geht um (1) politische Akteure (wie Parteien, Gewerkschaften, Arbeitgeberverbände), (2) sozioökonomische Faktoren (z.B. Bevölkerungsstruktur, Industrialisierung oder Globalisierung) und (3) um historische, kulturelle und institutionelle Faktoren (wie Kriege, Kolonialismus, Religion oder Wahlsysteme).

Die Unterschiede innerhalb dieser kapitalistischen Gefüge sind dabei nicht nur analytisch und akademisch interessant, sondern auch gesellschaftlich »für dich und mich«, denn sie haben weitreichende Konsequenzen auf viele Aspekte unseres Lebens.

Und zwar nicht nur, indem sie beeinflussen, wie arm oder reich unsere Gesellschaften sind und wie dieser Reichtum verteilt ist. Auch Menschen, die ein und derselben sozialen Schicht angehören, haben je nach Kapitalismustyp ganz unterschiedliche Biografien – und das nicht zufällig, sondern eben wegen der jeweiligen Kapitalismusart, in der sie leben. Stellen wir uns, um das zu illustrieren, fünf Männer vor: James aus Texas, Andreas aus Stuttgart, László aus Budapest, Jose aus São Paulo und Haruki aus Tokyo. Ich wähle hier bewusst fünf Männer und überspitze deren Merkmale fast klischeehaft, denn alle Kapitalismen waren historisch vor allem auf männliche Erwerbsarbeit (oft: in der Industrie) ausgerichtet und haben somit auch ganz zentrale Konsequenzen für Geschlechterungleichheit, wie ich in den einzelnen Kapiteln auch systematisch zu zeigen versuche.

James, Andreas, László, Jose und Haruki sind gleich alt, sagen wir vierzig. Alle gehören der Mittelschicht an, haben zwei Kinder, trinken morgens gern Kaffee, interessieren sich für Popmusik und Basketball und haben ein Netflix-Abo. Trotz dieser Ähnlichkeiten unterscheiden sich die konkreten Lebensbedingungen unserer fünf fiktiven Freunde stark – und das, *weil* sie in unterschiedlichen Kapitalismustypen zu Hause sind.

James aus Houston, Texas, hat nach der Highschool ein Bachelorstudium in Marketing absolviert. Danach war er drei Jahre im Vertrieb von Autos tätig, gefolgt von zwei Jahren als Vertriebsleiter einer kleinen Kette von Handygeschäften. Von dort wechselte er zu einer Bekleidungsfirma. Dort wurde ihm während der Finanzkrise kurzfristig gekündigt. Er machte sich erfolgreich selbständig als Berater. Während der Corona-Pandemie brach das Geschäft allerdings zusammen, und er wurde wieder arbeitslos. Kürzlich ist er bei einem Start-up eingestiegen. James war nie Gewerkschaftsmitglied – er meint, das sei nur etwas für Sozialist:innen. Nach der Geburt ihrer Kinder hat James' Frau sechs Monate unbezahlten Urlaub genommen; seitdem arbeitet sie wieder – auch um die hohen Kosten der privaten Kinderbetreuung tragen zu können.

Andreas aus Stuttgart hat nach der Realschule eine dreijährige duale Ausbildung bei Daimler absolviert. Dort wurde er nach erfolgreichem Abschluss übernommen und arbeitet nunmehr seit zwanzig Jahren in seinem Ausbildungsbetrieb. Während der Corona-Pandemie war er ein paar Monate in Kurzarbeit angestellt, ist aber noch nie arbeitslos gewesen. Andreas ist seit zwanzig Jahren Mitglied bei der IG Metall und im Betriebsrat aktiv. Andreas' Frau hat sechs Jahre im Beruf ausgesetzt, als die Kinder klein waren – mittlerweile arbeitet sie halbtags.

László aus Budapest, Ungarn, hat eine schulische Berufsausbildung genossen. Er arbeitet in der Automobilbranche bei einem Zulieferer von VW; das Unternehmen selbst gehört mehrheitlich deutschen Investoren. Während der Rezession nach der Finanzkrise wurde er arbeitslos, danach aber wieder von derselben Firma eingestellt. Er ist kein Gewerkschaftsmitglied – von seinen Eltern hat er genug Geschichten darüber gehört, dass während der Sowjetzeit jede:r Mitglied in einer Gewerkschaft sein musste, dadurch kontrolliert wurde und ist nun froh, dass diese Zeiten vorbei sind. Lászlós Frau hat früher Vollzeit gearbeitet, ist seit der Geburt der Kinder aber nicht mehr erwerbstätig.

Jose aus São Paulo, Brasilien, ist zehn Jahre zur Schule gegangen – zwei Jahre länger als sein Zwillingsbruder, der seit der 8. Klasse nicht mehr am Unterricht teilnehmen wollte und lieber diversen Gelegenheitsarbeiten nachgeht. In den letzten zwanzig Jahren hatte Jose acht verschiedene Jobs – vier davon mit offiziellen Arbeitsverträgen, die anderen im informellen Sektor. Er war unter anderem drei Jahre in einer Kupfermine tätig, zwei Jahre in der Produktion von Orangensaft und zwei Jahre im Vertrieb von Mobiltelefonen – gemeinsam war diesen drei Jobs, dass sie alle beim selben Arbeitgeber, einem riesigen Wirtschaftskonglomerat, stattfanden. Außerdem war Jose drei Jahre als selbständiger Obstverkäufer auf einem Markt tätig. Er kennt die lokalen Gewerkschaften, aber ist kein Mitglied, da diese »sich nicht für Leute wie mich einsetzen«. Joses Frau arbeitet in einer Stickerei – die Kinder werden hauptsächlich von ihr sowie von ihren Eltern betreut.

Haruki aus Tokyo, Japan, schließlich hat nach der Oberschule einen begehrten Ausbildungsplatz bei Toyota ergattern können. Seit der Ausbildung ist er dort in der Herstellung von Nutzfahrzeugen tätig. Am Anfang war sein Gehalt noch recht niedrig, aber es steigt automatisch immer mehr an, je länger er in der Firma ist, so dass er mittlerweile sehr gut verdient. Obwohl Haruki bislang immer bei Toyota angestellt war, hat er auch schon für Honda und Mazda gearbeitet – er war dorthin jeweils für ein Jahr von Toyota ausgeliehen. Er ist Mitglied in der betriebseigenen Gewerkschaft. In seiner aktuellen Tätigkeit langweilt er sich zwar etwas, aber einen Jobwechsel kann er sich nicht vorstellen – nicht zuletzt da Toyota seine Wohnung mitfinanziert und seine Rentenansprüche verloren gehen würden, wenn er woanders arbeiten würde. Harukis Frau ist nicht erwerbstätig, sondern zu Hause mit den beiden Kindern.

Die fünf Männer habe ich mir offensichtlich ausgedacht. Sie repräsentieren jedoch typische Lebensläufe und Berufskarrieren in unterschiedlichen Kapitalismustypen. Obwohl alle fünf viele Gemeinsamkeiten haben, unterscheiden sich ihre Bildungs-, Arbeits- und Sozialleben sehr stark – und das, *weil* sie in unterschiedlichen Systemen mit unterschiedlichen Institutionen leben. Wie und warum sich diese unterscheiden und welche Konsequenzen dies hat, darum geht es in diesem Buch.

Wir werden unter anderem sehen, dass die unterschiedlichen Kapitalismustypen weitreichende Konsequenzen haben, zum Beispiel hinsichtlich von Ungleichheiten (z.B. Einkommens-, Geschlechter-, Bildungsungleichheiten), für Produktionsarten (welche Güter oder Dienstleistungen die Wirtschaft eines Landes am besten herstellen kann), Arbeitsmärkte (Arbeitslosigkeit, Jobsicherheit, Gehälter), Innovationspotenziale sowie wirtschaftliche Stabilität. Die Unterscheidung verschiedener Kapitalismustypen hilft auch zu verstehen, warum unterschiedliche Länder unterschiedlich stark von Krisen wie zuletzt der Finanz-, der »Flüchtlings«-, und der Corona-Krise herausgefordert sind.

Struktur und Ziel dieses Bandes

Ziel dieses Buches ist es, in diese Argumentationen und Logiken einzuführen und Leser:innen für die Vergleichende Kapitalismusforschung zu begeistern. Wir analysieren *Kapitalismus* im Singular und *Kapitalismen* im Plural aus einer globalen Perspektive, untersuchen ihre jeweiligen politischen Ursachen und sozioökonomischen Effekte. Konkreter will der Band Leser:innen (1) in die Vergleichende Kapitalismusforschung einführen, (2) für die politikwissenschaftliche und politik-ökonomische Literatur begeistern, (3) das analytische Handwerkszeug liefern, um Kapitalismus begrifflich fassbar und unterschiedliche Kapitalismusarten unterscheidbar zu machen, (4) zeigen, dass es *Kapitalismen* im Plural mit unterschiedlichen Charakteristika, Stärken und Schwächen gibt, (5) einen globalen Überblick über diese Kapitalismen liefern, (6) deren jeweilige Charakteristika herausarbeiten, (7) erklären, warum sich die unterschiedlichen Spielarten so stark unterscheiden, (8) diskutieren, ob Kapitalismus alternativlos ist, und (9) auf die komplexen Zusammenhänge von Kapitalismus, Demokratie und Ungleichheit hinweisen.

Im anschließenden zweiten Kapitel fragen wir zunächst: Was ist Kapitalismus? Hier geht es um Kapitalismus im Singular und die Frage, was diesen auszeichnet und von nicht-kapitalistischen Systemen abgrenzt. Das dritte Kapitel (»*Der* Kapitalismus oder *die* Kapitalismen?«) stellt die zentralen Argumente dieses Bandes vor. Es erläutert, was die unterschiedlichen Kapitalismustypen überhaupt auszeichnet und wie wir diese analytisch greifbar machen können. Der Rest des Buches ist dann geografisch bzw. nach unterschiedlichen Kapitalismustypen strukturiert. In Kapitel 4 beginnen wir mit dem Liberalen Kapitalismus nordamerikanischer Prägung, den wir ähnlich aber auch in anderen angelsächsischen Ländern sowie im Baltikum finden. Kapitel 5 stellt den Koordinierten Kapitalismus vor, der in Deutschland und Kontinentaleuropa vorherrscht. Kapitel 6 charakterisiert Teile Zentral- und Osteuropas als Abhängigen Kapitalismus – abhängig von Kapital aus Westeuropa und Nordamerika. Das Kapitel zeigt aber auch, dass und warum nicht alle Zentral- und osteuropäischen Staaten diesen Kapitalismustyp entwickelt haben. In Kapitel 7 springen wir nach Lateinamerika, dessen wirtschaftlich prägende Form in der Forschung als »hierarchische Marktwirtschaft« beschrieben wird, was ich hier »Konglomerat-Kapitalismus« nenne. Die ostasiatischen Staaten werden in Kapitel 8 als »Netzwerk-Kapitalismus« charakterisiert. Kapitel 9 gibt einen Überblick über weitere Kapitalismustypen, insbesondere staatlich geführten Kapitalismus, der z.B. China prägt. Das letzte Kapitel bietet eine vergleichende Analyse der verschiedenen Kapitalismen, thematisiert Limitationen dieses Buchs und aktueller Forschung, diskutiert Herausforderungen des Kapitalismus und der Kapitalismen, fragt nach Alternativen zum Kapitalismus und schließt mit einer Diskussion zum Zusammenhang von Kapitalismus, Demokratie und Ungleichheit.[1]

2. Was ist Kapitalismus?

Die Kernthese dieses Bandes ist, dass wir Kapitalismus immer im Plural (Kapitalismen) denken sollten, da weltweit zwar mittlerweile fast alle Länder kapitalistisch sind, aber doch sehr große Unterschiede in der Art des jeweils herrschenden Kapitalismus aufweisen. Bevor wir uns aber den Kapitalismen im Plural widmen, stellt sich zunächst noch grundlegender die Frage: Was ist überhaupt Kapitalismus? Was zeichnet Kapitalismus im Vergleich zu anderen, nicht-kapitalistischen Wirtschaftsformen aus? Seit wann gibt es Kapitalismus? Und sind Kapitalismus und Marktwirtschaft eigentlich dasselbe?

Um diese Fragen zu beantworten, lohnt es, drei unterschiedliche Perspektiven einzunehmen, die in diesem Kapitel kurz vorgestellt werden: Zunächst können wir historisch – mit der Geschichtswissenschaft – *Kapitalismus als historische Phase* begreifen. Zweitens können wir – mit der Philosophie und den »Klassikern« der Wirtschaftswissenschaft und Politischen Ökonomie – Kapitalismus *begriffs- und ideengeschichtlich* in den Blick nehmen und den Bedeutungswandel bei Denkern wie Adam Smith über Karl Marx bis Joseph Schumpeter nachzeichnen. Drittens schließlich können wir – mit der Politikwissenschaft und Vergleichenden Kapitalismusforschung – *Kapitalismus politökonomisch und analytisch* in den Blick nehmen und die internen Zusammenhänge, Wirkweisen, Ursachen und Konsequenzen von unterschiedlichen Kapitalismustypen untersuchen. Es ist hauptsächlich diese dritte Perspektive, die in diesem Band vorgestellt werden soll. Beginnen wir aber zunächst historisch.

Kapitalismus als historische Phase

Kapitalismus kann als eine historische Phase betrachtet werden. In der europäischen Geschichts- und Gesellschaftswissenschaft wird Kapitalismus oft als die wirtschaftliche Epoche »nach dem Feudalismus« charakterisiert, also in die Zeit des ausgehenden Mittelalters und der beginnenden Frühen Neuzeit datiert (so z.B. schon im späten 19. Jahrhundert bei Ferdinand Tönnies, einem der Gründungsväter der deutschen Soziologie). Der Kapitalismus ist damit die seit dem Ende des Feudalismus vorherrschende Wirtschaftsepoche.

Dies ist zwar richtig, zwei Einschränkungen sind dabei jedoch zu beachten: Zum einen ist es – wie fast immer in der Geschichtswissenschaft – sehr schwierig, genaue Daten zur Periodisierung dieser Epoche zu nennen. Anstatt hier einen klaren historischen Einschnitt in der Geschichte zu suchen (den es nicht gab), sollten wir vielmehr das Entstehen des Kapitalismus als fließenden Übergang betrachten. Wenn dies auch intellektuell unbefriedigender sein mag, ist es empirisch doch viel angemessener.

Zum anderen wurde zu Recht darauf hingewiesen, dass die Datierung des Beginns des Kapitalismus in die Frühe Neuzeit eine sehr europäische ist. Aus globaler Perspektive (z.B. Kocka 2013) finden sich dagegen schon früher – vor allem in China und Arabien – Wirtschaftssysteme, die durchaus als zumindest frühkapitalistisch beschrieben werden können. Man sollte sich diese Wirtschaftssysteme zwar nicht im selben Sinne als »kapitalistisch« vorstellen wie das gegenwärtige System der USA oder Deutschlands, aber zentrale Elemente kapitalistischer Systeme (z.B. Privateigentum, Märkte, Handel, Geldwirtschaft, Kreditfinanzierung) waren zumindest in Ansätzen bereits vorhanden, wenn sie auch noch nicht das gesamte Wirtschaftssystem prägend durchzogen, wie dies im heutigen Kapitalismus der Fall ist.

Zumindest für (Nordwest-)Europa ist es aber richtig, Kapitalismus als die wirtschaftliche Epoche nach dem Feudalismus zu betrachten. Davor, im Mittelalter, war der Feudalismus in Europa und in Japan das politisch, wirtschaftlich und sozial prägende Ordnungssystem. Der Feudalismus zeichnete sich vor allem durch klar hierarchische Gesellschafts- und Besitzstrukturen aus: Monarch (also König oder Kaiser), Adel und Kirche waren die Grundbesitzer, denen das Land gehörte. Dieses vergaben sie an Vasallen, die es zur Bearbeitung an Bauern verpachteten. Die Bauern waren verpflichtet, eine regelmäßige Abgabe ihrer Erträge an die Grundbesitzer zu entrichten. Der Großteil der Bevölkerung hatte somit keinen Grundbesitz und stand in wirtschaftlichen und politischen Abhängigkeitsverhältnissen zur herrschenden Klasse. Darüber hinaus waren wirtschaftliche und politische Macht eng verwoben: Die *politisch* Herrschenden waren gleichzeitig die *wirtschaftlich* Mächtigen.

Dies änderte sich zwischen dem 12. und dem 15. Jahrhundert zunächst schleichend, dann rapider im 16. und 17. Jahrhundert, als der Kapitalismus in Europa zu entstehen begann und zunehmend zur dominanten Wirtschaftsform wurde. Die großen Unterschiede zum Feudalismus waren einerseits, dass Kapital zunehmend genutzt wurde, um die Produktion zu steuern und die Produktionskapazität zu erhöhen, d.h. als Investition in weitere, zukünftige Gewinne; zweitens wurde Privateigentum zunehmend üblicher und durch das Aufkommen einer bürgerlichen Klasse in breiteren Gesellschaftsschichten etabliert; und drittens begann eine kapitalistische Orientierung größere Teile des Wirtschaftssystems zu durchziehen (im Unterschied zu chinesischen und arabischen Vorgängern, wo diese eher noch marginal waren und nur Teile der Wirtschaft betrafen).

Diese frühe Form des Kapitalismus geht mit dem sogenannten *Merkantilismus* Hand in Hand. Dieser war vom 16. bis ins 18.

Jahrhundert in Westeuropa vorherrschend. Im Begriff stecken das lateinische »mercator« und das französische »mercantile«, das »Kaufmann« bedeutet. Der Merkantilismus bildete ein Wirtschaftssystem und eine Wirtschaftspolitik heraus, die – vereinfacht gesagt – auf eine positive Handelsbilanz zielten, also versuchten, mehr zu exportieren als zu importieren. Dies generierte Staatseinnahmen, welche die absolutistischen Herrscher nutzen konnten, um ihren Staatsapparat und ihre Armeen auszubauen. Geografisch geschah dies vor allem in England, im »Heiligen Römischen Reich deutscher Nation« sowie in Frankreich, teilweise auch in den zu dieser Zeit wirtschaftlich dominanten Niederlanden, später ebenso in Skandinavien.

Einerseits zeigten sich im Merkantilismus erste Elemente einer kapitalistischen Ordnung, denn Privateigentum wurde üblicher, es wurden Binnenmärkte geschaffen und gestärkt (z.B. durch die Abschaffung von Binnenzöllen), globaler Fernhandel und erste Industrialisierung gefördert, durch Vereinheitlichung von Maßen, Gewichten und Währungen eine Vereinfachung von Handelsbeziehungen gesucht sowie erste Finanzbörsen gegründet (in Brügge, Antwerpen, Lyon, Augsburg und Nürnberg). Andererseits war der Merkantilismus aber auch durch starke Eingriffe des Staates in die Wirtschaft gekennzeichnet, insbesondere durch Regulierung, Importzölle und die Privilegierung von Handelsmonopolen wie etwa jene der Niederländischen oder der Britischen Ostindien-Kompanie. Die Zeit des Merkantilismus gilt daher als »Frühkapitalismus« oder »Protokapitalimus«.

Im 18. Jahrhundert setzte sich die Transformation westeuropäischer Staaten in Richtung Kapitalismus rapide fort. Die Aufklärung, die Französische Revolution und die anschließenden Napoleonischen Kriege in Europa beendeten das Zeitalter des Feudalismus ein für alle Mal und ebneten den Weg für ein neues politökonomisches Zeitalter. Wirtschaftlich fand eine enorme Modernisierung statt: Arbeitsteilung und frühe Formen der Industrialisierung kamen auf; diese senkten die Produktionskosten und führten zu massiver Produktions- und Produktivitätssteigerung, welche die moderne Massenproduktion und den Massenkonsum ermöglichten. Adam Smith, der oft als »Gründungsvater« des Kapitalismus angeführt wird, charakterisierte die wirtschaftliche Formation seiner Zeit entsprechend auch nicht als »kapitalistisch«, sondern als »commercial society«, also als »kommerzielle« oder »geschäftliche« Gesellschaft.

Keinesfalls vergessen werden darf angesichts dieser »Modernisierungsprozesse« jedoch, dass dieser frühe Kapitalismus einherging mit Kolonialismus, Sklaverei und Plantagen- sowie Kinderarbeit. Die aufkommenden kapitalistischen Systeme im »Westen« bereicherten sich durch ausbeuterische Verhältnisse massiv an Land, Ressourcen und den Menschen anderer Länder. In dieser Hinsicht kann man Kolonialismus und Ausbeutung als Rückgrat des modernen Kapitalismus betrachten, die dessen wirtschaftlichen Erfolg zumindest mit ermöglichten und beschleunigten. Aus postkolonialer, nicht-eurozentristischer Perspektive zeichnet sich daher ein ganz anderes Bild (Chakrabarty 2009).

Auch das sogenannte »lange« 19. Jahrhundert (1789–1914) war durch weitreichende Veränderungen gekennzeichnet: Für die Geschichte des Kapitalismus ist hier vor allem das massive Erstarken der *Industrialisierung* zu nennen. Die Industrielle Revolution veränderte die Produktions- und Arbeitsweisen radikal – zunächst in der Textilindustrie in England, von wo aus sie zunehmend in andere nordwesteuropäische und einige Jahrzehnte später auch in süd- und osteuropäische Länder übergriff. Die Industrialisierung ist für die politische und wirtschaftliche Geschichte aus verschiedenen Gründen enorm relevant. Zum einen veränderte die neue, maschinenfokussierte Wirtschaft die

Arbeits- und Produktionswelt: Hatten bislang noch Arbeiter:innen im Zentrum der Herstellungs- und Wertschöpfungsprozesse gestanden, wurden nun zunehmend (Dampf-)Maschinen zentral. Zweitens veränderten sich damit verbunden die Eigentumsverhältnisse und die soziale Ungleichheit, denn das Besitzen von Maschinen (»Produktionsmitteln«) wurde zunehmend zu einer zentralen Ressource: Es entstand eine wachsende Kluft zwischen einer wohlhabenden Schicht von Maschinen- und Fabrikbesitzern einerseits und der Arbeiterschaft andererseits. Mit Karl Marx gesprochen entstand eine neue Klassenstruktur. Während die Industrialisierung zwar massiv zu Wirtschaftswachstum und verbesserten Lebensstandards beitrug, war der Besitz hingegen sehr ungleich verteilt: Kapitalakkumulation unter den Reichen und Verelendung unter den Arbeiter:innen gingen Hand in Hand. Drittens beschleunigte die Industrialisierung Migration vom Land in die Städte (Urbanisierung), was wiederum weitreichende Konsequenzen hatte. Viertens schließlich hatte die Industrialisierung folgenschwere politische Konsequenzen, denn sie führte zur Gründung von Arbeiterbewegungen und Gewerkschaften (Huberman 2014) sowie zur Entstehung sozialdemokratischer und sozialistischer Arbeiterparteien wie etwa der SPD in Deutschland oder Socialdemokraterna in Schweden. Wie wir in den weiteren Kapiteln sehen werden, war die Stärke unterschiedlicher Parteien ganz zentral für die weitere Entwicklung des Kapitalismus bzw. der Kapitalismen.

Neben der Industrialisierung waren weitere wichtige sozioökonomische Veränderungen im 19. Jahrhundert die Zunahme von globalem Freihandel und Freizügigkeit, nicht zuletzt vereinfacht durch neue Transporttechnologien wie Dampfboote und Züge (es wird heutzutage oft vergessen, dass die Welt vor den Weltkriegen stark globalisiert war), die Etablierung des Goldstandards (also stabiler Währungen und Wechselkurse, die Handel erleichterten), die systematische Erschließung und Nutzung fossiler Ressourcen (insbesondere Kohle, Öl, Gas, Metalle und Mineralien) sowie rasantes Bevölkerungswachstum. Politisch war das 19. Jahrhundert durch das Aufkommen und Erstarken von Nationalstaaten (die stabilere Rechtsordnungen und staatliche Strukturen schufen und Privateigentum systematisch schützten) und die Ausbreitung des politischen Liberalismus geprägt. In diesem Kontext setzte sich der Kapitalismus als Wirtschaftsform zunehmend und in immer mehr Bereichen durch.

In der ersten Hälfte des 20. Jahrhunderts gab es zunächst einige »Rückschläge« für den globalen Freihandelskapitalismus: In vielen europäischen Nationalstaaten keimte Nationalismus auf, der einer globalisierten Welt kritisch gegenüberstand und wirtschaftlich für Protektionismus und eine planwirtschaftliche Militärwirtschaft einstand. Dies gipfelte mit der Radikalisierung dieser Bewegungen in den faschistischen Regimen vor allem in Italien, Deutschland und Österreich und letztlich in den beiden Weltkriegen. Diese und die Weltwirtschaftskrise der 1930er Jahre hatten – neben dem unsäglichen menschlichen Leid – weitreichende Folgen für den Kapitalismus: Globaler Handel und globale Migration wurden massiv eingeschränkt, Produktionskapazitäten – vor allem Fabriken und Maschinen – wurden in vielen Staaten grundlegend zerstört, Millionen von Arbeiter:innen starben oder wurden schwer verwundet, der Goldstandard wurde aufgegeben und zentrale Elemente der Wirtschaft wurden in der »Kriegswirtschaft« zentral gesteuert, wodurch Märkte und Privateigentum stark beschnitten waren. Zentrale Elemente des Kapitalismus wurden also zwischen den 1910er und 1940er Jahren stark eingeschränkt.

Die zweite Hälfte des 20. Jahrhunderts dagegen war durch ein Wiedererstarken des Kapitalismus (zumindest im »Westen«) gekennzeichnet. Privateigentum wurde wieder systematisch geschützt, Märkte und Marktmechanismen setzten sich in nahezu allen Bereichen des wirtschaftlichen Lebens durch und Kapital- und Finanzwirtschaft nahmen eine immer wichtigere Rolle ein. Gleichzeitig wuchs die Globalisierung in Form der Bewegung von Gütern, Kapital und Menschen wieder rasant – insbesondere seit den 1980er Jahren. Mit dem eingangs erwähnten Fall der Berliner Mauer und dem Ende der Sowjetunion erschien der Kapitalismus vielen Beobachter:innen seit den 1990er Jahren als »alternativlos«.

Im 21. Jahrhundert gab es zwar weiterhin einige antikapitalistische Bewegungen (z.B. die #OccupyWallstreet-Bewegung, die regelmäßigen Anti-G20-Proteste oder die protektionistische Rhetorik populistischer Politiker:innen und Parteien), die insbesondere während der »Weltfinanzkrise« und Rezession ab 2007 erneut Aufwind erhielten – der Kapitalismus selbst aber ist und bleibt unbestritten die dominante globale Wirtschaftsordnung. Die wenigen Ausnahmen (insbesondere Kuba, Venezuela oder Nordkorea) bestätigen klar die Regel.

In diesem Sinne kann Kapitalismus unzweifelhaft als eine historische Phase, nämlich als die historische Epoche »nach dem Feudalismus« betrachtet werden. Bevor wir uns der zweiten Perspektive auf den Kapitalismus widmen, sei nur kurz erwähnt, dass die historische Darstellung hier knapp und skizzenhaft bleiben musste und nur einige wenige Hauptmerkmale angesprochen hat. Wer mehr über die Entwicklungsgeschichte des Kapitalismus wissen möchte, findet gut lesbare Einführungen bei Kocka (2013) und Leidinger (2008); für mehr Details lohnt die zweibändige *Cambridge History of Capitalism* (Neal/Williamson 2014) – dort insbesondere die Kapitel von O'Rouke und Williamson (2014) zur globalen Entwicklung sowie von Frieden und Rogowski (2014) zu den politökonomischen Konflikten dieser Entwicklung.

Kapitalismus als Begriff und Idee

Wir können uns »Kapitalismus« auch anders nähern: Als zweite Perspektive lohnt es sich, auf den *Begriff* und die *Begriffsgeschichte* zu schauen. Der Begriff »Kapitalismus« setzt sich im Deutschen, Englischen und Französischen erst nach 1850 durch (Kocka 2013: 6), d.h. viel später als die eigentliche realhistorische Entstehung des Kapitalismus, die wir oben in die Frühe Neuzeit datiert haben. Bereits im 16. Jahrhundert war dagegen der Begriff »Kapital/Capital« etabliert, zunächst als Bezeichnung für Geld, dann auch für Vermögen – immer aber für Finanzmittel mit dem Ziel der Gewinnmaximierung (ebd.). Etymologisch geht »Kapital« auf das lateinische »caput/capitalis«, d.h. »den Kopf betreffend«, zurück, welches ursprünglich die Kopfzahl einer Viehherde bezeichnete, anhand derer der Reichtum eines Menschen beziffert werden konnte. Der Begriff findet sich bis heute im Englischen »capital«, das ja gleichzeitig »Hauptstadt« bedeutet.

Auch der Begriff »Kapitalist« tauchte bereits im 16. Jahrhundert auf, erst als Bezeichnung für Wohlhabende, seit dem späten 18. Jahrhundert zunehmend als Bezeichnung für eine soziale Klasse, die – im Gegensatz zur Arbeiterschaft – von Profiten lebt, also sprichwörtlich »das Geld für sich arbeiten« lässt. Ab 1850 wurde der daraus generalisierte Begriff »Kapitalismus« dann häufiger; anfänglich wurde er vor allem von Kapitalismuskritikern genutzt, um die sozialen und wirtschaftlichen Verhältnisse anzugreifen, wie etwa von den Sozialist:innen Louis Blanc, Pierre Joseph Proudhon, Rosa Luxemburg und Wilhelm Liebknecht. Erst einige Zeit danach wurde der Begriff Kapitalismus zunehmend auch wertneutraler als analytischer Begriff in den Wirtschafts- und Sozialwissenschaften zur Beschreibung und Analyse von Wirtschaftssystemen genutzt. Bis heute schwingen in dem Begriff »Kapitalismus« aber eine Reihe von (normativen) Konnotationen mit.

Um die Begriffsgeschichte grafisch zu illustrieren, zeigt Abbildung 1 die Häufigkeit der Wörter »capitalism« und »socialism« im Korpus von Google Books (auf Englisch, da der englischsprachige Korpus deutlich größer ist). Wir sehen, dass der Begriff »Sozialismus« schon knapp fünfzig Jahre vor dem Begriff »Kapitalismus« gebräuchlich war und beide dann vor allem im 20. Jahrhundert immer häufiger wurden; seit den 1970er Jahren wird zunehmend weniger über Sozialismus und immer mehr über Kapitalismus publiziert (siehe Abb. 1).

Parallel zu dieser Begriffsgeschichte hat »Kapitalismus« natürlich auch eine lange Ideengeschichte, die bedeutende Denker:innen umfasst wie Hannah Arendt, Dipesh Chakrabarty, Walter Eucken, Nancy Fraser, Milton Friedman, Friedrich August von Hayek, Max Horkheimer, Rahel Jaeggi, John Maynard Keynes, Rosa Luxemburg, Thomas Malthus, Karl Marx, Ludwig von Mises, Claus Offe, Karl Polanyi, David Ricardo, Joseph Schumpeter, Adam Smith, Werner Sombart, Wolfgang Streeck, Kathleen Thelen oder Max Weber.

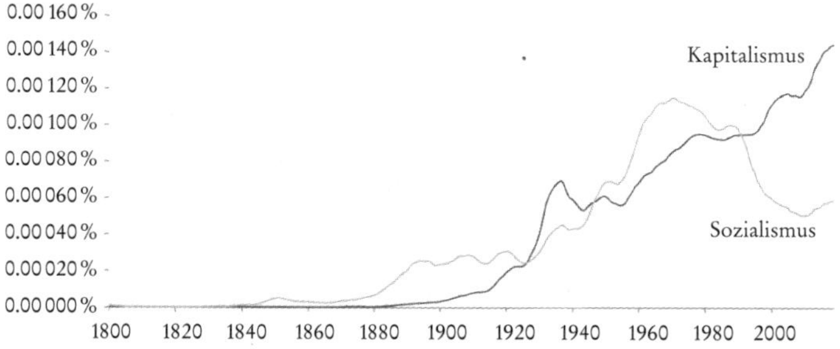

Abb. 1: Häufigkeit der Begriffe »Kapitalismus« und »Sozialismus« in wissenschaftlichen Publikationen, 1800–2019 (Quelle: Eigene Darstellung mithilfe von Google Ngram)

Im Rahmen dieses einführenden Bandes kann diese umfassende Ideengeschichte nicht systematisch nachgezeichnet werden – wer mehr darüber wissen will, findet z.B. bei Kocka (2013) und Willke (2006) gut lesbare Einführungen. An dieser Stelle soll nur knapp am Beispiel dreier Denker (in diesem Fall wirklich drei Männer) skizziert werden, wie sich die Debatten um Kapitalismus über die Zeit verändert haben bzw. welche unterschiedlichen Sichtweisen auf Kapitalismus es überhaupt gibt.

Adam Smith (1723–90) gilt gemeinhin als »Denkvater« des Kapitalismus, insbesondere mit seinem 1776 publizierten *Inquiry into the Nature and Causes of the Wealth of Nations* (Smith 2005 [1776]; für eine gute Einführung in sein Denken und Werk siehe Aßländer 2007). Das ist zwar nicht falsch, denn Smith beschreibt zentrale Elemente kapitalistischer Gesellschaften. Es muss aber zum einen darauf hingewiesen werden, dass Smith die Begriffe »capitalism/capitalist« gar nicht verwendet – diese tauchen, wie wir schon gesehen haben, erst knapp hundert Jahre später auf. Smith selbst spricht vielmehr von der »commercial society«, dem »commerical state« und der »commercial world«. Zum anderen mag Smith zwar das prominenteste Beispiel sein – er war aber ideengeschichtlich weder allein noch der erste Denker des Kapitalismus. Ähnliche Gedanken z.B. über die Vorzüge von liberalen Ordnungen, über positive Effekte von individuellem Streben, über die Bedeutung von Privateigentum und Bürgerechten, über Handel und Finanzwirtschaft sowie über Modernisierung und Fortschritt finden sich schon seit der Aufklärung, u.a. bei den Franzosen Montesquieu und Condorcet, den Niederländern Grotius und Spinoza sowie den Engländern und Schotten Hobbes, Locke, Hume und Paine. Bei Smith werden diese unterschiedlichen Elemente aber systematisch zusammengebunden und verdichtet. Drittens schließlich muss darauf hingewiesen werden, dass Smith oft irrtümlich als Verfechter eines »laissez-faire«-Kapitalismus angeführt wird; übersehen wird dabei, dass er nicht nur eine zentrale Rolle für einen starken Staat fordert, sondern seine Gedanken zum Kapitalismus auch eng mit einer durchdachten Moralphilosophie verknüpft sind (Aßländer 2007).

Smith schreibt während der Zeit des Merkantilismus. Diesen kritisiert er scharf, vor allem die willkürlichen Eingriffe des absolutistischen Staates in die Wirtschaft. Der liberale Smith ist überzeugt, dass wirtschaftlich bessere und sozial gerechtere Ergebnisse erzielt werden könnten, wenn der Staat sich mehr zurückhalten würde und alle einzelnen Bürger:innen eigenständig ihren Interessen nachgehen könnten. In einer solchen Gesellschaft würden die Individuen frei und freiwillig miteinander handeln und die Marktmechanismen von Angebot und Nachfrage zu guten Ergebnissen und zu gesamtgesellschaftlichem Wohlstand beitragen (dem im Titel genannten »wealth of nations«). Freier Wettbewerb und Freihandel würden also wohlstandsmehrend wirken – und dies viel besser als im vorherrschenden Merkantilismus. Man müsse die Individuen nur ihrem eigenen Nutzen nachgehen lassen, der Rest werde sich fügen. Eine Kernannahme dabei ist, dass Freihandel zu größeren Märkten führe, was wiederum eine stärkere Arbeitsteilung ermögliche, welche dann mehr Wohlstand aller mit sich bringe.

Es ist also richtig, dass sich Smith für eine freie Marktwirtschaft eingesetzt hat. Allerdings stellt er sich damit vor allem gegen die Art der staatlichen Regulierung seiner merkantilistischen Zeit. Dem Staat schreibt Smith dennoch eine zentrale Rolle zu, nicht zuletzt bei der Gewährleistung von Sicherheit und dem Schutz von Eigentumsrechten, bei der Landesverteidigung und bei der Bildung der Bevölkerung. Der Staat solle sich aber nicht zu stark in die Wirtschaft einmischen – wobei Smith hier vor allem an die Zölle und die merkantilistische Exportpolitik der absolutistischen Herrscher denkt.[2] In diesem Sinne kann Smith zu

Recht als ein Befürworter des Kapitalismus verstanden werden, der die kapitalistischen Elemente des Frühkapitalismus begrüßt und die Eingriffe des absolutistischen, merkantilistischen Staates kritisiert.

Eine ganz andere, kapitalismuskritische Auffassung finden wir dagegen einige Jahrzehnte später bei *Karl Marx* (1818–83) und anderen Sozialist:innen, die hier als zweites Beispiel in der Ideengeschichte des Kapitalismus angeführt werden sollen. Auch Marx nutzt den Begriff »Kapitalismus« kaum, identifiziert aber Kernelemente kapitalistischer Ordnungen und kritisiert diese aufs Schärfste. Prominente Schriften sind dabei *Das Kapital* (1867) sowie das mit Friedrich Engels verfasste *Manifest der kommunistischen Partei* (1848). Ideengeschichtlich mindestens genauso interessant sind aber die schon früher veröffentlichten *Ökonomisch-philosophischen Manuskripte* (1844), in denen Marx bereits zentrale Elemente seines Denkens ausarbeitet.[3]

Während Smith im 18. Jahrhundert optimistisch auf den Kapitalismus als Wirtschaftssystem schaute und sich aus dessen Entkopplung vom absolutistischen Staat mehr Wohlstand für alle erhoffte, sieht Marx im frühen 19. Jahrhundert vielmehr die Schattenseiten des entfesselten Kapitalismus: eine Zweiteilung der Gesellschaft und steigende Ungleichheit zwischen einer kapitalbesitzenden Bourgeoisie einerseits und einer ins Elend absinkenden Arbeiterklasse andererseits.

Marx kritisiert diese Verhältnisse aufs Schärfste und macht den Kapitalismus dafür verantwortlich. Seine Kritik ist dabei vielschichtig und kann hier nur grob umrissen werden (zur Einführung siehe Schmidt 2018; für Details siehe Quante 2018). Eine Hauptkritik fokussiert auf Veränderungen in der Bedeutung von Arbeit: Marx arbeitet heraus, dass die modernen Produktionsprozesse – gekennzeichnet durch Industrialisierung, Arbeitsteilung, Profitmaximierung und Lohnarbeitsverhältnisse – zunehmend zu »Entfremdung« im mehrfachen Sinne führen würden: Arbeiter:innen seien zunehmend von ihrer Arbeit, von den Produkten ihrer Arbeit und von sich selbst entfremdet. So beute die Produktionsmittel besitzende Bourgeoisie die Arbeiterklasse aus, was nicht nur zu Unfreiheit, sondern auch zu Ungleichheit, Armut und Verelendung führe.

Ein weiteres wichtiges Element in Marx' Denken über den Kapitalismus ist seine Geschichtsphilosophie. Marx betrachtet die Weltgeschichte in Phasen: Einer historischen »Urgesellschaft«, die von relativer Freiheit und Gleichheit gekennzeichnet gewesen sei, sei die Sklaven- und Feudalgesellschaft gefolgt, aus welcher wiederum der Kapitalismus entstanden sei. Marx bleibt jedoch nicht bei dieser historischen Analyse stehen, sondern prognostiziert für die Zukunft, dass auch dem Kapitalismus selbstzerstörerische Tendenzen inhärent seien und dieser daher als historische Phase zu Ende gehe.[4] Dieser Prozess soll sogar beschleunigt werden – so der *politische* Marx –, indem die Arbeiterklasse global eine sozialistische Revolution zum Kommunismus in Gang setzen solle. In dieser idealen Gesellschaft wären Produktionsmittel vergesellschaftet, alle Menschen befänden sich in freien Arbeits- und Lebensverhältnissen und der allgemeine Wohlstand sei gemehrt – ähnlich wie in den utopischen Vorstellungen des Frühsozialismus (z.B. bei Henri de Saint-Simon, Moses Hess oder Robert Owen). Kurzum, wir sehen bei Marx eine ganz andere Sichtweise auf Kapitalismus als noch bei Smith.

Als drittes und letztes Beispiel der ideengeschichtlichen Entwicklung sei *Joseph Schumpeter* (1883–1950) genannt, dessen Analysen gewissermaßen zwischen denen von Adam Smith und Karl Marx stehen. Wie Smith ist Schumpeter grundsätzlich von den positiven Errungenschaften und Möglichkeiten des Kapitalismus überzeugt: Der Kapitalismus habe ungeahnte Innovationen hervorgebracht, Wohlstand gemehrt, Massenproduktion und -konsum sowie eine wohlfahrtsstaatliche soziale Sicherung überhaupt erst möglich wie finanzierbar gemacht und gezeigt, dass Wohlstand auch gerecht verteilt werden könne.

Als die treibende Kraft hinter dem wirtschaftlichen Erfolg des Kapitalismus sieht Schumpeter Innovation. In *Business Cycles* (1939) macht er – aufbauend auf Arbeiten Nikolai Kondratjews – Konjunkturzyklen in der wirtschaftlichen Entwicklung aus: Historisch habe sich die Wirtschaft in der Moderne immer in Wellen von etwa fünfzig bis sechzig Jahren entwickelt, in denen einem wirtschaftlichen Aufschwung notgedrungen immer ein wirtschaftliches Abflachen gefolgt sei. Das treibende Element hinter dieser periodischen Entwicklung sei Innovation, so Schumpeter. Technische Neuerungen (z.B. die Erfindung und industrielle Nutzung der Dampfmaschine, der systematische Ausbau des Eisenbahnverkehrs oder die Elektrotechnik, Chemie- und Schwerindustrie) hätten die Wirtschaft grundlegend befeuert und in »schöpferischer Zerstörung« zu neuem Wohlstand beigetragen; nach einer gewissen Zeit habe sich der innovative Charakter dieser Neuerungen aber jeweils abgenutzt und die Wirtschaft zu stagnieren begonnen, bis eine neue Welle begonnen habe. Schumpeter glaubt also an die Innovationskraft und das enorme Potenzial des Kapitalismus.

Wie Marx ist Schumpeter aber gleichzeitig auch skeptisch, ob der Kapitalismus langfristig bestehen bleiben oder nicht auch durch schöpferische Zerstörung sein Ende finden könne. In *Kapitalismus, Sozialismus und Demokratie* (Schumpeter 1942) denkt er auf Basis seiner historischen Arbeiten über die mögliche Zukunft des Kapitalismus nach. Seine These: Der Kapitalismus könne enden – und zwar aufgrund seines eigenen Erfolgs. Er schaffe sich gewissermaßen selbst ab. Dabei macht Schumpeter verschiedene selbstzerstörerische Tendenzen im Kapitalismus aus. Die vielleicht wichtigste ist, dass der Kapitalismus durch seinen Erfolg die eigene Innovationskraft und damit seinen Antriebsmotor verlieren könne. Schumpeter fürchtet, dass dies geschehen könne, da mit fortschreitender Kapitalisierung der Wirtschaft die Unternehmen, insbesondere Großkonzerne, immer komplexer würden und daher zunehmend professionelle Managementsysteme einführten. Dieses moderne Management verwalte, routinisiere und bürokratisiere die Unternehmen aber zunehmend und schränke dadurch das Potenzial zur (radikalen) Innovation ein (Ebner 2007). Die genialen schöpferischen Unternehmer:innen würden von professionellen Manager:innen verdrängt. Mit Marx könnte man sagen: Die Unternehmer:innen werden von ihren eigenen Unternehmen entfremdet. Mit abflachender Innovationskraft fehle dem Kapitalismus der Wirtschaftsmotor, was zu seinem Ende führen könne.

Zweitens könne auch die steigende Akademisierung der Gesellschaft zum Problem werden, so Schumpeter, denn die Intellektuellen könnten wegen mangelnder Arbeitsmarktaussichten systemkritisch werden und in der breiteren Bevölkerung antikapitalistische Ressentiments sensibilisieren und mobilisieren. Diese und andere Tendenzen könnten den Kapitalismus untergraben und einem (mehr oder weniger demokratischen) Sozialismus den Boden bereiten. Wichtig ist aber zu betonen, dass Schumpeter all diese Entwicklungen nicht als zwingend notwendig ansieht, sondern als Möglichkeiten, vor denen er warnt.

Die lange und breite ideengeschichtliche Debatte um und über den Kapitalismus konnte hier nur an drei Beispielen (Smith, Marx, Schumpeter) illustriert werden. Weder beginnt die Ideengeschichte des Kapitalismus mit Smith, noch endet sie mit Schumpeter. Und auch viele andere interessante Denker:innen wurden hier ausgelassen. Es ist aber hoffentlich deutlich geworden, wie vielschichtig und divers die ideengeschichtliche Diskussion des Kapitalismus ist; Smith, Marx und Schumpeter veranschaulichen hier ein paar der unterschiedlichen Positionen. Zweitens sollte deutlich geworden sein, dass und inwiefern die ideengeschichtliche Diskussion des Kapitalismus einerseits von den jeweiligen realhistorischen Bedingungen geprägt ist (Smith vom Merkantilismus, Marx von Verelendung und Ungleichheit, Schumpeter von Konjunkturzyklen), und andererseits, wie prominente ideengeschichtliche Beiträge umgekehrt auch wiederum Gesellschaft und Politik prägen können. Wer mehr zur Rolle von Ideen und Paradigmen in der (Wirtschafts-)Politik und Politikwissenschaft lesen möchte, findet z.B. bei Peter Hall (1993) spannende Analysen zur Idee des Keynesianismus und bei Mark Blyth (2013) zur »gefährlichen Idee« der Austerität.

Kapitalismus als analytische Kategorie: Kapitalismus und Kapitalismen

Als dritte Perspektive auf den Kapitalismus, neben der historischen und der begriffs- und ideengeschichtlichen, stellt dieser Band eine *politökonomische, analytisch politikwissenschaftliche* vor. Wie in der Einleitung skizziert, lautet dabei die Kernthese der Vergleichenden Kapitalismusforschung, dass wir weltweit unterschiedliche Kapitalismustypen finden. Anders als in den ersten beiden vorgestellten Perspektiven liegt der Fokus nicht auf »dem« Kapitalismus im Singular (im Vergleich zu »Nicht-Kapitalismus«), sondern auf Variation innerhalb der kapitalistischen Systeme: Kapitalismen im Plural. Es werden verschiedene Typen herausgearbeitet, die zwar alle kapitalistisch sind, sich aber stark voneinander unterscheiden. Während die historische wie die ideen- und begriffsgeschichtliche Perspektive somit die Gemeinsamkeiten kapitalistischer Systeme betonen, verweist die Vergleichende Kapitalismusforschung auf die Unterschiede der verschiedenen Systeme.

Gleichzeitig versucht diese Literatur, einen analytischeren und weniger normativen Blick auf den Kapitalismus zu werfen: Es geht hier nicht um eine Analyse und kritische Würdigung des Kapitalismus im Singular (wie bei Smith, Marx, Schumpeter), sondern um die Charakteristika, internen Zusammenhänge und Konsequenzen unterschiedlicher Kapitalismustypen. Aus diesem Grund spricht diese Literatur auch meistens – wenngleich dies nicht ganz präzise ist – eher von »Marktwirtschaften« als von »Kapitalismus«, um die oft stark normativen Konnotationen des Kapitalismusbegriffs zu vermeiden.

Was zeichnet diese unterschiedlichen Kapitalismustypen aus? Und warum ist es wichtig, unterschiedliche Kapitalismustypen zu unterscheiden? Diesen Fragen widmet sich das nächste Kapitel sowie der Rest dieses Buches. Hier soll dies nur knapp umrissen und an wenigen Beispielen illustriert werden: Die unterschiedlichen Kapitalismustypen zeichnen sich durch unterschiedliche institutionelle Gefüge aus, die in unterschiedlichen Stärken und Schwächen (»comparative advantages«) resultieren. Mittlerweile wissen wir sehr viel über die engen Zusammenhänge zwischen verschiedenen Elementen dieser Kapitalismustypen. So hat die Forschung gezeigt, wie etwa die Art des Bildungssystems, der Sozialpolitik, des Bankensystems, der Unternehmensführung und -finanzierung sowie die Art des Wettbewerbs in und zwischen Firmen zusammenhängen – und warum das der Fall ist. Mit diesem Wissen lassen sich viele Phänomene besser begreifen, z.B. warum die Jugendarbeitslosigkeit in Südeuropa so hoch ist, warum die Finanzkrise in unterschiedlichen Ländern unterschiedlich starke Konsequenzen hatte und warum Einkommens- und Bildungsungleichheiten stark variieren (um nur einige relevante Beispiele zu nennen).

Um das oben genannte Beispiel der Ausbildungssysteme noch einmal aufzugreifen: Nur in sogenannten Koordinierten Marktwirtschaften wie Deutschland finden wir duale Ausbildungssysteme. Während dieses Ausbildungssystem lange als vermeintlich anachronistisch in der Kritik stand (z.B. durch die OECD und deren PISA-Studien), wissen wir heute, dass ein duales Ausbildungssystem zahlreiche positive Effekte wie z.B. geringe Jugendarbeitslosigkeit und niedrigere Lohnungleichheit hat. In der Folge versuchten viele Regierungen anderer Länder (z.B. der USA, Englands oder Ghanas), ebenfalls duale Ausbildungsprogramme zu etablieren – scheiterten damit aber in der Praxis. Warum dies so ist, kann die Vergleichende Kapitalismusforschung erklären. Einzelne Institutionen wie das duale Ausbildungssystem sind nämlich eng verflochten mit anderen Institutionen wie z.B. dem Bankensystem, den industriellen Beziehungen und der Art der Unternehmensfinanzierung und -kontrolle. Abstrakter gesprochen zeigt sich hier – und an Hunderten ähnlichen Beispielen –, dass es sehr schwierig ist, systemspezifische Elemente einzelner Staaten in andere Kapitalismustypen zu »verpflanzen«, sind diese doch immer institutionell in einem bestimmten Kontext eingebettet. Warum das so ist – darum geht es im nächsten Kapitel.

Fazit: Kapitalismus = Privateigentum + Märkte + Kapital?

Was ist denn nun Kapitalismus? Wie deutlich geworden sein sollte, fällt die Antwort der Forschung darauf vielschichtig aus. Kapitalismus ist eine Epoche, eine Idee und eine analytische Kategorie. Kapitalismus lässt sich historisch, philosophisch-ideengeschichtlich und politökonomisch beschreiben; aber auch soziologisch, kulturtheoretisch, kritisch, feministisch und aus vielen weiteren Perspektiven. Man fühlt sich schnell an das Gleichnis der blinden Menschen und des Elefanten erinnert, in dem mehrere Blinde einen Elefanten tastend zu verstehen versuchen und zu unterschiedlichen Ergebnissen kommen: er sei zart und behutsam

(Rüssel), hart wie Stein (Stoßzähne), faltig (Ohren) oder wie eine Säulenhalle (Beine). Alle betasten dasselbe Tier, aber erfassen unterschiedliche Aspekte.

Ähnlich erscheint die Literatur zum Kapitalismus, in der es Hunderte verschiedener Definitions- und Beschreibungsversuche gibt. So ist auch die Liste von Assoziationen mit dem Begriff »Kapitalismus« sehr lang und reicht von materiellem Eigeninteresse über Freihandel bis Ungleichheit, Lohnarbeit, Akkumulation oder Ausbeutung. Es ließe sich eine lange Liste von Elementen anführen, die mit dem Kapitalismus verknüpft werden. Stattdessen will ich aber zunächst umgekehrt eine eher enge Minimaldefinition vorschlagen, um ein möglichst präzises Verständnis von Kapitalismus nutzen zu können.

Um dies zu tun, können wir als Gedankenspiel überlegen, welche Merkmale des Kapitalismus man sich »wegdenken« kann (und welche nicht), ohne das Wesen des Kapitalismus zu verlieren. In der Wissenschaftstheorie ist dieses Verfahren bekannt als »Ockhams Rasiermesser« (benannt nach dem im 14. Jahrhundert lebenden Philosophen William of Ockham): Man versucht dabei, nicht notwendige definitorische Elemente und Erklärungen auszuschließen. Können wir uns zum Beispiel Kapitalismus ohne Privateigentum vorstellen? Nein. Kapitalismus setzt Privateigentum voraus. Eigentum ist dabei definiert als die rechtlich gesicherte, umfassende Herrschaft über eine Sache – und damit mehr als nur Besitz (die tatsächliche Herrschaft, ohne rechtliche Sicherung). Privateigentum setzt also die Sicherung durch eine legale Autorität voraus (in der Regel durch den Staat). Wir können uns zwar Wirtschaftssysteme ohne Privateigentum vorstellen (z.B. Sozialismus), aber diese sind nicht kapitalistisch (siehe auch die Diskussionen in Kapitel 10 dieses Buchs).

Auch ein Kapitalismus ohne Märkte und Wettbewerb ist nicht vorstellbar. Unter Märkten verstehe ich dabei – mit Hogdson

(2015) – institutionalisierte, wiederkehrende Tauschbeziehungen zwischen multiplen Akteuren, in denen Wettbewerb eine zentrale Rolle spielt. Es gibt Wirtschaften und es sind Wirtschaftssysteme denkbar, die keine Marktmechanismen nutzen, doch würden wir diese nicht als kapitalistische Wirtschaften charakterisieren (siehe dazu auch Kapitel 10). Eine zentrale Rolle von Märkten impliziert auch, dass viele – wenn auch nicht alle – Elemente des wirtschaftlichen und gesellschaftlichen Lebens zur Ware werden können, die auf Märkten getauscht und gehandelt werden – ein Phänomen, das Karl Polanyi (1978 [1944]) als »Kommodifizierung« bezeichnet hat (von engl. *commodity* = Ware, also das »Zur-Ware-Werden«). Beispiele sind die Kommodifizierung von Arbeit, Bildung oder Kultur. Bei Kapitalismus-Analysen geht es also auch oft darum, ob, inwiefern und auf welche Weise unterschiedliche Aspekte des Lebens in einem System kommodifiziert bzw. de-kommodifiziert sind.

Globaler Freihandel dagegen scheint kein definierendes Merkmal von Kapitalismus zu sein – er scheint zwar mit dem Kapitalismus verknüpft, aber ihm nicht notwendig wesenhaft zu sein. Als Beispiel: Die USA hörten nicht auf, kapitalistisch zu sein, als der populistische Präsident Donald Trump begann, den Freihandel einzuschränken. Und umgekehrt wäre auch eine Welt voller sozialistischer Staaten ja stark globalisiert, denn ein erklärtes Ziel des Sozialismus ist die Überwindung von Nationalismus und Grenzen. Freihandel und Globalisierung sind somit zwar empirisch oft mit dem Kapitalismus verknüpft, aber nicht notwendig Teil von dessen Definition.

Kapitalismus ohne Kapital, und genereller ohne Geld und Geldwirtschaft, scheint dagegen nicht denkbar. Unter Kapital verstehe ich dabei – wieder mit Hodgson (2015) – sowohl Geld, das in Produktion investiert wird oder werden kann, als auch den Geldwert des veräußerbaren oder beleihbaren (materiellen oder immateriellen) Eigentums, welches für Investitionen eingesetzt wird oder werden kann. Eine Wirtschaft, in der zwar auf Märkten gehandelt würde, aber ohne Geld und Kapital, wäre eine Marktwirtschaft – aber kein Kapitalismus.

Kapitalismus ohne Klassenkampf zwischen »Arbeitern« und »besitzender Klasse« dagegen ist wiederum schon denkbar – auch wenn Marx davon enttäuscht wäre. Dies belegen nicht allein empirische Beispiele von real existierenden kapitalistischen Ländern, in denen es nicht nur keinen Klassenkampf gibt, sondern generell wenig Konflikt in der Staat-Markt-Dimension stattfindet (etwa in den meisten asiatischen Ländern, siehe Kapitel 8 und 9).

Schwieriger wird es bei Phänomenen wie Ungleichheit und Gewinnstreben. Ist ein kapitalistisches System mit vollständiger Gleichheit aller denkbar? Mein Verständnis ist dabei: Rein theoretisch denkbar ist es schon – auch wenn es empirisch nie Kapitalismus ohne Ungleichheit gegeben hat und dies vermutlich selbst im Gedankenexperiment keine stabile Phase sein könnte. Empirisch gesprochen sind kapitalistische Systeme immer mit Ungleichheit verbunden – aber rein theoretisch ist das nicht notwendig; deswegen werde ich dieses Element nicht in meine Minimaldefinition des Kapitalismus aufnehmen (mehr dazu weiter unten und in Kapitel 10). Dasselbe gilt für Gewinn- und Nutzenmaximierung: Kapitalismus ist ohne diese beiden Elemente vorstellbar, auch wenn sie de facto in allen kapitalistischen Systemen üblich sind. Und sollten wir umgekehrt davon ausgehen, dass sich Individuen und Unternehmen in einer sozialistischen Planwirtschaft nicht nutzenmaximierend verhalten würden? Ich denke, auch hier würden Menschen versuchen, sich für ihre Interessen einzusetzen, wenn sich dies auch auf andere Art und Weise als im Kapitalismus äußern könnte.

Was bleibt also? Wesenhaft und kennzeichnend für den Kapitalismus erscheinen drei Elemente einer Minimaldefinition:

1. Privateigentum (staatlich garantiert und geschützt),
2. eine zentrale Rolle von Märkten (und damit Preisbildung und Wettbewerb über Angebot und Nachfrage) in weitreichenden Teilen der Wirtschaft (z.B. über Arbeitsmärkte) und
3. eine zentrale Rolle des Kapitals und der Kapitalfinanzierung der Wirtschaft.

In diesem Band wird Kapitalismus also gemäß dieser Minimaldefinition verstanden als Wirtschaftssystem mit geschütztem Privateigentum und einer zentralen Rolle von Märkten und Kapital in weitreichenden Teilen der Wirtschaft. Andere Elemente (z.B. Gewinnstreben, Ungleichheit, Freihandel) hängen zwar in der Regel mit dem Kapitalismus zusammen, sollten aber nicht als Teil von dessen Minimaldefinition verstanden werden. Sie sind eher Folgen von Kapitalismus. Mir scheint es daher analytisch hilfreicher und produktiver, mit einer eher »schlanken« und präziseren Minimaldefinition von Kapitalismus zu arbeiten. Dass Kapitalismus u.a. auch Ungleichheit, Akkumulation, Ausbeutung, Entfremdung, Freihandel und vieles Weiteres hervorrufen kann, ist damit ja nicht ausgeschlossen.

Damit ist gleichzeitig die Frage beantwortet, ob Kapitalismus und Marktwirtschaft dasselbe sind. Zwar werden die Begriffe oft synonym verwendet (verwirrenderweise nicht zuletzt in der Vergleichenden Kapitalismusforschung), doch sollten sie analytisch getrennt werden. Einerseits sind Märkte und Marktwirtschaften nicht automatisch kapitalistisch, andererseits ist Kapitalismus mehr als nur eine Marktwirtschaft: Kapitalismus braucht gleichzeitig geschütztes Privateigentum und eine zentrale Rolle des Kapitals in der Wirtschaft.

Schließlich wird aus der Definition auch klar, dass Kapitalismus kein »Schwarz-weiß«-Phänomen ist: Länder sind nicht entweder zu einhundert Prozent kapitalistisch oder zu einhundert Prozent nicht-kapitalistisch. Es gibt einen breiten Graubereich und fließende Übergänge. Dies haben wir schon bei der Diskussion der historischen Datierung des Kapitalismus gesehen. Wir sollten uns Kapitalismus vielmehr als ein graduelles Phänomen vorstellen: Länder können über die Zeit mehr oder weniger kapitalistisch werden, insofern sich Märkte und Kapitalfinanzierung auf mehr Wirtschaftsbereiche ausweiten oder sich aus ihnen zurückziehen können. Je eindeutiger die drei definitorischen Elemente also vorliegen, desto klarer lassen sich Wirtschaftssysteme als kapitalistisch charakterisieren.

Wenden wir uns jetzt aber den Kapitalismen im Plural zu und untersuchen die »real existierenden« Kapitalismen dieser Welt, deren innere Wirkweisen, ihre politische Ursachen und ihre unterschiedlichen, aber weitreichenden Effekte. Das nächste Kapitel führt in dieses Denken ein.

3. *Der* Kapitalismus oder *die* Kapitalism*en*?

Kapitalismus zeichnet sich, wie wir im ersten Kapitel gesehen haben, durch drei Elemente aus: (1) Privateigentum (staatlich garantiert und geschützt), (2) eine zentrale Rolle von Märkten (und damit Preisbildung und Wettbewerb über Angebot und Nachfrage) in weitreichenden Teilen der Wirtschaft und (3) eine zentrale Rolle des Kapitals und der Kapitalfinanzierung der Wirtschaft.

Schauen wir damit auf die Wirtschaftssysteme in verschiedenen Staaten dieser Welt, dann können u.a. Deutschland, Schweden, die USA, Brasilien, Estland, Japan sowie China als kapitalistische Wirtschaften verstanden werden. Es braucht nicht viel Vorwissen, um diesen Schluss etwas unbefriedigend zu finden. Diese Staaten mögen alle kapitalistisch sein – doch sind ihre Wirtschaftssysteme ganz offensichtlich nicht identisch! Sollten Norwegen, Griechenland, Südkorea, die USA und Costa Rica wirklich auf dieselbe Weise kapitalistisch sein? Die Frage ist offensichtlich rhetorisch und die Antwort klar: Natürlich gibt es große Unterschiede zwischen diesen Ländern. Sie alle sind kapitalistisch, ja, aber auf unterschiedliche Weise. Sie haben unterschiedliche Kapitalismus*typen*.

Aber was genau unterscheidet die Wirtschaftssysteme dieser Länder? Wie können wir die Unterschiede analytisch greifbar machen? Lassen sich so verschiedenartige Länder überhaupt vergleichen – und wenn ja: wie? Warum ist es relevant, verschiedene Kapitalismustypen zu unterscheiden? Und warum haben die Länder überhaupt unterschiedliche kapitalistische Systeme?

Diesen Fragen widmet sich die Vergleichende Kapitalismusforschung. Zunächst gibt dieses dritte Kapitel eine abstrakte und theoretische Antwort, indem es die prominenteste Theorie der Vergleichenden Kapitalismusforschung vorstellt: den Ansatz der »Varieties of Capitalism« bzw. der »Spielarten des Kapitalismus« (Hall & Soskice 2001). Das Buch von Peter A. Hall von der Harvard University und David Soskice von der London School of Economics and Politics ist eines der meistzitierten Werke der Politikwissenschaft und hat nicht nur eine breite Fachdebatte, sondern auch einen Paradigmenwandel innerhalb der Politischen Ökonomie ausgelöst (eine wunderbare Einordnung findet sich bei Bohle/Greskovits 2009). Der VoC-Ansatz soll daher im Folgenden vorgestellt und seine Relevanz erläutert werden. Die anschließenden Kapitel nutzen diese Theorie dann, um verschiedene Kapitalismustypen vorzustellen: Liberalen (Kapitel 4) und Koordinierten Kapitalismus (Kapitel 5), Abhängigen Kapitalismus (Kapitel 6), Konglomerat-Kapitalismus (Kapitel 7) und Netzwerk-Kapitalismus (Kapitel 8). Kapitel 9 gibt einen knappen Überblick über weitere Arten des Kapitalismus, die aktuell in der Forschung diskutiert werden – insbesondere den sogenannten Staatskapitalismus (z.B. in China).

Zentrale Gedanken des Varieties-of-Capitalism-Ansatzes

Der Ansatz der Varieties of Capitalism (VoC) macht fünf zentrale Aussagen, die hier erst knapp thesenhaft vorgestellt, dann im Detail erläutert werden sollen.

1. Es gibt nicht *den* Kapitalismus, sondern vielmehr verschiedene Kapitalismustypen. Der ursprüngliche Beitrag von Hall und Soskice unterscheidet zwei Kapitalismustypen: eine *liberale* Variante, in denen Märkte und Flexibilität eine ganz zen-

trale Rolle spielen, und eine *koordinierte* Variante, in denen Kooperation und Koordination zentral sind. Die anschließende Forschung hat lange auf die Untersuchung der Länder dies- und jenseits des Atlantiks fokussiert. Neuerdings sind aber auch zunehmend andere Weltregionen in den Blick genommen worden. So unterscheiden wir mittlerweile u.a. auch Abhängigen, Hierarchischen und Netzwerk-Kapitalismus.

2. Kein Kapitalismustyp vereint alle etwaigen Vorzüge des Kapitalismus in perfekter Weise. Die verschiedenen Kapitalismustypen haben vielmehr unterschiedliche Stärken und Schwächen. Im Fachjargon: Die Kapitalismustypen haben unterschiedliche *comparative advantages*, also bestimmte Vor- und Nachteile im Vergleich zu anderen Kapitalismustypen.
3. Die Wirtschaft, d.h. hier sowohl Unternehmen als auch Arbeitnehmer:innen, richtet sich nach diesen *comparative advantages* aus. Umgekehrt gilt ebenso: Es sind solche Unternehmen erfolgreicher, die dem jeweiligen Kapitalismustyp entsprechen.
4. Die *comparative advantages* sind nicht zufällig; sie sind begründet in den jeweiligen politischen und ökonomischen Institutionen. Anders gesagt: Institutionen prägen die Art des Kapitalismus.
5. Staaten sind dann wirtschaftlich erfolgreich, wenn ihre Institutionen konstruktiv miteinander interagieren und sich gegenseitig verstärken. Der VoC-Ansatz spricht von »institutionellen Komplementaritäten«. Stellt man sich einzelne Institutionen wie einzelne Zahnräder vor, so wirken diese erst dann richtig, wenn alle Räder gut miteinander verzahnt sind und gemeinsam flüssig laufen – dies soll u.a. mit dem Bild auf dem Umschlag dieses Buches dargestellt werden.

Im Zentrum des Ansatzes stehen also Institutionen. Institutionen beeinflussen, welche Unternehmen und Staaten wirtschaftlich erfolgreich sind, und prägen die jeweiligen Kapitalismustypen. Was Institutionen sind und welche Institutionen relevant sind – darum geht es in diesem Kapitel.

Was sind Institutionen? Und wie helfen sie?

Der Begriff »Institution« ist enorm vieldeutig. Verschiedene wissenschaftliche Disziplinen benutzen ihn ganz unterschiedlich. So mag eine Leserin an Institutionen wie den Bundesrat oder das Verfassungsgericht denken, ein anderer Leser an »die Familie« als Institution oder an konkrete Personen wie Theodor W. Adorno oder Greta Thunberg als »eine Institution«, wiederum andere vielleicht an Sozialverbände oder Banken. Es ist daher wichtig zu verstehen, wie der Begriff hier verwendet wird.

Denken wir an ein Spiel. Vielleicht Skat, Backgammon, Monopoly oder Fußball – gern auch virtuelle Spiele wie Counter-Strike oder Fortnite. Spielen macht Spaß. Aber es funktioniert nur, wenn man die Regeln kennt und die Spieler:innen sie befolgen.[5] Eine gute Regelkenntnis erhöht gleichzeitig die Wahrscheinlichkeit zu gewinnen. Wer weiß, in welchen Situationen was wie erlaubt ist, hat buchstäblich bessere Karten.

Was Regeln für Spiele sind, sind Institutionen für Politik und Wirtschaft. Institutionen regeln und strukturieren Verhalten. Institutionen beeinflussen die Verhaltensmuster, Strategien und Präferenzen von politischen und ökonomischen Akteuren. Technischer gesprochen versteht die Sozialwissenschaft unter Institutionen formale und informelle Regeln, die Verhaltensmuster steuern. Diese Regeln wirken entweder durch Kosten-Nutzen-Anreize (so der »Rational-Choice-Institutionalismus«), durch Normen und Sozialisierung (so der »Normative« oder »Soziologische Institutionalismus«) oder weil sie durch historisch vererbte Muster Handlungen prägen (so der »Historische Institutionalismus«) (Hall/Taylor 1996). Institutionen geben unserem sozialen, politischen und wirtschaftlichen Leben eine Form. Das mag abstrakt klingen, ist aber eine der wichtigsten Erkenntnisse der Sozialwissenschaft – und hat u.a. der Politikwissenschaftlerin Elinor Ostrom, die zentrale Beiträge für die Analyse von Institutionen leistete, einen Nobelpreis verschafft (Ostrom 1990, 2006).

Institutionen sind nicht zuletzt deswegen relevant, weil sie helfen können, soziale Probleme zu lösen. Wir haben oben am Beispiel der Ausbildungssysteme gesehen, dass und wie Institutionen helfen können, Verhandlungsprobleme zu lösen. Abstrakt gesprochen helfen Institutionen unter anderem ganz zentral dabei, Kollektivgut-Probleme zu lösen.

Duale Ausbildung als Institution – ein Sonderweg?

Vielleicht hilft ein Beispiel, um die abstrakte Sprache über Institutionen wieder verständlicher und konkreter zu machen. Schauen wir dafür noch einmal auf den Fall der dualen Ausbildung.

Nach vollendeter Schullaufbahn können Schüler:innen in Deutschland entscheiden, ob sie direkt arbeiten oder studieren wollen – oder aber eine duale Ausbildung beginnen. Jahrzehntelang war die duale Ausbildung dabei die Norm und das Studium eher die Ausnahme. Das ändert sich erst seit historisch recht kurzer Zeit mit dem massiven Ausbau der Hochschulen (Garritzmann et al. 2022a). Die duale Ausbildung zeichnet aus, dass die Auszubildenden sowohl praktisch im Betrieb arbeiten und lernen als auch theoretisch-abstrakt in Berufsschulen. Kurz: Die Ausbildung ist »dual«, zwischen Praxis und Schule. Das ist nicht überall so. Genauer gesagt ist das sogar fast nirgendwo so. Nur Dänemark, Österreich, die Schweiz und teilweise die Niederlande haben ein ähnliches duales Ausbildungssystem. In allen anderen Ländern ist die Ausbildung entweder rein schulisch (z.B. in Schweden oder Frankreich) oder rein beruflich (z.B. in den USA, wo »on the job training« vorherrscht) (Busemeyer & Trampusch 2012).

In den 1980er und 1990er Jahren stand die duale Ausbildung in der Kritik: Sie sei nicht mehr zeitgemäß für die heutigen postindustriellen Wissensgesellschaften. Heute herrscht dagegen die Meinung vor, dass die duale Ausbildung zahlreiche Vorteile mit sich bringt: Sie trägt u.a. zu einer geringen Jugendarbeitslosigkeit bei, hilft bei sozialer und ökonomischer Integration, stattet junge Erwachsene mit ausgezeichneten Fähigkeiten aus, die ihnen zu guten Jobs und relativ hohen Löhnen verhelfen, und versorgt die Unternehmen umgekehrt mit einer hoch qualifizierten Arbeitnehmerschaft, die das Rückgrat der deutschen Wirtschaft bildet. Ein Kern dieser Wirtschaft, die hochspezialisierte industrielle Produktion von Gütern (z.B. Autos, Chemie, Maschinen), wäre ohne die in der dualen Ausbildung vermittelten Fähigkeiten nicht möglich. Kurz: Die duale Ausbildung hilft der Wirtschaft, verringert gleichzeitig soziale und ökonomische Ungleichheiten (Shavit/Müller 2010) – und sogar politische Ungleichheit (S. Garritzmann 2021).

International stößt das duale Ausbildungssystem daher auf viel Neid. Verschiedene Länder haben versucht, duale Ausbildungsmodelle nach deutschem Vorbild zu etablieren. Sowohl Donald Trump als auch Barack Obama versuchten als Präsidenten, das Ausbildungssystem der USA nach deutschem Vorbild zu verbessern. England, Irland und Australien unternahmen wiederholt Versuche, ein duales System zu etablieren. Und auch in ganz anderen Weltregionen – z.B. Ghana, Südafrika, Botswana, Brasilien und Costa Rica – gab es entsprechende Versuche (Baumann et al. 2020).

Bislang waren all diese Versuche jedoch nicht von Erfolg gekrönt. Es scheint sehr schwierig oder unmöglich, ein duales Ausbildungssystem in anderen Ländern zu etablieren. Warum ist das so? Die Forschung erklärt dies damit, dass es bestimmte Bedingungen – bestimmte Akteure und bestimmte Institutionen – braucht, um duale Ausbildung einzuführen und zu etablieren. Denn wenn die duale Ausbildung auch viele positive Effekte hat, erfordert sie doch zugleich ein hohes Commitment vieler politischer und ökonomischer Gruppen: Erstens müssen Unternehmen sich bereit erklären, Ressourcen in die Ausbildung junger Menschen zu investieren – auch auf die Gefahr hin, dass diese später zu anderen Firmen abwandern. Zweitens muss der Staat sein Bildungsmonopol aufgeben, sich aber gleichzeitig verpflichten, für eine gewisse Standardisierung der Ausbildungen zu sorgen, um Abschlüsse vergleichbar und wertvoll zu machen und den schulischen Teil zumindest mitzufinanzieren. Und drittens müssen die Gewerkschaften sich bereit erklären, auf hohe Lohnforderungen für Auszubildende zu verzichten – so sind die Gehälter während der Ausbildung üblicherweise ja eher gering.

Versuche, duale Ausbildung in anderen Kontexten einzuführen, scheiterten an genau diesen fehlenden Commitments. Entweder waren die Arbeitgeber nicht bereit, in Ausbildung zu investieren, der Staat wollte oder konnte Standardisierung und Mitfinanzierung nicht leisten und/oder die Gewerkschaften ließen sich nicht auf Verhandlungen ein oder waren zu schlecht organisiert, um überhaupt Koordination zu ermöglichen.

Wie konnte es trotzdem in einer Handvoll Länder gelingen, duale Ausbildung zu etablieren? Institutionen spielen hier eine zentrale Rolle. Insbesondere der sogenannte »Korporatismus« ist hier relevant, d.h. ein bestimmtes politökonomisches System der Interessenvermittlung, in dem alle wirtschaftlich wichtigen

Akteure zusammenkommen, um Probleme gemeinsam und kooperativ zu lösen. Die großen Gewerkschaften treffen hier mit den Arbeitgeberverbänden und staatlichen Vertretern regelmäßig zusammen. In vielen anderen Ländern, etwa in den USA, Kanada, aber auch in Südeuropa, fehlt dieser korporatistische Zugang. Natürlich gibt es auch Gewerkschaften und Arbeitgeber(verbände), aber diese stehen sich vielmehr konfliktiv gegenüber und kooperieren kaum. In diesem Umfeld ist es enorm schwierig bis unmöglich, sich auf ein gemeinsames, kooperatives Ausbildungssystem zu einigen.

Kathleen Thelen (2004) hat in ihrem Buch *How Institutions Evolve* wunderbar aufgezeigt, wie diese Zusammenhänge genau wirken – und wie sie historisch entstanden sind. Wer mehr darüber wissen möchte, findet hier eine exzellente historische Analyse, die das Entstehen der unterschiedlichen Ausbildungssysteme auf politische Konflikte im 19. Jahrhundert zurückführt. Auch die Arbeiten von Christine Trampusch (2010a, 2010b) und Cathie Jo Martin (2000) sind wegweisend. Marius Busemeyer hat in verschiedenen Arbeiten beleuchtet, wie sich die berufliche Bildung in Deutschland in der Nachkriegszeit entwickelt hat und welches ihre aktuellen Herausforderungen sind (z.B. Busemeyer 2009).

Wichtiger für uns ist hier, dass das Beispiel der dualen Ausbildung zeigt, dass und wie Institutionen eine zentrale Rolle für die wirtschaftliche Organisation und damit auch für die Art des Kapitalismus spielen können. Wie wir als Nächstes sehen werden, ist das (Aus-)Bildungssystem dabei eine der fünf ganz zentralen »institutionellen Arenen« des VoC-Ansatzes.

Die fünf institutionellen Arenen des VoC-Ansatzes

Hall, Soskice und Koautor:innen argumentieren in *Varieties of Capitalism* (2001), dass Institutionen in fünf Arenen zentral für die jeweilige Art des Kapitalismus sind. Diese fünf Schauplätze charakterisieren die jeweiligen Kapitalismustypen der Nationalstaaten. Es geht um viele zentrale sozioökonomische Aspekte: Bildung, Arbeit, Kapital, Wohlfahrt/soziale Sicherung, Unternehmensstrukturen und Wettbewerb. Konkreter um Institutionen

1. im *(Aus)Bildungssystem*, d.h. wie und welche menschlichen Fähigkeiten und Fertigkeiten geschaffen werden und welche Konsequenzen dies hat,
2. in den *(industriellen) Arbeitsbeziehungen*, d.h. in der Beziehung von Arbeitgebern und Arbeitnehmer:innen,
3. in der *Unternehmensfinanzierung und -kontrolle*, d.h. auf welche Weise Unternehmen Kapital erhalten und wer Unternehmen entsprechend wie kontrolliert,
4. in den *zwischenbetrieblichen Beziehungen*, d.h. in dem Verhältnis von Unternehmen zueinander,
5. in den *innerbetrieblichen Beziehungen*, d.h. in dem Verhältnis des Managements zur Belegschaft.

Auch diese fünf Arenen mögen zunächst recht abstrakt und vielleicht etwas lebensfern klingen, sollen aber im Folgenden sehr konkret und anschaulich dargestellt werden. Wenn wir an die fünf fiktiven Männer aus der Einleitung zurückdenken (James, Andreas, László, Jose, Haruki), werden wir sehen, wie jede dieser fünf Institution ihr jeweiliges Leben fundamental beeinflusst. Starten wir doch wieder mit dem (Aus-)Bildungssystem, das uns oben schon als Beispiel gedient hat.

1. (Aus-)Bildungssystem

Wer bis hierhin gelesen hat, braucht vermutlich nicht mehr überzeugt zu werden, dass die Art des (Aus-)Bildungssystems eine zentrale Rolle für die Art des Kapitalismus spielt. Aber ich kann den Zusammenhang vielleicht noch systematischer beleuchten. Hall und Soskice (2001) unterscheiden zwischen zwei Arten von Fähigkeiten: spezifischen und generellen. Es bleibt etwas unklar, wo genau die Grenze zwischen beiden verläuft; wichtig ist hier aber, dass der VoC-Ansatz annimmt, dass manche Bildungssysteme eher spezifische Fähigkeiten vermitteln, während andere die zukünftigen Arbeitskräfte eher mit generellen Fähigkeiten ausstatten.

Bei *spezifischen* Fähigkeiten denken Hall und Soskice insbesondere an berufliche Fähigkeiten – wie sie in der dualen Ausbildung idealtypisch vermittelt werden und wie sie etwa der oben eingeführte fiktive Andreas aus Stuttgart mit seiner Ausbildung bei Daimler erworben hat. Wer eine duale Ausbildung abschließt – nehmen wir als Beispiele die existierenden Ausbildungsgänge »Anlagenmechaniker:in für Sanitär-, Heizungs- und Klimatechnik«, »Betonstein- und Terrazzohersteller:in« oder »Bauwerksmechaniker:in für Abbruch und Betontrenntechnik« –, hat hochspezifische, komplexe Fähigkeiten erlernt und kann diese Fähigkeiten zertifiziert nachweisen. Diese Kenntnisse und Fähigkeiten ermöglichen es den Unternehmen wiederum, auf technisch hohem Niveau Qualitätsarbeit zu verrichten, und das schafft einen »komparativen Vorteil« gegenüber anderen Kapitalismustypen, wo diese Art der Fähigkeitenvermittlung fehlt.

Bei *generellen* Fähigkeiten denken Hall und Soskice vor allem an akademische Kenntnisse und Fähigkeiten, die sie für genereller und universell anwendbarer halten. Nehmen wir als Beispiele einen Bachelor in »Sozialwissenschaft«, einen Master in »Theoretischer Physik« oder ein Diplom in »Informatik«.

Hier richtet sich die (Aus-)Bildung viel weniger auf einen konkreten Beruf und es ergeben sich zahlreiche Jobchancen – auch Wechsel zwischen Berufen scheinen einfacher möglich. Denken wir zurück an die Beispiele von James aus Texas mit seinem Studium in Management, aber auch an Jose aus São Paulo, die beide mit ihren generellen Fähigkeiten bei vielen unterschiedlichen Unternehmen gearbeitet haben.

Hall und Soskice wollen nicht behaupten, dass generelle Fähigkeiten »besser« sind als spezifische – oder umgekehrt. Es geht ihnen vielmehr darum zu zeigen, dass unterschiedliche Bildungssysteme unterschiedliche Fähigkeiten fördern und dies wiederum weitreichende Konsequenzen für die Art des Kapitalismus hat. Manche Länder, wie die USA, haben schon in der frühen Nachkriegszeit einen massiven Ausbau des Hochschulsektors vorangebracht und entsprechend viele Absolvent:innen mit generellen, akademischen Fähigkeiten (Garritzmann 2016) – hier fehlen aber die spezifischen Fähigkeiten der (dualen) Ausbildung. Es werden entsprechend vor allem diejenigen Unternehmen erfolgreich sein, die auf generelle Fähigkeiten setzen. Umgekehrt blieb die Hochschulexpansion in Ländern wie Deutschland lange vergleichsweise niedrig – wohl auch, weil es mit der dualen Ausbildung eine starke Alternative gibt.

Wie diese Beispiele zeigen (mehr dazu in den folgenden Kapiteln), hat die Art des (Aus-)Bildungssystems weitreichende Konsequenzen für die jeweilige Spielart des Kapitalismus. Sie ist daher eine erste institutionelle Arena, die es in den Blick zu nehmen gilt. Wollen wir den Kapitalismustyp eines Landes verstehen, so müssen wir verstehen, wie sein Bildungssystem funktioniert und welche Fähigkeiten es hervorbringt – und welche nicht.

2. (Industrielle) Arbeitsbeziehungen

»Industrielle Arbeitsbeziehungen« – was für ein Wort! Was sich dahinter verbirgt, ist aber relativ einfach: Es geht hier darum, wie die Arbeitgeber (und deren Organisation, die Arbeitgeberverbände) einerseits und die Arbeitnehmer:innen (und deren Organisation, die Gewerkschaften) andererseits miteinander umgehen. Stehen diese immer im direkten und harten Konflikt miteinander und fechten – mit Marx gesprochen – einen Klassenkampf aus? Oder ist das Verhältnis eher kooperativ, so dass man versucht, gemeinsam Lösungen für Probleme zu finden? Der VoC-Ansatz sieht in den industriellen Beziehungen ein ganz zentrales Element des Kapitalismustyps. Man spricht dabei von »industriellen« Arbeitsbeziehungen vor allem deshalb, weil diese aus der Zeit der Industrialisierung stammen – wie wir oben gesehen haben, wurden moderne Gewerkschaften erst während der Industrialisierung gegründet. Heute, im Zeitalter der Deindustrialisierung, ist das Attribut »industriell« zwar weniger relevant – die Arbeitsbeziehungen aber bleiben zentral.

Worum geht es denn genauer? Konkreter geht es in den Arbeitsbeziehungen eigentlich um alles, was die Organisation der Arbeit betrifft, also z.B. um die Höhe der Gehälter, um Arbeitsverträge, um Regelungen über Arbeitszeiten und Urlaube, um Kündigungsschutz usw. Auch hier gibt es im internationalen Vergleich wieder sehr große Unterschiede, wie diese unterschiedlich ausgehandelt werden. In manchen Staaten, wie z.B. den USA, ist hier in der Regel jede:r des »eigenen Glückes Schmied«: Über Gehalt und Co. verhandelt jede:r Einzelne mit dem jeweiligen Unternehmen. Es gibt zwar einen gesetzlichen Mindestlohn, der nicht unterschritten werden darf, aber es können z.B. zwei Personen, die exakt dieselbe Arbeit verrichten, dies zu sehr unterschiedlichen Bedingungen tun. Unser fiktiver James aus Texas etwa wird in jedem Job sein Gehalt und seine Arbeitsbedingungen mit dem Management ausgehandelt haben. Ähnlich (aber ohne Mindestlohn) geht dies Jose aus São Paulo. In anderen Ländern, wie etwa Schweden, sind viele Arbeitnehmer:innen in Gewerkschaften organisiert, welche dann die Verhandlungen gleich für die ganze Gruppe führen. Hier verhandeln also Gewerkschaften und Arbeitgeberverbände kollektiv miteinander, was entsprechend zu einheitlicheren Lösungen führt (Stichwort »Tarifverträge«). Unser fiktiver Andreas aus Stuttgart zum Beispiel arbeitet nicht nur selbst unter Tarifvertrag, sondern setzt sich auch als Gewerkschaftler und Betriebsrat aktiv dafür ein. Bei unserem fiktiven Haruki in Japan wäre dies noch mal anders, denn dort werden zwar von den Gewerkschaften Löhne ausgehandelt, aber nur innerhalb des jeweiligen Unternehmens, nicht industrie- oder branchenweit.

Wichtig ist dies alles nicht nur, da es weitreichende Effekte auf Ungleichheit hat (Huber/Stephens 2001), sondern auch für die jeweilige Art des Kapitalismus. In Systemen mit kollektiven Verhandlungssystemen (wie in Skandinavien), in denen die »Sozialpartner« – wie Gewerkschaften und Arbeitgeberverbände auch gemeinsam heißen – regelmäßig miteinander verhandeln, herrscht ein viel kooperativeres Klima vor als in Systemen, in denen diese Routine fehlt. Dies führt auch dazu, dass oft versucht wird, Probleme gemeinsam, langfristig und für alle Seiten erträglich zu lösen. In Ländern ohne kollektive Verhandlungssysteme dagegen (wie in den USA) spielt der Markt als regelnde Institution eine viel größere Rolle.

Ein Beispiel: Die jüngste Corona-Pandemie hat Politik und Wirtschaft vor große Herausforderungen gestellt. In Ländern wie den USA führte dies zu sehr hoher Arbeitslosigkeit, da Firmen reihenweise Leute entließen und wenig neue Mitarbeiter:innen einstellten: Die Arbeitslosenquote schoss im Frühjahr 2020 sprunghaft von 3,5 auf knapp 15 Prozent.[6] In Deutschland dagegen schlagen die Vergleichszahlen kaum merklich aus. Wie ist das möglich? Das »Geheimnis« ist, dass die meisten Arbeitnehmer:innen in Deutschland durch die kollektiven Aushandlungsprozesse vor schneller Kündigung geschützt waren. Anstatt drohende Massenarbeitslosigkeit in Kauf zu nehmen, hatten sich Politik, Arbeitgeberverbände und Gewerkschaften auf »Kurzarbeit« geeinigt, mittels derer Arbeitnehmer:innen weiter beschäftigt und bezahlt wurden, aber mit reduzierten Stunden und teilweise vom Staat mit Steuergeldern mitfinanziert. Um zu unseren fiktiven Personen zurückzukommen: Während James in Texas während der Krise arbeitslos wurde, war Andreas in Stuttgart weiter in Kurzarbeit beschäftigt.

Dies ist nur eines von sehr vielen Beispielen für die Bedeutung der (industriellen) Arbeitsbeziehungen. Das jeweilige Verhältnis von Arbeitnehmer- und -geberseite ist für sehr viele wichtige Phänomene zentral. Daher analysiert der VoC-Ansatz die Arbeitsbeziehungen als wichtige institutionelle Arena. Wollen wir den Kapitalismustyp eines Landes verstehen, so müssen wir die jeweiligen Dynamiken in dessen Arbeitsbeziehungen verstehen.

3. Unternehmensfinanzierung und -kontrolle

Wir haben im ersten Kapitel gesehen, dass es ein definitorisches Merkmal von kapitalistischen Systemen ist, dass Kapital und Kapitalfinanzierung eine zentrale Rolle in der Wirtschaft spielen. Genau darum geht es in der dritten institutionellen Arena: Woher beziehen Unternehmen eigentlich ihr Kapital? Wie wird Kapital in der Wirtschaft eingesetzt? Und damit verbunden: Wer besitzt und kontrolliert die Unternehmen?

Im VoC-Ansatz geht es hier vor allem um das Verhältnis von Unternehmen zu Banken, Börsen und Finanzmärkten. VoC bezeichnet diese Arena als »corporate governance« – ich vermeide diesen Begriff an dieser Stelle, da er nicht nur etwas sperrig ist, sondern auch in unterschiedlichen Literaturen unterschiedlich verstanden wird. Mir geht es hier vor allem um die Art der Unternehmensfinanzierung und -kontrolle. Im ursprünglichen VoC-Buch unterscheiden Hall und Soskice (2001) zwei Systeme: Kapital kann entweder von Banken, insbesondere sogenannten »Hausbanken«, kommen, die oft enge und langjährige Verbindungen mit Unternehmen haben. Dies ist im Koordinierten Kapitalismus wie in Deutschland üblich. Alternativ können Unternehmen über Finanzmärkte an Kapital gelangen, wie es im Liberalen Kapitalismus z.B. in den USA üblicher ist. Eine weitere Möglichkeit, neben Eigenkapital-Finanzierung durch die Unternehmen selbst, besteht darin, dass Kapital vom Staat zur Verfügung gestellt wird (wie dies vor allem im Staatskapitalismus üblich ist, siehe Kapitel 9).

Warum ist dies relevant? Hall und Soskice (2001) führen aus, dass die Art der Kapitalgenerierung wichtig ist, weil sie unterschiedliche Anreize für die Unternehmen setzt. Erfolgt die Finanzierung vor allem durch »Hausbanken« in oft jahrzehntelanger Zusammenarbeit, haben die Unternehmen eine stetige und verlässliche Finanzierungsquelle, die ihnen eine Perspektive auf langfristige Gewinne ermöglicht und sie weniger von kurzfristigen Gewinnen und Verlusten abhängig macht. Die Unternehmen müssen hier weniger auf kurzfristige Bilanzerfolge schauen. Wir sprechen von »geduldigem Kapital«. Kommt das Kapital dagegen von Finanzmärkten, wollen Investoren schneller Renditen sehen – die Unternehmen müssen deshalb viel mehr an kurzfristigen Gewinnen orientiert sein.

Wie man sich vorstellen kann, hat dies weitreichende Konsequenzen. Staaten, in denen eine Finanzierung über (Haus-)Banken üblicher ist, haben in der Regel stabilere und langfristige Beziehungen und sind damit besser gegen Konjunkturschwankungen und kurzfristige Unternehmensmisserfolge gewappnet.

Staaten, in denen eine Finanzierung über Finanzmärkte üblich ist, sind dagegen anfälliger für Kurs- und Konjunkturschwankungen, umgekehrt aber auch flexibler und schneller, wenn es um neue Investitionen geht. Hier kann es einfacher sein, für eine gute Idee schnell und kurzfristig Geld zu erhalten.

Will man die Art des Kapitalismus in einem Land verstehen, muss man also das Verhältnis von Unternehmen zu Banken und Finanzmärkten in den Blick nehmen. Dieses spielt eine ganz zentrale Rolle für Unternehmen und deren Strategien und Erfolg. Die Art der Unternehmensfinanzierung hat aber auch konkrete Implikationen für alle Bürger:innen, denn damit hängt eng zusammen, welche Art von »Kreditkultur« ein Land pflegt. Unsere fünf fiktiven Freunde (James, Andreas, László, Jose und Haruki) mögen sich vielleicht nicht für komplizierte und technische Fragen der Banken- und Finanzorganisation, der Unternehmensfinanzierung oder -kontrolle interessieren; trotzdem haben diese Aspekte weitreichende Konsequenzen für ihre jeweiligen Leben, z.B. in puncto Jobsicherheit.

4. Innerbetriebliche Beziehungen

In der vierten institutionellen Arena geht es um die Organisation der Unternehmen selbst, insbesondere das Verhältnis des Managements der Unternehmen zur eigenen Belegschaft. Hall und Soskice kontrastieren hier zwei Modelle: Im Liberalen Kapitalismus wie in den USA sehen sie ein strikt hierarchisches Verhältnis: Das Management führt das Unternehmen im »Top-down«-Stil, trifft die wichtigen Entscheidungen und hat dabei sehr große Freiheiten. Es kann z.B. sehr einfach Arbeitnehmer:innen einstellen oder entlassen (die bekannte »Hire-and-fire«-Kultur). Im Koordinierten Kapitalismus wie in Deutschland dagegen sind die Hierarchien flacher, bzw. die Belegschaft hat ein Mitspracherecht in wichtigen Personal- und Grundsatzentscheidungen der Unternehmensführung (mehr zur sogenannten »Unternehmensmitbestimmung« und »Betrieblichen Mitbestimmung« in Kapitel 5), und ein strenger Kündigungsschutz schützt Arbeitnehmer:innen vor kurzfristigen Entlassungen. Denken wir wieder an die fiktiven Personen der Einleitung zurück, so ist es typisch, dass der deutsche Andreas Gewerkschafter und im Betriebsrat aktiv ist, während James in den USA das für unüblich und sozialistisch hält.

Dies alles ist wiederum wichtig, weil es weitreichende Konsequenzen hat. In Ökonomien mit mächtigem Top-down-Management und Hire-and-fire-Kultur können Unternehmen flexibler gesteuert und umgestaltet werden. Dies macht es leichter, auf wirtschaftliche Trends zu reagieren, neue Ideen zu verfolgen oder Umstrukturierungen vorzunehmen. Gleichzeitig macht es die Arbeitnehmer:innen, Unternehmen und das ganze Wirtschaftssystem anfälliger für Krisen, in denen dann (wie wir oben gesehen haben) schnell Massenarbeitslosigkeit drohen kann. Ökonomien mit stärkerer Mitbestimmung der Belegschaft (wie Deutschland oder Schweden) scheinen dagegen starrer und weniger flexibel. Auch dies kann allerdings Vorteile haben, so Hall und Soskice, z.B. dass die Belegschaft sich stärker an das eigene Unternehmen gebunden fühlt und dadurch in Kenntnisse und Fähigkeiten investiert, die in diesem Unternehmen gebraucht werden, was wiederum zu deren Erfolg beitragen kann.

Kurzum – und wie wir bei den konkreten Kapitalismustypen in den weiteren Kapiteln noch sehen werden: Wer den Kapitalismustyp eines Landes verstehen möchte, muss die Art und Weise der innerbetrieblichen Organisation verstehen, insbesondere das Verhältnis von Management und Belegschaft.

5. Zwischenbetriebliche Beziehungen

In der fünften und letzten institutionellen Sphäre geht es schließlich um das Verhältnis der verschiedenen Unternehmen zueinander. Auch hier unterscheiden Hall und Soskice wieder zwei Idealtypen. Im Liberalen Kapitalismus wie den USA besteht ein harter Konkurrenzkampf zwischen Unternehmen. Beziehungen der Unternehmen untereinander sind durch Wettbewerb und Konkurrenz geprägt. Die Unternehmen versuchen stetig zu wachsen, auch auf Kosten konkurrierender Unternehmen. Es gibt z.B. regelmäßige Versuche, konkurrierende Unternehmen – auch gegen deren Willen – aufzukaufen (feindliche Übernahmen), was wiederum durch eine Finanzierung an den Finanzmärkten einfacher wird. Dies ist auch nicht unüblich zwischen Unternehmen und ihren eigenen Zulieferfirmen. Wenn verschiedene Unternehmen in diesem Kontext zusammenarbeiten, dann wird die Zusammenarbeit üblicherweise stark und detailliert verrechtlicht und die Regelungen werden formal festgehalten, um ggf. juristisch gegen Vertragsbrüche vorgehen zu können.

In anderen Ländern wie Deutschland dagegen ist dies viel unüblicher, und es herrschen ganz andere Unternehmensbeziehungen vor. Es gibt natürlich auch Konkurrenz, doch insgesamt – so Hall und Soskice – sind die Beziehungen viel kooperativer und informeller. Feindliche Übernahmen sind unüblich. Und Verträge zwischen Unternehmen und Zulieferern können weniger detailliert ausgearbeitet sein, weil durch langfristige enge Zusammenarbeit Vertrauen und gegenseitige Abhängigkeiten aufgebaut wurden.

Die Art und Weise, wie Unternehmen in einem Staat interagieren, hat weitreichende Konsequenzen. Es beeinflusst u.a., ob und inwiefern Konkurrenz oder Kooperation hinsichtlich Arbeiter:innen, Produkten, Kapital, Konsum etc. vorherrscht.

Institutionelle Komplementaritäten

Wir haben gesehen, dass und warum die fünf institutionellen Arenen relevant für die jeweilige Art des Kapitalismus sind. Je nachdem, wie diese Institutionen unterschiedlich ausgestaltet sind oder unterschiedlich funktionieren, resultiert eine unterschiedliche Art des Kapitalismus. Der VoC-Ansatz hört hier jedoch nicht auf, sondern argumentiert darüber hinaus, dass auch das jeweilige *Zusammenspiel* der unterschiedlichen Institutionen zentral ist: So kann jede einzelne Institution ihre Wirkung umso besser entfalten, je mehr die anderen Institutionen sie darin unterstützen und bestärken. In der Fachsprache nennt man das »institutionelle Komplementaritäten«: Institutionen sind komplementär, wenn sie sich gegenseitig verstärken, d.h. wenn die Anwesenheit einer Institution den Nutzen und die Wirkung der anderen Institution befördert.

Eine bildliche Metapher, sich dies vorzustellen, wurde oben schon genannt: Wenn man sich einzelne Institutionen als Zahnräder vorstellt, wie sie das Bild auf dem Umschlag dieses Buches zeigt, funktioniert das ganze Uhrwerk erst dann richtig, wenn alle Räder ineinandergreifen. Dabei können unterschiedliche Maschinen aus unterschiedlichen Zahnrädern bestehen. Es ist nicht ein Zahnrad besser als ein anderes – ihr Zusammenspiel macht den Unterschied.

Man kann sich dies auch wie ein Spinnennetz vorstellen: Ein einzelner Spinnenfaden ist schon ziemlich stabil und hilfreich für die Spinne – sie kann daran hoch- und runterklettern und damit sogar weite Wege durch die Luft segeln; aber erst ein engmaschiges Netz aus vielen Fäden entfaltet den vollen Nutzen für die Spinne. Ebenso sind einzelne Institutionen aus VoC-Sicht zwar hilfreich, entfalten aber ihre volle Wirkung erst, wenn sie zusammenspielen.

Nehmen wir wieder ein Beispiel: Wir haben jetzt schon mehrfach betont, dass und wie das duale Ausbildungssystem in Deutschland eine bestimmte Art der wirtschaftlichen Produktion ermöglicht. Dies funktioniert aber auch deswegen so gut, weil das Ausbildungssystem eng verwoben ist mit anderen Institutionen: Duale Ausbildung ist überhaupt erst möglich, weil es eine bestimmte Art der industriellen Beziehungen gibt, in der Arbeitnehmer- und Arbeitgeberseite kooperieren. Und diese kooperativen industriellen Beziehungen werden wiederum dadurch verstärkt, dass Arbeitgeber und Arbeitnehmer:innen in der Ausbildung tagtäglich zusammenarbeiten und »am selben Strang ziehen«. Dies wiederum wird vereinfacht durch kooperative Beziehungen auch in der Unternehmensführung, in der die Arbeitnehmer:innen gesetzlich garantierte Mitspracherechte haben. Und dies wiederum beeinflusst die Anreize für bestimmte Kenntnisse und Fähigkeiten und damit das Ausbildungssystem. Gleichzeitig sichern ein starker Kündigungsschutz und eine generöse Arbeitslosenversicherung Arbeitnehmer:innen vor möglichen Einkommensverlusten ab. Und dies wiederum erhöht deren Bereitschaft, sich langfristig in einer bestimmten Firma einzubringen und firmenspezifisches Wissen zu generieren ...

Die unzähligen Verbindungen innerhalb dieses »institutionellen Spinnennetzes« ließen sich problemlos auf immer weitere Institutionen ausdehnen. Genau das schauen wir uns in den folgenden Kapiteln im Detail an. Hier sollten die Beispiele als Illustration reichen und klarmachen, dass und inwiefern institutionelle Komplementaritäten für die betreffende Art des Kapitalismus wichtig sind.

Wichtig bleibt aber noch zu erwähnen, dass Hall und Soskice annehmen, dass Staaten nur dann wirtschaftlich erfolgreich sind, wenn sie institutionelle Komplementaritäten haben. Umgekehrt seien Länder ohne institutionelle Komplementaritäten wirtschaftlich nicht erfolgreich oder zumindest wirtschaftlich schwächer. Hier rieben sich die Institutionen permanent aneinander, was zu Ineffizienzen führe. Als Beispiel dienen ihnen die südeuropäischen Länder: Hier folgen manche Institutionen einer kooperativen Logik, während andere einer liberalen Marktlogik folgen.

Komparative Vorteile

Der letzte Schritt in der Argumentation des VoC-Ansatzes ist schließlich, dass die unterschiedlichen Institutionen und deren institutionelle Komplementaritäten dazu führen, dass jeder Kapitalismustyp andere Stärken und Schwächen hat. Dies folgt logisch aus den vorangehenden Argumenten: Die unterschiedlichen institutionellen »Spinnennetze« bieten den Unternehmen in unterschiedlichen Ländern unterschiedliche Möglichkeiten und Anreize. Im Koordinierten Kapitalismus wie in Deutschland (siehe Kapitel 5) ermöglicht und verstärkt das institutionelle Zusammenspiel kooperatives und koordiniertes Verhalten zwischen Unternehmen, was es wiederum ermöglicht, eine bestimmte Art von komplexen, hochqualitativen Gütern herzustellen. Wir mögen zwar kein Silicon Valley haben, aber Autos, Technik, Chemieerzeugnisse und andere Produkte »Made in Germany« haben in der ganzen Welt einen Namen, der für hohe Qualität steht.

Umgekehrt erlaubt das institutionelle Gefüge des Liberalen Kapitalismus (siehe Kapitel 4) wie in den USA radikalere Innovationen, weil u.a. die Kapitalmarkt-Finanzierung, die Hire-and-fire-Kultur, das Top-down-Management und das Vorhandensein einer akademisierten Arbeiterschaft es ermöglichen, schneller und beherzter auf neue Ideen und Produkte zu setzen. Dies führt zu einer flexibleren und radikal innovativeren Wirtschaft. Die Institutionen verstärken sich hier gegenseitig, um dies zu ermöglichen.

Kapitalismen also? Fazit und Kritik

»Real existierenden« Kapitalismus gibt es immer im Plural, als Kapitalismen. Diese zentrale These der Vergleichenden Kapitalismusforschung wurde in diesem Kapitel anhand des Varieties-of-Capitalism-Ansatzes vorgestellt. Wir haben gesehen, dass und warum Institutionen und deren Zusammenspiel (»Komplementaritäten«) zentral für die konkrete Organisation des Kapitalismus in einem Land sind. Dieses Kapitel ist dabei eher abstrakt geblieben und stellt das theoretische Denkmodell des VoC-Ansatzes vor. Der vorliegende Band geht darüber hinaus, insofern wir (1) eine global vergleichende Perspektive einnehmen und weitere Kapitalismen unterscheiden, (2) systematisch deren politische Ursachen und (3) Konsequenzen diskutieren. Die folgenden Kapitel stellen dabei je einen unterschiedlichen Kapitalismustyp vor und beleuchten entlang der fünf institutionellen Arenen deren innere Wirkweisen und Charakteristika, ihre Vor- und Nachteile. Auch erklären die Kapitel, warum unterschiedliche Länder unterschiedliche Kapitalismustypen ausgebildet haben, beleuchten also die jeweiligen politökonomischen Ursachen.

Bevor wir mit diesen konkreten Fällen beginnen, seien jedoch noch zwei wichtige Punkt vorausgeschickt. Erstens soll nicht unerwähnt bleiben, dass der Varieties-of-Capitalism-Ansatz von verschiedener Seite auch kritisiert wurde (z.B.: Hancké 2009; Bohle/Greskovits 2009; Reale 2019). Es wurde zum Beispiel angeführt, dass der Fokus auf Institutionen zu starr sei und ein Fokus auf politische Akteure fehle. Auch sei der Ansatz zu unhistorisch, denn er nehme Institutionen einfach als gegeben hin und erkläre nicht, woher diese eigentlich kämen. Institutionen seien doch nicht einfach vom Himmel gefallen, sondern selbst das Ergebnis von politischen Konflikten und Aushandlungsprozessen. Ja, der VoC-Ansatz sei überhaupt ziemlich funktionalistisch, apolitisch, ahistorisch und akteursblind. Er räume politischen Akteuren kaum Spielraum ein und sehe alles durch Institutionen determiniert. Damit verbunden sei die Analyse des VoC-Ansatzes zu statisch und unterschätze Wandel über Zeit – er treffe vor allem auf die 1990er Jahre zu, weniger allerdings für die Zeit davor und danach. Auch stößt Kritiker:innen der Fokus des VoC-Ansatzes auf Nationalstaaten auf. Das überspiele interessante subnationale Variationen, z.B. in den USA zwischen der Technikblase Silicon Valley einerseits und der industriellen Autoindustrie in Detroit andererseits oder zwischen eher ländlichen und eher städtischen Gebieten. Schließlich wird argumentiert, der VoC-Ansatz überbetone die Unterschiede der Kapitalismustypen und vergesse darüber deren Gemeinsamkeiten und mögliche Trends zur Konvergenz, so etwa Wolfgang Streeck (2010). Innerhalb der Politikwissenschaft finden sich entsprechend auch beide Perspektiven: Forscher:innen im Teilbereich der Internationalen Politischen Ökonomie betonen oft die Gemeinsamkeiten über Länder hinweg und deuten auf Konvergenztrends, während die Vergleichende Politische Ökonomie (in der auch dieses Buch verortet ist) eher die Unterschiede überbetont.

Verfechter:innen des VoC-Ansatz entgegnen dieser Kritik, dass alle diese Kritikpunkte mehr oder weniger gerechtfertigt sein mögen, sie aber nicht dem Kern des Ansatzes widersprechen, sondern helfen können, diesen zu verfeinern. So ließe sich z.B. historisch analysieren, wie Institutionen entstanden sind (z.B. Thelen 2004), der Ansatz auf subnationale Räume anwenden oder die politische Dynamik der unterschiedlichen Kapitalismustypen untersuchen. Die Forschungsdebatte dazu ist breit und entsprechend seit über zwanzig Jahren sehr lebhaft.

Zweitens, und damit verbunden, ist zu betonen, dass der Varieties-of-Capitalism-Ansatz keineswegs das einzige Modell der Vergleichenden Kapitalismusforschung ist. So gab es zum einen schon vor der Publikation des Buches von Hall und Soskice im Jahr 2001 interessante Forschung, die auf unterschiedliche Kapitalismustypen hindeutete (z.B. Albert 1993; Chandler 1990; Kitschelt et al. 1999; Shonfield 1965; Soskice 1990; Whitley 1999). Besonders hervorgehoben werden sollte dabei die »Regulationstheorie« um die Arbeiten von Robert Boyer (für einen guten Überblick Boyer 2005). Wie VoC argumentiert die Regulationstheorie, dass es nicht *den* Kapitalismus, sondern verschiedene empirische Ausprägungen gibt, und betont ebenso die Rolle von Institutionen. Der entscheidende Beitrag des VoC-Ansatzes war es jedoch, die verschiedenen Ansätze und Literaturen in einem kohärenten, eleganten und systematischen Theoriemodell zusammenzubringen und vielschichtig zu beleuchten.

Zum anderen sei darauf hingewiesen, dass es in der Forschung auch andere spannende theoretische Ansätze gibt. Jüngst haben beispielsweise Lucio Baccaro und Jonas Pontusson argumentiert, dass der VoC-Ansatz zu stark auf Institutionen und die »Angebotsseite« schaue und die »Nachfrageseite« der Wirtschaft darüber in Vergessenheit geraten sei. Baccaro und Pontusson (2016) schlagen stattdessen vor, unterschiedliche Wachstumsmodelle (*growth models*) zu unterscheiden. Neue Beiträge, z.B. Hassel und Palier (2020) oder Hope und Soskice (2016), denken diesen Ansatz weiter oder suchen nach Verbindungen, um ein besseres Verständnis von kapitalistischen Systemen zu entwickeln. Dies erscheint als produktive Forschungsagenda, vor allem wenn sie um eine Analyse der politischen Dynamiken erweitert wird. Nichtsdestotrotz ist und bleibt der Varieties-of-Capitalism-Ansatz aber eine der stärksten Theorien zur Erklärung kapitalistischer Systeme und ihrer jeweiligen Charakteristika und stellt daher den Fokus dieses Bandes dar.

4. Liberaler Kapitalismus: Die USA und andere angelsächsische Länder

Die USA gelten gemeinhin als Inbegriff »des« Kapitalismus. Denkt man an ein Land, das »den« Kapitalismus versinnbildlicht, ist es schwer, nicht die USA zu nennen. Aus Sicht der Vergleichenden Kapitalismusforschung fragt man sich dagegen, *welche Art* von Kapitalismus hier gemeint ist. Aus dieser Perspektive repräsentieren die USA vielmehr *ein* Kapitalismusmodell: das der »liberalen« Marktwirtschaft (Hall/Soskice 2001).

Das prägende Merkmal dieses liberalen Kapitalismustyps ist die dominante Rolle von flexiblen und omnipräsenten Märkten und Marktmechanismen. Märkte – und damit verbunden ein starker Wettbewerb über Angebot und Nachfrage und Preisbildung – dominieren alle Aspekte des wirtschaftlichen Lebens. Hochschulbildung, zum Beispiel, kaufen Studierende auf dem Bildungsmarkt – Schulden im sechsstelligen Bereich sind für ein Hochschulstudium üblich (Garritzmann 2016). Ebenso herrschen auf dem Arbeitsmarkt flexible Marktmechanismen vor – die Höhe der Löhne und die Arbeitsbedingungen können Unternehmen in der Regel mit einzelnen Beschäftigten individuell aushandeln, so dass die begehrtesten Arbeitnehmer:innen sehr hohe Löhne erhalten, viele andere aber niedrige, was in hoher Einkommensungleichheit resultiert. Als drittes Beispiel sei die Krankenversicherung genannt, die auch weitestgehend privatisiert und über Märkte gesteuert ist.

In diesem Kapitel schauen wir uns den Liberalen Kapitalismus amerikanischer Prägung genauer an. Diesen Kapitalismustyp finden wir in ähnlicher Form auch in anderen angelsächsischen Ländern (z.B. in Australien, Kanada und im Vereinigten Königreich) sowie – wie wir in Kapitel 6 sehen werden – auch im Baltikum. Wir untersuchen zunächst dessen zentrale Merkmale und fragen dann nach Gründen für und Konsequenzen dieser Art der Organisation des Kapitalismus. Was zeichnet den Liberalen Kapitalismus aus und was sind dessen Ursachen und Folgen?

Der beste Lebensraum für Einhörner?

Einhörner – das sind mythische Fabelwesen: Die Vorstellung eines Pferdes mit einzelnem Horn findet sich seit der Antike in der Literatur – und bis heute auf glitzernden rosa T-Shirts und Pullovern beim Discounter. Auch die Finanzwelt sucht ständig nach neuen »Einhörnern« (*unicorns*). Gemeint sind damit allerdings nicht sonderbare Pferde, sondern private Unternehmen – oft neue und aufstrebende Start-up-Unternehmen im »FinTech«-Bereich – mit einem Wert über einer Milliarde Dollar. Bekannte »Einhörner« sind oder waren Google, Facebook, Airbnb, Uber, Spotify oder SpaceX. Diese sind für Investoren interessant, denn »entdeckt« man und investiert früh in ein solches »Einhorn«, winken massive zukünftige Profite.

Was diese Einhörner für die Vergleichende Kapitalismusforschung spannend macht, ist ihre geografische Verteilung. Schaut man durch Listen der aktuellen Einhorn-Sichtungen, so fällt ins Auge, dass diese größtenteils in den USA zu finden sind (siehe Abbildung 2). CB Insights listet aktuell, im Juli 2022, weltweit 1174 Einhörner.[7] 630 davon, also über fünfzig Prozent, finden sich in den USA. In Deutschland sind es 29 (das sind etwa zwei

Prozent aller Einhörner weltweit), in Schweden acht (0,8 Prozent) und in Italien genau ein Unternehmen. Wie Abbildung 2 eindrücklich zeigt, beheimaten die allermeisten Länder dieser Welt gar keine Einhörner.

Dies mag zunächst verwunderlich sein, da Deutschland, Schweden, Italien und andere Staaten doch ähnlich wohlhabende, kapitalistische Länder sind wie die USA. Aus Sicht der Vergleichenden Kapitalismusforschung ist es dagegen recht einfach zu erklären – denn die USA bieten mit ihrem Liberalen Kapitalismustyp bessere Möglichkeiten und ein produktiveres Umfeld für aufsteigende Start-up-Unternehmen. Warum das so ist, sehen wir, wenn wir als Nächstes systematisch auf die in Kapitel 3 vorgestellten fünf institutionellen Arenen schauen.

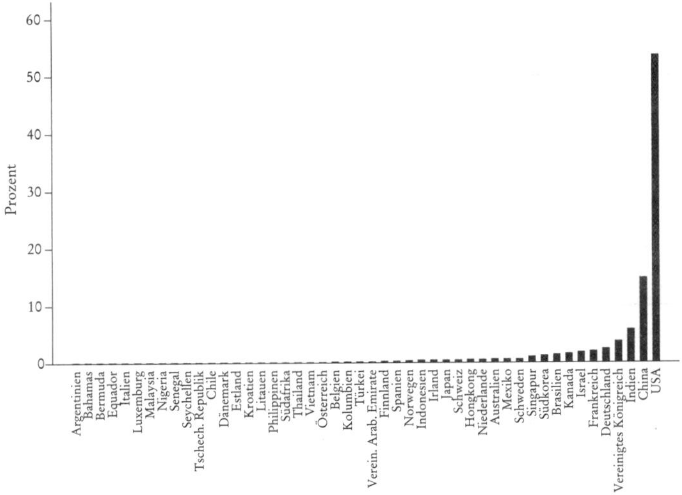

Abb. 2: Geografische Verteilung aller »Einhörner« (im Jahr 2022) (Quelle: Eigene Darstellung, basiert auf Daten von CB Insight (https://www.cbinsights.com/research-unicorn-companies).

Zentrale Merkmale des Liberalen Kapitalismus

Im Folgenden skizziere ich die zentralen Merkmale des Liberalen Kapitalismus systematisch anhand der fünf institutionellen Arenen des VoC-Ansatzes. Veranschaulicht wird dies am Beispiel der USA, die den Liberalen Kapitalismustyp in seiner deutlichsten Ausprägung repräsentieren. Andere Länder mit ähnlichen Systemen sind z.B. Australien, Kanada und das Vereinigte Königreich. In Kapitel 6 werden wir sehen, dass sich auch die baltischen Länder, vor allem Estland, in diese Richtung entwickelt haben.

1. Bildungssystem

Das Bildungssystem eines Landes ist, wie wir in Kapitel 3 gesehen haben, ein ganz zentrales Element der jeweiligen Spielart des Kapitalismus – nicht zuletzt, weil die Art der Fähigkeiten, die in einem Land vorherrscht, stark beeinflusst, welche Art von Gütern und Serviceleistungen dort hergestellt bzw. angeboten werden können. Dies gilt umso mehr in unseren heutigen Wissensgesellschaften. Im Vergleich mit den Bildungssystemen anderer Länder fällt im US-amerikanischen System vor allem das Hochschulsystem ins Auge: Das amerikanische Bildungssystem legt insgesamt einen starken Schwerpunkt auf akademische Bildung an Hochschulen; Alternativen dazu, beispielsweise in Form einer beruflichen Ausbildung, existieren kaum. Nach der Schule können Schüler:innen entweder studieren oder direkt ins Arbeitsleben einsteigen und *on the job* lernen. Berufliche (Aus-) Bildung findet nur im Beruf direkt am Arbeitsplatz oder rein theoretisch an sogenannten Community Colleges statt. Beide Formen beruflicher Bildung genießen gesellschaftlich eher geringes Ansehen – ein akademisches Hochschulstudium wird weithin als prestigeträchtiger und wertvoller angesehen.

Die Hochschullandschaft ist sehr divers. Es gibt eine breite Vielfalt an öffentlichen und privaten Hochschulen; außerdem unterscheiden sich die Hochschulen stark in der Art der Programme, die sie anbieten (manche dauern zwei, andere vier Jahre), sowie darin, ob und inwiefern an ihnen Forschung stattfindet: Manche Hochschulen sind sehr forschungsstark, andere reine Lehreinrichtungen. Auch die Qualität der Hochschulen variiert massiv: Wo jemand seinen/ihren Abschluss gemacht hat, hat weitreichende Konsequenzen für die weitere Karriere. Überspitzt gesagt: Die USA beheimaten einerseits einige der weltbesten Universitäten (z.B. Harvard, Yale, Princeton), andererseits gibt es viele Hochschulen mit fragwürdigem Ruf und mangelhafter Qualität. Zur Illustration: In der Gegend um Boston in Massachusetts finden sich etwa fünfzig Hochschulen – darunter namhafte private Forschungsuniversitäten wie Harvard und das MIT, öffentliche Community Colleges wie das Bunker Hill Community College, christliche Colleges mit weniger als hundert Studierenden wie das Sattler College sowie For-profit-Institutionen wie das Bay State College.[8]

Das Hochschulsystem der USA ist stark privatisiert. Etwa ein Viertel der Studierenden besucht private Hochschulen. Einige davon – wie das Bay State College in Boston – sind sogenannte For-profit-Organisationen, die also mit dem Verkauf von Bildung Profite erzielen wollen und entsprechend oft mehr Wert auf Vermarktung als auf Bildungsqualität legen. Für fast alle Studienprogramme, sowohl in privaten wie in öffentlichen Hochschulen, fallen Studiengebühren an. Jährliche Gebühren in Höhe von 10 000 Dollar sind üblich – an vielen Hochschulen liegen die Kosten weit höher, so dass Studierende oft mehr als 100 000 Dollar für ihr Studium ausgeben. Unterstützt werden sie durch Darlehen, die vom Staat subventioniert und garantiert werden, aber von den Studierenden wieder abbezahlt werden müssen (Garritzmann 2016). Nach Schätzungen haben etwa 45 Millionen Menschen in den USA Studienschulden, deren Gesamthöhe bei etwa 1,7 Billionen Dollar liegt. Das sind ausgeschrieben 1 700 000 000 000 Dollar.[9] Aufgrund dieser enormen Höhe, die nur von der Höhe der Schulden für Hypotheken auf Immobilien übertroffen wird, und vor dem Hintergrund, dass viele Menschen ihre Schulden nicht mehr abbezahlt bekommen und säumig sind, fürchten einige Beobachter:innen, dass die »student loan bubble« platzen und zu einer neuen Finanz- und Wirtschaftskrise führen könnte.[10] Bislang ist dies nicht eingetreten – es gibt aber verstärkt Diskussionen, ob und wie Studienschulden (teilweise) erlassen werden sollten. Ein jüngster Versuch in diese Richtung erfolgte unter Präsident Biden, der manchen ehemaligen Studierenden einen Teil ihrer Studienschulden tatsächlich erließ.[11]

Abstrakter gesprochen ist das amerikanische Hochschulsystem stark von Marktmechanismen durchzogen. Hochschulbildung ist ein Gut, das Studierende (mit Unterstützung des Staates) kaufen, um dann ihre Bildung, Fähigkeiten und die während des Studiums gebildeten Netzwerke auf dem Arbeitsmarkt wieder zu verkaufen. Ähnlich funktioniert frühkindliche Bildung, denn öffentliche Kita-Plätze sind weitestgehend inexistent, so dass Eltern Kinderbetreuung von privaten Anbietern kaufen (Prentice/White 2022). Allein im Schulsystem findet sich eine stärkere Rolle des Staates – so gibt es zwar einige Privatschulen, über neunzig Prozent der Schüler:innen besuchen aber öffentliche Schulen.[12] Nicht vergessen werden sollte darüber jedoch, dass deren Qualität stark durch die jeweilige Lage unterschiedlicher Nachbarschaften geprägt ist und damit Ungleichheiten reproduziert.

Insgesamt bleibt festzuhalten, dass das Bildungssystem in den USA – und anderer Länder des Liberalen Kapitalismus – stark auf generelle akademische Fähigkeiten fokussiert ist, kaum berufliche Bildung bietet, stark privatisiert und individualisiert ist, von Marktmechanismen gesteuert wird und dadurch bestehende Ungleichheiten reproduziert oder verstärkt (Gingrich 2013). Dies ist auch ein erster Teil der Erklärung, warum es in den USA mehr »Einhörner« gibt: Aufstrebende Unternehmen können auf einen großen Pool von Hochgebildeten zurückgreifen, die generelle akademische Fähigkeiten mitbringen.

2. Arbeitsbeziehungen

Die Arbeitsbeziehungen im Liberalen Kapitalismus wie in den USA sind ebenso durch starke Marktmechanismen geprägt. Aushandlungen, z.B. über Löhne oder Arbeitsbedingungen, finden zumeist zwischen den Unternehmen und einzelnen Arbeitnehmer:innen statt, so dass zwei Menschen am selben Arbeitsplatz unterschiedlich viel verdienen können. Es existiert in den USA zwar ein gesetzlicher Mindestlohn, aber Tarifverträge, die branchenweit Lohnhöhen festsetzen, sind unbekannt.

Ähnliches gilt für andere Arbeitnehmerrechte. Ein genereller Kündigungsschutz existiert nicht. Kündigungen aufgrund von Krankheit, Geschlecht, Alter, Hautfarbe, Ethnie oder Behinderungen sind zwar illegal, doch sind den Arbeitgebern ansonsten keine Grenzen gesetzt, Personal zu entlassen. Umgekehrt können auch Arbeitnehmer:innen kurzfristig kündigen. Das Ergebnis ist die bekannte Hire-and-fire-Kultur, in der Unternehmen kurzfristig Menschen einstellen, aber ebenso kurzfristig wieder entlassen können. Dies führt zu einem sehr flexiblen Arbeitsmarkt. Ein Vorteil ist, dass Unternehmen kurzfristig neuen Ideen nachgehen und diese ausprobieren können; ein Nachteil, dass Arbeitnehmer:innen wenig geschützt sind, was sich insbesondere in Zeiten wirtschaftlicher Krisen bemerkbar macht.

Eine Haupterklärung für diese Art der Arbeitsbeziehungen, auf die wir später noch zurückkommen, ist das Fehlen starker

Gewerkschaften. Gewerkschaften, in denen sich Arbeitnehmer:innen organisieren (wie etwa in Deutschland die IG Metall, die GEW oder Verdi), sind im Liberalen Kapitalismus schwach. Die meisten Arbeiter:innen sind nicht in Gewerkschaften organisiert, die Gewerkschaften sind kaum in den Politikprozess eingebunden, und die wenigen existierenden Gewerkschaften setzen sich hauptsächlich für den Nutzen ihrer Mitglieder, nicht aber genereller für »die Arbeiterschaft« ein. Abbildung 3 zeigt, dass in den USA nur zehn Prozent der Arbeitnehmer:innen Gewerkschaftsmitglieder sind – in Ländern wie Schweden, Finnland oder Norwegen (siehe Kapitel 4) dagegen sind es über fünfzig Prozent, historisch teilweise sogar über achtzig Prozent.

Insgesamt zeichnet sich der Liberale Kapitalismus also durch flexible, marktbasierte, individualisierte Arbeitsbeziehungen aus. Kollektive Aushandlungsprozesse zwischen Unternehmen und Arbeitnehmer:innen sind nicht zuletzt aufgrund der schwachen Gewerkschaften unbekannt. Das Ergebnis ist ein hoch flexibler Arbeitsmarkt, der Unternehmen und Individuen viele Chancen bietet, der aber auch stark zu Ungleichheiten beiträgt. Vor diesem Hintergrund ist es auch wenig überraschend, dass amerikanische Großkonzerne wie Amazon und Tesla massiv gegen die Gründung von Gewerkschaften in ihren Werken vorgehen.[13]

Dies ist auch eine zweite Teilerklärung, warum die meisten »Einhörner« in den USA zu finden sind: Der flexible und unregulierte Arbeitsmarkt erlaubt das kurzfristige Einstellen von Arbeiter:innen, die ebenso kurzfristig wieder entlassen werden können, sollte eine Idee wirtschaftlich nicht fruchten.

3. Unternehmensfinanzierung und -kontrolle

Woher bekommen Unternehmen ihr Kapital? Und inwiefern beeinflusst die Art des Kapitals und der Kapitalbeschaffung die Unternehmen? Eine Antwort auf diese Fragen kann schnell sehr

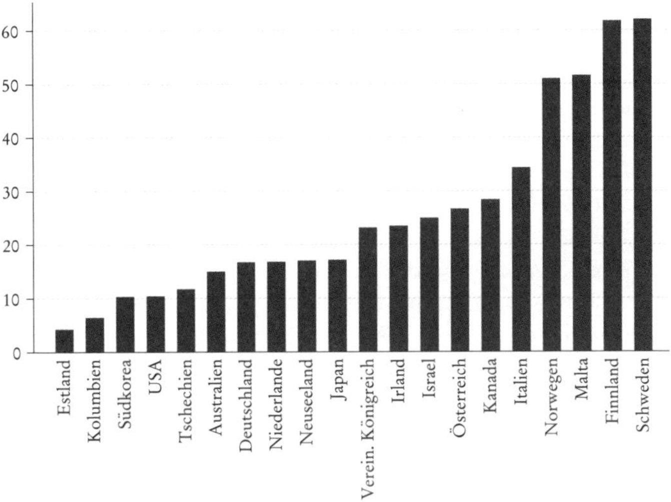

Abb. 3: Gewerkschaftsdichte (Anteil Gewerkschaftsmitglieder an der Arbeitnehmerschaft), 2017 (Quelle: Eigene Darstellung mit Daten von www.ictwss.org [Visser 2022])

technisch werden, wenn man in die Details der Unternehmensfinanzierung eintaucht – in diesem einführenden Band fokussiere ich daher nur auf zwei generellere Charakteristika des Liberalen Kapitalismus, ohne zu sehr ins Detail zu gehen.

Erstens ist es wichtig zu wissen, dass Finanzmärkte eine zentrale Rolle im Liberalen Kapitalismus spielen. Suchen Unternehmen Kapital (z.B. für Investitionen), wenden sie sich in der Regel an Finanzmärkte und Investoren und greifen weniger auf Bankenkredite oder andere Finanzierungen zurück. Investoren erhalten im Gegenzug Anteile der Unternehmen (oft: Aktien), die sie am Gewinn beteiligen und die weiterverkauft werden können.

Zweitens, und eng damit verbunden, zeichnet den Liberalen Kapitalismus der sogenannte *shareholder-value*-Ansatz aus: Da die Finanzierung am Finanzmarkt für viele Unternehmen zentral ist, orientieren sich diese an den Interessen ihrer Anteilseigner (Shareholder) und zielen auf deren (kurzfristige) Aktionärsgewinne. Unternehmen müssen sich regelmäßig vor den Anteilseignern rechtfertigen, so dass ihre wirtschaftliche Zukunft von deren Wohlwollen abhängt (van der Zwan 2014). Weniger im Zentrum stehen dabei andere Interessen wie etwa die der eigenen Belegschaft oder anderer Personen und Organisationen, z.B. Zulieferern, die für das Unternehmen eine wichtige Rolle spielen (sogenannte Stakeholder). Wir werden im nächsten Kapitel sehen, dass dies nicht überall so ist: Im Koordinierten Kapitalismus sind die Stakeholder viel stärker eingebunden – mit weitreichenden Konsequenzen.

Insgesamt zeichnet sich der Liberale Kapitalismus also durch eine starke Finanzmarkt-Kapitalisierung aus, durch einen Wettbewerb der Unternehmen um Investoren und eine starke Orientierung der Unternehmen an Aktionären und Investoren. Dies gilt insbesondere für mittelständische und große Unternehmen – kleinere Betriebe sind dagegen oft weniger finanzialisiert. Und um zum eingangs genannten Beispiel der »Einhörner« zurückzukehren, ist dies eine dritte Erklärung dafür, warum viele Startups in den USA tätig und erfolgreicher sind: Über Finanzmärkte ist einfacher (viel) Kapital zugänglich, und Investoren können unkomplizierter bei Unternehmen »einsteigen«.

4. Innerbetriebliche Beziehungen

Wie sind die Unternehmen selbst organisiert? Das prägende Merkmal im Liberalen Kapitalismus ist eine hierarchische Top-down-Struktur: Die Unternehmen haben meistens ein sehr starkes Management, das mehr oder weniger so handeln kann, wie es möchte. In den Arbeitsbeziehungen beispielsweise herrscht – wie wir oben gesehen haben – eine Hire-and-fire-Kultur vor, insofern die Unternehmensführung auch in Personalfragen wenig in ihren Handlungsmöglichkeiten begrenzt ist. Ähnliches gilt für andere Bereiche der Unternehmensführung.

Insbesondere im Vergleich mit dem Koordinierten Kapitalismus (Kapitel 5) fällt das Fehlen von Institutionen wie Betriebsräten oder unternehmerischer Mitbestimmung auf. Betriebsräte vertreten im Koordinierten Kapitalismus die Interessen der Belegschaft – im Liberalen Kapitalismus dagegen bleibt diese unrepräsentiert. Das Management kann hier freier Entscheidungen treffen, ohne dass Belegschaft oder Kontrollräte sie beschränken. Dies wiederum ist eng mit der Schwäche der Gewerkschaften verknüpft.

Insgesamt sind die Unternehmen im Liberalen Kapitalismus also durch klare Top-down-Strukturen geprägt, in denen das Management der Belegschaft gegenübersteht. Eine Konsequenz ist, dass Unternehmen flexibler sind, um beispielsweise neue Wirtschaftszweige oder Ideen zu erkunden (man denke wieder an das Einhorn-Beispiel zurück); umgekehrt führt dies aber auch dazu, dass die Arbeiternehmer:innen weniger Mitsprache- und Mitbestimmungsrechte haben und somit in einer wirtschaftlich schwächeren Lage sind. Auch dies kann eine Teilerklärung für den Erfolg von »Einhörnern« in den USA sein: Das Management kann sehr frei Entscheidungen treffen und auf kurzfristige Trends reagieren.

5. Zwischenbetriebliche Beziehungen

Die Unternehmen im Liberalen Kapitalismus stehen untereinander in starker und offener Konkurrenz, erstens in Bezug auf Kapital und Investoren, zweitens um Konsumenten ihrer Güter und um Marktanteile und drittens um Arbeitnehmer:innen. Da die Unternehmen primär an den Interessen der Anteilseigner (Shareholder) orientiert sind und sein müssen und die Interessen der Stakeholder eine geringere Rolle spielen, sind die Beziehungen der Unternehmen zu ihren eigenen Zulieferern ebenso von Konkurrenz geprägt. Es ist üblich, dass sich Unternehmen gegenseitig aufkaufen, auch gegen den Willen der »geschluckten« Unternehmen – sogenannte »feindliche Übernahmen«.

Da, wo Kooperation und Austausch zwischen Unternehmen stattfindet, werden diese durch formale Verträge genau festgelegt und reguliert, um ggf. auch gegen Vertragsverstöße klagen zu können. Daher spielt das Unternehmensrecht und dessen Nutzung vor Gericht auch eine ganz zentrale Rolle in der Wirtschaft.

Auch dies ist Teil der Erklärung, warum in den USA mehr »Einhörner« zu finden sind: Aufsteigende Unternehmen können einfacher Konkurrenten oder deren Ideen aufkaufen oder deren Personal abwerben. Es geht primär um den eigenen (oft: kurzfristigen) wirtschaftlichen Erfolg.

Konsequenzen des Liberalen Kapitalismus: Stärken und Schwächen

Jeder Kapitalismustyp hat bestimmte Stärken und Schwächen, Vor- und Nachteile. Ein paar davon habe ich schon erwähnt – beispielsweise, dass und warum der Liberale Kapitalismus mehr »Einhörner« hervorbringt bzw. anzieht. Das spezielle institutionelle Gefüge bietet diesen einen besonders produktiven »Nährboden«. Das ist natürlich eine große Stärke, denn es trägt zu einer innovativen Wirtschaft bei und lockt innovative Kräfte in die betreffenden Regionen. Hall und Soskice (2001) argumentieren in ihrem »Varieties-of-Capitalism«-Band, dass der Liberale Kapitalismus darüber hinaus besonders erfolgreich darin sei, radikale Innovation zu fördern, also z.B. neue Technikrevolutionen zu starten. Beispiele für radikale Innovation sind die Erfindung des Computers, des Internets, der Sozialen Medien oder von digitalen »Plattform-Unternehmen«. Hall und Soskice belegen dies mit Daten über Patentanmeldungen, also Schutzrechten für Erfindungen. Neure empirische Arbeiten zeigen indes, dass der Zusammenhang weniger stark ist als theoretisch angenommen; er scheint aber insbesondere für technologische Spezialisierung zu gelten (Meelen et al. 2017; siehe Brandl 2018 für eine Fallstudie am Beispiel der Entwicklung von Saatgut).

Die flexiblen Märkte des Liberalen Kapitalismus haben darüber hinaus den Vorteil, dass sie schneller und einfacher auf wirtschaftliche Veränderungen reagieren können. Ein wichtiges Beispiel dafür ist die Deindustrialisierung. Das Zeitalter der Industrialisierung geht zunehmend zu Ende. Aufgrund seiner Institutionen, die flexible Märkte ins Zentrum stellen, kann der Liberale Kapitalismus besser und schneller auf diesen Trend reagieren als andere Kapitalismustypen. Die Schattenseite ist, dass sich wirtschaftliche Krisen (wie etwa die Finanz- und Wirtschaftskrise oder die Corona-Krise) auch schneller in Massenarbeitslosigkeit, Prekarität und Armut niederschlagen können. Aufschwünge können zwar schneller erzeugt und genutzt werden, doch haben umgekehrt auch wirtschaftliche Krisen starke negative soziale Konsequenzen.

Nicht zuletzt tragen die im Liberalen Kapitalismus vorherrschenden, relativ unregulierten Marktmechanismen zu verschiedenen Ungleichheiten bei: Sowohl Einkommens- und Wohlstands- als auch Bildungsungleichheiten sind hoch, da der Markt gefragte Arbeiter:innen stark belohnt, während andere zurückfallen. Das Ergebnis ist eine sich immer weiter verstärkende soziale Ungleichheit. Umgekehrt ist diese schwach ausgeprägte Regulierung natürlich ein Vorteil für diejenigen Individuen, die auf der »Gewinnerseite« stehen.

Warum haben die USA einen Liberalen Kapitalismus?

Wie lässt sich erklären, dass Länder wie die USA einen Liberalen Kapitalismus mit den beschriebenen Eigenschaften entwickelt haben? In der Forschungsliteratur gibt es zahlreiche Antworten, die unterschiedliche Erklärungen anbringen – manche fokussieren auf die Rolle von politischen Akteuren (wie Parteien, Gewerkschaften, Arbeitgeberverbänden oder Interessengruppen), andere auf sozioökonomische Faktoren (wie natürliche Ressourcen, Globalisierung oder Deindustrialisierung), wieder andere auf kulturelle oder historische Ursachen. Richtig ist, dass – wie fast immer in unserer komplexen sozialen Welt – eine Reihe dieser Faktoren eine wichtige Rolle gespielt haben und es keine monokausale Antwort auf die Frage gibt.

Eine prominente Erklärung liefert die »Machtressourcentheorie« (Esping-Andersen 1990; Huber/Stephens 2001): Diese fokussiert auf die Rolle von Parteien, Gewerkschaften und Arbeitgeberverbänden und untersucht deren relative Macht und Rolle in Politikprozessen. Vergleicht man unterschiedliche Länder, so fällt auf, dass Gewerkschaften in den USA und anderen Ländern mit Liberalem Kapitalismus schwach sind – nur ein kleiner Teil der Arbeitnehmerschaft ist gewerkschaftlich organisiert und Gewerkschaften sind auch kaum institutionell in politische Prozesse eingebunden. Dies ist ganz anderes im Korporatismus, der im Koordinierten Kapitalismus vorherrscht, wie wir im nächsten Kapitel sehen werden. Kathleen Thelen (2004) hat diesen Zusammenhang in wichtigen Forschungsbeiträgen historisch untersucht und bis ins späte Mittelalter zurückverfolgt. Weitere wichtige Beiträge kommen u.a. von Cathie Jo Martin und Duane Swank (2008) sowie von Isabella Mares (2003) zur Rolle von Arbeitgebern.

Ein zweiter auffallender Aspekt aus Sicht der Machtressourcentheorie ist, dass linke Parteien (wie Sozialisten oder Sozialdemokraten) in Staaten mit Liberalem Kapitalismus entweder gar nicht existieren oder nur sehr schwach sind. Die existierenden »linken« Parteien (wie die Democrats in den USA) vertreten eher gemäßigte zentristische Positionen. Wirtschaftspolitisch sind die Democrats eher der deutschen Christdemokratie ähnlich. Dies wiederum lässt sich zumindest teilweise auf das Wahlsystem zurückführen, denn Mehrheitswahlsysteme resultieren fast immer in Zwei-Parteien-Konstellationen, in denen der Parteienwettbewerb sich auf Wähler:innen im Zentrum konzentriert. Dies gilt allerdings zunehmend weniger für die republikanische Partei, die sich seit den 1980er Jahren immer weiter nach rechts bewegt hat, immer marktradikaler und jüngst auch sozial konservativer geworden ist (Stichworte: Anti-Abtreibung, Anti-LGBTQ-Rechte, Anti-Migration).

Eine zweite Gruppe von Erklärungen führt historische Ursachen an, um zu begründen, warum Länder wie die USA einen Liberalen Kapitalismus entwickelt haben. In den USA geht es dabei ganz zentral um ihre Entstehungsgeschichte als Nation: Nach der »Entdeckung« des amerikanischen Kontinents durch Europäer im 15. Jahrhundert (zu diesem Zeitpunkt lebten dort bereits seit 15 000 Jahren Menschen, welche bekanntermaßen durch die Neuankömmlinge oft vertrieben, getötet oder versklavt wurden) wurde zunächst vor allem die Ostküste besiedelt, und die Ausbreitung nach Westen fand erst über die nächsten Jahrzehnte und Jahrhunderte statt. Wichtig ist das für unsere Frage, weil die Gründung und der Ausbau des Staates »USA« somit erst erfolgte, *nachdem* bereits erste Institutionen geschaffen waren. So existierten an der Ostküste bereits Privatschulen und private Universitäten (z.B. Harvard seit 1636, St. John's seit 1696, Yale seit 1701), bevor der Staat überhaupt gegründet und aufgebaut wurde. Private Institutionen waren somit bereits stark etabliert, bevor der Nationalstaat überhaupt damit begann, eigene Kapazitäten aufzubauen. Diese Geschichte prägt die USA bis heute. Die Politikwissenschaft spricht hier von »Pfadabhängigkeiten« (Pierson 1993; Skocpol 1992), die sich bis heute bemerkbar machen. Weitere historisch wichtige Faktoren sind die Abwesenheit des Feudalismus und einer europäischen Ständestruktur sowie die zentrale Rolle von Sklaverei, Plantagenarbeit und Segregation, die das Erstarken einer (organisierten) Arbeiterschaft verhinderten.

Eine dritte Gruppe von Erklärungen verweist auf sozioökonomische und kulturelle Faktoren: Die USA und andere angelsächsische Länder öffneten sich früh und stark dem globalisierten Freihandel einerseits und Kapitalinvestitionen (insbesondere aus England) andererseits. Die Wirtschaft war somit früh auf den (Frei-)Handel und Kapitalakquisition fokussiert. Dies verstärkte sich noch einmal deutlich seit den 1980er Jahren unter der Führung Präsident Reagans und der zunehmenden Deindustrialisierung. Im Vergleich zu anderen Staaten und Wirtschaftssystemen erwies sich als eine Stärke der USA, dass sie flexible Märkte hatte, die es erleichterten, auf die neuen Herausforderungen zu reagieren bzw. diese aktiv mitzugestalten. Kulturelle Erklärungen verweisen darüber hinaus auf bestimmte vorherrschende Werte und Vorstellungen wie jene des Puritanismus, einen auf das Individuum fokussierten Liberalismus und den Aufstiegsmythos des *American Dream* (für eine spannende Analyse anhand von Romanen siehe die Arbeiten von Cathie Jo Martin 2018; genereller zur Rolle von Kultur siehe auch Birgit Pfau-Effinger 2005).

Es gibt also verschiedene Gründe, warum Länder wie die USA einen Liberalen Kapitalismus entwickelt haben. Auch schließen sich die unterschiedlichen Erklärungen nicht gegenseitig aus, sondern können vielmehr miteinander in Verbindung gebracht werden. So hängen beispielsweise die Schwäche der Arbeiterbewegung, der linken Parteien und die vorherrschenden liberalen Werte und positiven Einstellungen gegenüber Privatisierung sehr eng zusammen. Klar geworden sein sollte aber in diesem Kapitel, dass der Liberale Kapitalismustyp nur *eine* Art ist, wie der Kapitalismus organisiert sein kann. In den folgenden Kapiteln werden wir sehen, dass andere Länder dies ganz anders tun – und damit nicht weniger, sondern nur anders erfolgreich sind.

Kehren wir kurz zu den in der Einleitung genannten fiktiven Personen zurück. Dort hatten wir u.a. James aus Texas kennengelernt. In diesem Kapitel sollte deutlich geworden sein, dass und warum sein Bildungsweg, seine Arbeitskarriere und weitere Elemente nicht zufällig, sondern charakteristisch für den Liberalen Kapitalismus sind: Nach der Highschool hat James in einem (gebührenpflichtigen) Marketing-Studium generelle Fähigkeiten erworben, die er danach in verschiedenen Anstellungen nutzen konnte. Dabei blieb er nie lange bei einem bestimmten Unternehmen, sondern wechselte sogar mehrfach die Branche. Sowohl in der Finanzkrise als auch in der Corona-Pandemie verlor er seinen Job, fand aber wenig später schnell wieder eine andere Anstellung. Wie die meisten US-Amerikaner war er nie Gewerkschaftsmitglied und hält diese sogar für »sozialistisch«. Da weder bezahlte Elternzeiten noch kostengünstige staatliche Kinderbetreuung zur Verfügung stehen, kaufen James und seine Frau Kinderbetreuung auf dem Markt und stemmen dabei relativ hohe Kosten. Ich lade alle Leser:innen herzlich ein, die Lebensgeschichte von James und seiner Frau weiterzuspinnen und auch weitere wichtige Lebensentscheidungen auf diese Art des Kapitalismus zurückzuführen. Ähnliches können wir für die anderen fiktiven Charaktere in den nächsten Kapiteln tun und damit die Charakteristika der unterschiedlichen Kapitalismen noch greifbarer machen.

5. Koordinierter Kapitalismus: Deutschland und Kontinentaleuropa

Im Vergleich zum Liberalen Kapitalismus amerikanischer Prägung wirkt der Kapitalismus in Deutschland und Kontinentaleuropa[14] wie eine »eingehegte« oder »soziale« Variante. So betonen deutsche Politiker:innen auch regelmäßig, dass Deutschland eigentlich nicht kapitalistisch, sondern vielmehr eine »soziale Marktwirtschaft« sei. In der Forschung finden sich auch viele andere Bezeichnungen wie »rheinischer« Kapitalismus (Albert 1993) oder »nicht-liberaler« Kapitalismus (Streeck/Yamamura 2001). Populär ist auch der Begriff »Deutschland AG«, der das deutsche Wirtschaftssystem als eng verflochtenes Netzwerk von verschiedenen großen Unternehmen, Banken und Versicherungen beschreibt. Hall und Soskice (2001) sprechen von »koordinierter Marktwirtschaft«. Was den Koordinierten Kapitalismus auszeichnet, was seine Stärken und Schwächen sind und warum Deutschland und viele andere kontinentaleuropäische Länder sich zum Koordinierten Kapitalismus entwickelt haben – das sind die Leitfragen dieses fünften Kapitels. Klar werden sollte dabei: Deutschland ist nicht mehr oder weniger kapitalistisch als die USA – wir finden hier vielmehr eine andere Art von Kapitalismus.

Zentrale Merkmale des Koordinierten Kapitalismus

Abbildung 4 vergleicht die Arbeitslosenquoten Deutschlands und der USA im Zeitraum 1990 (Mauerfall) bis 2020. In Deutschland sehen wir zunächst einen starken Anstieg der Arbeitslosenquote nach der Wiedervereinigung. Statistisch schlug diese 2005 durch die Zusammenlegung von Arbeitslosen- und Sozialhilfe noch einmal deutlicher zu Buche, da nun mehr Arbeitslose sichtbar in der Statistik auftauchten (»Hartz-IV-Effekt«). Seit 2006 sinken die Arbeitslosenzahlen jedoch wieder deutlich und liegen seit über zehn Jahren unter fünf Prozent.

Die Arbeitslosenquote in den USA bewegt sich generell auf einem ähnlichen Niveau (zwischen fünf und zehn Prozent), hier sehen wir allerdings, dass verschiedene Krisen sich deutlich in den Zahlen niederschlagen. In Folge der Finanz- und Wirtschaftskrise ab 2007 und erneut während der Corona-Krise ab 2020 stieg die Arbeitslosigkeit dort jeweils sehr rasch und stark an (von vier auf zehn Prozent). In Deutschland sind ähnliche

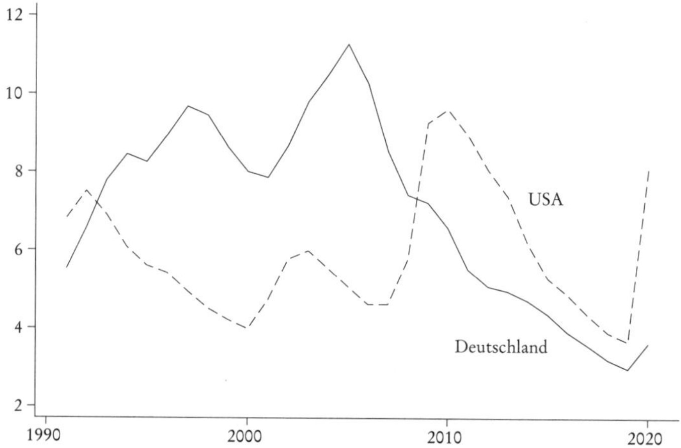

Abb. 4: Arbeitslosigkeit in Deutschland und den USA, 1990–2020 (Quelle: Eigene Darstellung mit Daten der OECD)

Kriseneffekte kaum in den Daten sichtbar: Während der Globalen Finanzkrise *sank* die Arbeitslosigkeit in Deutschland sogar – und während der Corona-Krise stieg sie nur leicht.

Wie lässt sich dies erklären? Warum ist der deutsche Arbeitsmarkt scheinbar weniger krisenanfällig? Eine Hauptantwort ist, dass Deutschland ganz andere Institutionen als die USA aufweist. Diese sind in weiten Bereichen durch Koordination verschiedener Akteure und Interessen gekennzeichnet, weswegen Deutschland als Koordinierter Kapitalismus bezeichnet werden kann. Schauen wir uns dies wieder genauer anhand der fünf institutionellen Arenen an.

1. Bildungssystem

Beginnen wir wieder mit dem Bildungssystem. Im internationalen Vergleich fallen in Deutschland zwei Merkmale ins Auge: Die erste Auffälligkeit des deutschen Bildungssystems ist ein sehr stark gegliedertes Schulsystem: Nach der in der Regel vierjährigen Grundschule werden die Kinder in unterschiedliche Schulformen geführt: Gymnasium, Realschule und Hauptschule – mittlerweile ergänzt um Gesamt-/Gemeinschaftsschulen, Werkrealschulen und andere – teilweise lediglich umbenannte – Schulformen. Im internationalen Vergleich findet diese Trennung in Deutschland sehr stark und sehr früh statt. Kaum ein Land auf dieser Welt hat eine solch frühe Aufspaltung in unterschiedliche Schultypen wie Deutschland. Eine Folge davon ist, dass die Bildungsungleichheit sehr hoch ist und sehr hoch bleibt, denn der familiäre Hintergrund der Eltern hat einen starken Effekt auf die Bildungswege der Kinder. In Ländern, in denen die schulische Aufspaltung erst später stattfindet, macht sich das Elternhaus weniger bemerkbar, und die Bildungsungleichheit ist entsprechend niedriger.

Die zweite Besonderheit Deutschlands ist sein starkes duales Ausbildungssystem. Wie im ersten Kapitel bereits dargestellt, lernen Jugendliche hier teilweise in Berufsschulen, die theoretisches Wissen vermitteln, sowie in Betrieben, wo sie konkrete berufliche Fähigkeiten erwerben. Die Ausbildungsgänge sind hoch spezialisiert und vermitteln meist technisch anspruchsvolle, komplexe Detailkenntnisse, beispielsweise in den Ausbildungsgängen »Anlagenmechaniker:in für Sanitär-, Heizungs- und Klimatechnik«, »Diamantschleifer:in« oder »Fachkraft für Fruchtsafttechnik«. Dieses System hat verschiedene Vorteile. Zum einen führt es zu geringer Jugendarbeitslosigkeit, da viele Auszubildende nach der Lehrzeit in den Betrieb übernommen werden oder mit ihren starken und zertifizierten Fähigkeiten oft schnell anderswo Arbeit finden. Dies ist Teil der Erklärung, warum die Arbeitslosenquote in Deutschland strukturell ziemlich niedrig ist. Zum anderen ist durch die hochqualitative und spezialisierte Ausbildung in Deutschland auch eine hochqualitative Produktion möglich. Sorge und Streeck (1988) bezeichnen dies als »diversified quality production« – einfacher könnte man an das Qualitätslabel »Made in Germany« denken.

Duale Ausbildungssysteme finden sich weltweit in nur fünf Staaten: Neben Deutschland sind das Österreich, die Schweiz, Dänemark und die Niederlande – also alle im westlichen Kontinentaleuropa. Viele andere Staaten haben – nachdem das duale Ausbildungssystem seinen zwischenzeitlich schlechten Ruf verloren hatte und wieder »sexy« und »salonfähig« geworden war – versucht, ein ebensolches System einzuführen, z.B. England, Australien, Ghana und Brasilien (Baumann et al. 2020). Alle diese Versuche sind jedoch gescheitert. Aus Sicht der Vergleichenden Kapitalismusforschung ist dies wenig überraschend, denn ein duales Ausbildungssystem beruht auf einer engen Kooperation zwischen Gewerkschaften, Arbeitgebern und Staat, welche wiederum in weitere Institutionen eingebettet ist (Thelen 2004). Dies sehen wir in den weiteren vier institutionellen Arenen. Am

Ende dieses Kapitels komme ich aber auch noch einmal darauf zurück.

2. Arbeitsbeziehungen

Die Arbeitsbeziehungen im Koordinierten Kapitalismus wie in Deutschland oder Dänemark sind – wie der Name schon sagt – durch Koordination der unterschiedlichen Interessen geprägt. Konkret bedeutet dies, dass sowohl die Arbeitnehmer als auch die Arbeitgeber jeweils gut organisiert sind, ihre Interessen im Politikprozess eingebracht und aufgenommen werden und üblicherweise versucht wird, die verschiedenen Interessen durch Aushandlung miteinander zu vereinbaren. In Marx'scher Terminologie: Der Klassenkampf zwischen Arbeiterschaft und Unternehmern findet im Koordinierten Kapitalismus allenfalls sehr abgeschwächt statt und soll vielmehr durch regelmäßige Interaktion »auf Augenhöhe« kooperativ gelöst werden. Streiks, mit denen die Belegschaft Firmen oder ganze Branchen lahmlegt, sind unüblich. In der Regel gibt es maximal ein paar »Warnstreiks«, bevor eine Einigung gesucht und üblicherweise auch schnell gefunden wird.

Beginnen wir mit der Arbeitnehmerseite. Die Interessen der Arbeiter:innen werden durch Gewerkschaften vertreten. In Deutschland sind das z.B. die IG Metall, verdi, die GEW und die Gewerkschaft der Polizei. Wie Abbildung 3 gezeigt hat, sind im Koordinierten Kapitalismus Kontinentaleuropas relativ viele Menschen Gewerkschaftsmitglieder, beispielsweise über fünfzig Prozent in Skandinavien und knapp dreißig Prozent in Italien und Österreich. Deutschland und die Niederlande liegen hier mit knapp zwanzig Prozent eher am unteren Ende. Historisch waren die Mitgliederzahlen sogar um einiges höher: über achtzig Prozent in Skandinavien und über dreißig Prozent in Deutschland. In den letzten Jahren findet jedoch in den meisten Ländern ein stetiger Mitgliederschwund statt, der auf eine Schwächung der Arbeitnehmerseite hindeutet und von einigen Beobachtern kritisch beäugt und kommentiert wird. Darauf werde ich im letzten Kapitel noch zurückkommen.

Die Arbeitnehmer:innen bzw. die Gewerkschaften sind institutionell stark in die (Unternehmens-)Politik eingebunden. Wichtige Institutionen sind hier zum einen *Betriebsräte*. Die Gründung eines Betriebsrats ist, sobald ein Unternehmen mindestens fünf Beschäftigte hat, ein gesetzlich garantiertes Recht – Unternehmer, die dies verbieten oder behindern, machen sich strafbar. Die Größe des Betriebsrats richtet sich nach der Anzahl der Beschäftigten. Der Betriebsrat ist bei allen wichtigen personellen und sozialen Entscheidungen des Unternehmens eingebunden und kann diese beeinflussen. Zum anderen sind die Arbeitnehmer:innen durch die sogenannte *Unternehmensmitbestimmung* auch bei unternehmerischen Entscheidungen beteiligt. Eine wichtige Funktion dabei ist die Beteiligung am Aufsichtsrat, der den Vorstand kontrolliert. Über die unternehmerische Mitbestimmung haben Arbeitnehmer:innen Einfluss auf wichtige unternehmerische und wirtschaftliche Entscheidungen. Insgesamt haben die Arbeitnehmer:innen somit im Koordinierten Kapitalismus einen wichtigen Einfluss, der nicht zuletzt im Vergleich mit dem Liberalen Kapitalismus stark ins Auge fällt.

Auch die Arbeitgeberseite ist im Koordinierten Kapitalismus gut organisiert; anders als im Liberalen Kapitalismus, wo die einzelnen Unternehmen kaum kooperieren, sondern in scharfem Wettbewerb miteinander stehen (Mares 2003; Martin/Swank 2008). Die Interessen der Arbeitgeber werden durch Arbeitgeberverbände vertreten, z.B. durch Gesamtmetall, den Bundesarbeitgeberverband Chemie (BAVC) oder den Bundesverband der deutschen Industrie (BDI). Diese Verbände wiederum sind in Dachverbänden organisiert – in Deutschland ist der größte Dachverband die Bundesvereinigung der deutschen Arbeitgeber (BDA). Die BDA ist ein mächtiger politischer Akteur, der stark in den politischen Prozess involviert ist.

Relevant ist die Organisation in Gewerkschaften und Arbeitgeberverbänden vor allem für Tarifverhandlungen, in denen die Entlohnung und die Arbeitsbedingungen ausgehandelt werden. Der Staat hält sich hierbei traditionell zurück und anerkennt die Tarifautonomie der Gewerkschaften und Arbeitgeberverbände, die zusammen auch als »Sozialpartner« bezeichnet werden. Ergebnis sind in der Regel Tarifverträge, die für bestimmte Branchen und/oder Gebiete (»Flächentarife«) die Lohnhöhen festsetzen, so dass alle betroffenen Arbeitnehmer:innen dieselben Löhne erhalten. Neben den Tarifverhandlungen ist die institutionalisierte Zusammenarbeit der Sozialpartner darüber hinaus genereller für die Arbeitsmarktpolitik relevant, ebenso wie für die Ausgestaltung der Sozial- und Bildungspolitik sowie anderer Bereiche.

Um zum eingangs genannten Beispiel zurückzukommen: Ein Hauptgrund dafür, dass die Arbeitslosigkeit in Deutschland weniger durch Krisen beeinflusst ist (siehe Abbildung 4), liegt darin, dass Gewerkschaften und Arbeitgeberverbände sich gemeinsam mit dem Staat auf Kurzarbeitsprogramme geeinigt haben, mit denen die Belegschaft ihre Arbeitsplätze behält, aber die Arbeitszeit und die Lohnhöhe reduziert werden; die entfallenen Löhne werden (teilweise) durch staatliche Leistungen übernommen (»Kurzarbeit«). Dadurch können Kündigungen vermieden, Arbeitnehmer:innen langfristig an Unternehmen gebunden und hohe Arbeitslosenquoten und -gelder vermieden werden.

3. Unternehmensfinanzierung und -kontrolle
Auch im Bereich der Unternehmensfinanzierung und -kontrolle herrscht im Koordinierten Kapitalismus langfristige Koordination und Kooperation vor. Im Gegensatz zur Kapitalmarktfinanzierung, die im Liberalen Kapitalismus dominiert, beziehen Unternehmen (insbesondere kleinere und mittlere Unternehmen) ihr Kapital zumeist von Banken. Üblich sind dabei oft auch langfristige Bindungen zwischen bestimmten Banken und Unternehmen – hier spricht man vom sogenannten »Hausbanken«-System. Viele Unternehmen arbeiten über Jahre oder Jahrzehnte hinweg mit bestimmten Banken zusammen. Dies führt dazu, dass die Banken sehr viel Information über die Unternehmen, Vertrauen in diese und dichte persönliche Netzwerke mit ihnen aufbauen können. Ein Vorteil dieser langfristigen Kooperation ist, dass die Banken den Unternehmen in Krisenzeiten nicht sofort den Geldhahn zudrehen, sondern oft an mittel- und langfristigeren Gewinnen orientiert sind und Unternehmen somit auch in Rezessionen oder ökonomisch schwierigeren Zeiten Kapital bieten. Man spricht hier von »geduldigem Kapital«. Dies ist ein weiterer Grund, warum sich Krisen im Koordinierten Kapitalismus weniger stark in Arbeitslosenquoten (und anderen Kennzahlen) niederschlagen. Im Gegensatz zur – oft an kurzfristigen Gewinnen orientierten – Shareholder-Fokussierung im Liberalen Kapitalismus werden im Koordinierten Kapitalismus die Interessen einer viel größeren Gruppe berücksichtigt, so dass ein Stakeholder-Ansatz dominiert.

Großunternehmen, insbesondere börsennotierte Unternehmen, machen allerdings weniger Gebrauch von diesem Hausbanken-System und nutzen stärker die Kapitalisierung durch Finanzmärkte, inklusive Shareholder-Orientierung. Vor diesem Hintergrund fordern auch eine zunehmende Macht von Großkonzernen und die »Finanzialisierung« (van der Zwan 2014; Mader et al. 2020) den Typ des Koordinierten Kapitalismus besonders heraus. Anders gesagt: Eine aktuelle Veränderung besteht darin, dass sich in diesem Bereich ein Charakteristikum des Liberalen Kapitalismus (*shareholder value*) in Länder mit Koordiniertem Kapitalismus hineindrängt, bzw. von Großkonzernen und Finanzinstitutionen aktiv gestärkt wird (siehe Kapitel 10).

4. Innerbetriebliche Beziehungen

Wie wir in Kapitel 4 gesehen haben, sind die innerbetrieblichen Beziehungen im Liberalen Kapitalismus durch ein starkes Top-down-Management und eine Hire-and-fire-Kultur charakterisiert. Im Koordinierten Kapitalismus dagegen ist die Unternehmensführung in ihren Handlungsmöglichkeiten viel mehr beschränkt, vor allem aufgrund der starken Position der schon beschriebenen Betriebsräte und der Unternehmensmitbestimmung. Als Konsequenz findet viel mehr Kooperation und Koordination der unterschiedlichen Interessen innerhalb der Unternehmen statt. Die Unternehmensführung spielt natürlich immer noch eine zentrale Rolle, ist aber viel mehr eingehegt als im Liberalen Kapitalismus.

Dies äußert und verstärkt sich z.B. durch einen starken Kündigungsschutz. Dieser erschwert Kündigungen und reguliert, unter welchen Bedingungen diese überhaupt zulässig sind, mit welchen Fristen sie erfolgen müssen und welche Rechte und Pflichten mit ihnen verbunden sind. Dies ist ein weiterer Grund, warum die Arbeitslosigkeit in Deutschland in den größeren Krisen der letzten Zeit nicht massiv angestiegen ist – die meisten Menschen können schlichtweg nicht so einfach entlassen werden, selbst wenn die Unternehmen dies wollen würden. Wie wir später noch systematischer sehen werden, hat dies wiederum weitreichende Konsequenzen, weil die daraus resultierende langfristige Bindung der Belegschaft an die Unternehmen verschiedene Vor- und Nachteile hat.

5. Zwischenbetriebliche Beziehungen

Auch die zwischenbetrieblichen Beziehungen sind im Koordinierten Kapitalismus durch Kooperation und Koordination geprägt. Unternehmen stehen viel weniger in starker und scharfer Konkurrenz zueinander als im Liberalen Kapitalismus. Dies ist aus verschiedenen Gründen so. Zum einen führt die langfristige Finanzierung durch Hausbanken dazu, dass weniger direkter Wettbewerb um kurzfristige Gewinne vorherrscht. Die Unternehmen sind also weniger darauf angewiesen, sich kurzfristig auf Kosten ihrer Konkurrenz zu profilieren. Zweitens führen die Tarifverträge und die standardisierte Ausbildung dazu, dass weniger Konkurrenz um Personal zwischen den Unternehmen besteht. Es ist unüblicher, dass Arbeitnehmer:innen zwischen Unternehmen wechseln – oft verbleiben sie jahre- oder sogar lebenslang beim selben Arbeitgeber. Aktuelle Arbeitsmarktstatistiken zeigen, dass in Deutschland mehr als zwanzig Prozent der Beschäftigten schon mindestens zehn Jahre bei demselben Unternehmen arbeiten – nur in Italien und Portugal ist der Anteil noch höher, in allen anderen OECD-Ländern niedriger.[15] Eng damit verbunden, drittens, können die Unternehmen durch die langfristige Beschäftigung und den starken Kündigungsschutz schlechter kurzfristig Expertise auf dem Arbeitsmarkt einkaufen. Sie sind daher mehr auf Kooperation mit anderen Unternehmen angewiesen. Und nicht zuletzt kooperieren verschiedene Unternehmen oft in der Forschung und Entwicklung, um als Branche (und weniger als einzelnes Unternehmen) einen Standortvorteil zu haben.

Konsequenzen des Koordinierten Kapitalismus: Stärken und Schwächen

Wie wir gesehen haben, zeichnen sich Koordinierter und Liberaler Kapitalismus durch ganz unterschiedliche Institutionen aus. Beide sind zwar kapitalistisch, unterscheiden sich aber gleichzeitig in vielerlei Hinsicht. Ich habe dabei betont, dass ein zentrales Argument des Varieties-of-Capitalism-Ansatzes darin besteht, nicht die eine Kapitalismusform gegenüber der anderen als die bessere zu bewerten. Sie haben unterschiedliche Vor- und Nachteile. Was sind also die Stärken und Schwächen des Koordinierten Kapitalismus?

Ein paar der zentralen Vorteile des Koordinierten Kapitalismus habe ich bereits genannt: Aufgrund der Koordination verschiedener Interessen und der auf langfristige Kooperation angelegten Wirtschaftsbeziehungen ist der Koordinierte Kapitalismus insgesamt weniger krisenanfällig als der Liberale Kapitalismus. Krisen führen hier nicht direkt zu Massenarbeitslosigkeit, sondern werden »sozial abgefedert«. Dies gilt insbesondere für die Jugendarbeitslosigkeit, die vor allem aufgrund der starken dualen Ausbildung sehr niedrig ist. Weiterhin ist auch die Einkommensungleichheit vergleichsweise niedrig, da die kollektiven Tarifverträge große Teile der Beschäftigen umfassen und weil die duale Ausbildung oft zu gutbezahlten Berufen führt – anders als im Liberalen Kapitalismus, in dem Nicht-Akademiker:innen zumeist deutlich schlechter bezahlt sind.

Ein wirtschaftlicher Vorteil der vorherrschenden Kooperation ist, dass hochqualitative Produkte hergestellt werden können, welche aufgrund ihrer überdurchschnittlichen Qualität weltweit stark nachgefragt sind (Stichwort: »Exportweltmeister«). Dies gelingt in anderen Kapitalismustypen nicht, weil nur im Koordinierten Kapitalismus die relevanten Institutionen in einer Weise zusammenspielen, die eine entsprechende Produktion ermöglicht. Schließlich: Während der Liberale Kapitalismus prädestiniert ist für »radikale« Innovation, sind im Koordinierten Kapitalismus die Bedingungen besonders günstig für »inkrementelle« Innovation, z.B. die regelmäßige Verbesserung eines bestimmten Produkts. Ein Beispiel: VW produziert seit 1974 seinen Kleinwagen »Golf« – mittlerweile in der achten Generation. Das Kernprodukt ist immer noch dasselbe, es wurde aber über die Jahrzehnte inkrementell weiterentwickelt. Andere Beispiele sind bestimmte Bremssysteme, Pumpen, Motoren, Elektrogeräte, Chemikalien und Medikamente. Deutschland produziert zwar nur sehr wenige »Einhörner«, ist aber »Weltmeister« in der stetigen Verbesserung bestehender Produkte.

Genau wie der Liberale Kapitalismus hat auch der Koordinierte Kapitalismus verschiedene Schwächen (siehe auch Hassel 2006). Die Kehrseite der auf Stabilität und auf langfristige Kooperation angelegten Institutionen ist eine gewisse Behäbigkeit. Ländern des Koordinierten Kapitalismus fällt es schwerer, auf Veränderungen zu reagieren. Eine der größten Herausforderungen dabei sind die schon genannte Deindustrialisierung und der Strukturwandel hin zur Wissens- und Dienstleistungsgesellschaft. Viele Kerninstitutionen des Koordinierten Kapitalismus gehen historisch in die Zeit der Industrialisierung zurück (s.u.) und waren vor allem auf die industrielle Produktion ausgerichtet. Dies zeigt sich am deutlichsten im Bereich der dualen Ausbildung sowie in der Bezeichnung »industrielle« Beziehungen – aber auch in den anderen Institutionen. In einer Welt, in der Wertschöpfung zunehmend weniger über Industrieproduktion stattfindet, besteht die Gefahr, dass die Institutionen des Koordinierten Kapitalismus zum Anachronismus werden. Eine zentrale Herausforderung liegt also in der Frage, ob und wie die Institutionen auch in einer postindustriellen Ära ihre Stärken entfalten können.

Weitere Schwächen des Koordinierten Kapitalismus sind, dass die Einkommensungleichheit zwar niedrig ist, Bildungs- und Geschlechterungleichheit jedoch oft hoch sind. Auch dafür ist das Bildungssystem stark mitverantwortlich, denn es trennt Kinder sehr früh in unterschiedliche Bildungswege, die sich danach schwer ändern lassen. Vereinfacht gesagt: Eine Hauptschülerin mag zwar einen Ausbildungsplatz ergattern und dort einen soliden Arbeitsplatz und gute Bezahlung finden, doch die Wahrscheinlichkeit, dass sie Spitzenpolitikerin, Professorin oder Aufsichtsrätin eines Unternehmens wird, ist verschwindend gering. Damit eng verbunden ist das im Koordinierten Kapitalismus zunehmend zu beobachtende Phänomen der sogenannten »Dualisierung«, d.h. der Zweiteilung der Arbeitnehmerschaft in eine gut situierte und gut beschützte Gruppe von Arbeitsmarkt-»Insidern« sowie eine prekär beschäftigte Gruppe von Arbeitsmarkt-»Outsidern« (Häusermann/Schwander 2012). Die schon genannten Deindustrialisierungsprozesse verstärken diesen Trend, denn die postindustrielle Wirtschaft ist *de facto* oft zweigeteilt in einen High-skill- und einen Low-skill-Sektor (Oesch 2013).

Warum gibt es in Deutschland und Kontinentaleuropa Koordinierten Kapitalismus?

Warum haben manche Staaten, insbesondere die westeuropäischen in Kontinentaleuropa, die Form eines Koordinierten Kapitalismus entwickelt? Wie im Fall des Liberalen Kapitalismus gibt es auch dafür nicht die eine »wahre« Erklärung, sondern eher eine Vielzahl von Faktoren, die gemeinsam eine Begründung liefern. Wie im Fall des Liberalen Kapitalismus können wir wieder drei analytische Perspektiven anwenden, die teilweise auch stark miteinander verwoben sind.

Beginnen wir mit *akteurszentrierten* Erklärungen. Eine zentrale Erklärung dafür, dass Länder wie Deutschland den Koordinierten Kapitalismus entwickelt haben, liegt in der Gestalt der politisch-ökonomischen Akteure begründet. Wie wir oben schon gesehen haben, zeichnet der Koordinierte Kapitalismus sich durch das Vorhandensein von starken und gut organisierten Gewerkschaften aus, ebenso wie durch starke und gut organisierte Arbeitgeberverbände. Ohne diese Akteure und ohne deren Kooperation wäre diese Art von Kapitalismus unmöglich. Dies wird u.a. durch die gescheiterten Versuche, duale Ausbildungssysteme in anderen Kontexten zu etablieren, unterstrichen.

Warum aber sind beide Sozialpartner so stark und so hochgradig organisiert? Dies lässt sich, so zeigen z.B. die Arbeiten von Kathleen Thelen (2004), bis ins ausgehende Mittelalter zurückverfolgen. Thelen zeigt, dass sich Länder im heutigen Koordinierten und Liberalen Kapitalismus unterschiedlich entwickelt haben, weil Industrialisierung in unterschiedlichen Kontexten stattfand und Handwerksgilden eine unterschiedliche Rolle spielten: Während die Industrialisierung im heutigen Liberalen Kapitalismus wie in den USA oder Großbritannien unter demokratischen Systemen aufkam und Gilden entweder nicht existierten (z.B. in den USA) oder zerschlagen wurden (z.B. in Großbritannien), fand die Industrialisierung im heutigen Koordinierten Kapitalismus unter autoritärer Herrschaft statt und in einem korporatistischen System, in dem die Gilden eng in den politischen Prozess eingebunden waren. Als Konsequenz entstand im Koordinierten Kapitalismus kein Klassenkonflikt zwischen Gewerkschaften und Arbeitgebern, sondern ein Konflikt zwischen klassischem Handwerk und neuem Industriesektor. Dies ermöglichte langfristig eine Kooperation zwischen Gewerkschaften und Arbeitgebern, die im vom Klassenkampf dominierten Liberalen Kapitalismus nicht etabliert werden konnte.

Eine weitere akteurszentrierte Erklärung verweist darauf, dass alle Länder mit Koordiniertem Kapitalismus durch Verhältniswahlsysteme ausgezeichnet sind, welche zu Mehrparteiensystemen führen. Das heißt, hier war nie eine einzelne Partei stark genug, um allein zu regieren; vielmehr bestanden die Regierungen immer aus Koalitionen verschiedener Parteien – und damit verschiedener Klassen und Interessen. Die Forschung diskutiert, ob dies wiederum durch die Art des Wahlsystems erklärt werden kann (Iversen/Soskice 2006; wobei wir schon bei auf Institutionen fokussierten Erklärungen wären) oder ob nicht vielmehr die Einführung einer bestimmten Art von Wahlsystem nicht umgekehrt durch das Vorhandensein von mehreren Parteien erklärt werden kann (Colomer 2005). So oder so ist unstrittig, dass das Vorhandensein von Mehrparteiensystemen dazu beiträgt, dass verschiedene Interessen in der Politik vertreten sind, diese miteinander ausgehandelt werden müssen und damit Koordinationsmechanismen gestärkt werden.

Schaut man konkreter auf die Art der Koalitionen, so fällt ins Auge, dass die skandinavischen Länder in der Nachkriegszeit vor allem durch linksgeführte Koalitionen geprägt wurden, während in Deutschland, Italien und anderen Kontinentaleuropäischen Ländern Mitte-rechts-Parteien (oft Christdemokraten) dominant waren oder immer noch sind. Aus Sicht der schon zitierten Machtressourcentheorie (Esping-Andersen 1990; Huber/Stephens 2001) erklärt dies, warum die kontinentaleuropäischen Länder sich zwar alle zum Koordinierten Kapitalismus entwickelt haben, diese aber trotzdem noch wichtige Unterschiede aufweisen. So haben die skandinavischen Länder z.B. einen viel inklusiveren und generöseren Wohlfahrtsstaat als die kontinentaleuropäischen Staaten, und der Staat und der öffentliche Sektor spielen in der Wirtschaft eine unterschiedliche Rolle (Martin/Thelen 2011).

Eine zweite Gruppe von Erklärungen verweist auf *sozioökonomische Faktoren*. Die wichtige Rolle der Industrialisierung (in unterschiedlichen Kontexten) wurde oben schon skizziert. In diese Richtung argumentierte auch schon früher Gerschenkron (1962). Seine Erklärung für die rasche Industrialisierung und den koordinierten Charakter des Kapitalismus in Deutschland und anderen kontinentaleuropäischen Ländern besteht darin, dass diese Länder zur Zeit der Industrialisierung ökonomisch »zurückgeblieben« gewesen seien und deswegen besonders großes Aufholpotenzial gehabt hätten. Dieses konnte genutzt werden, so Gerschenkron, da es für die Banken und Industriebetriebe wirtschaftlich Sinn machte zu kooperieren, um eine schnelle Industrialisierung, insbesondere in der Produktion von Kohle, Stahl, Energie und Chemie, zu schaffen. So formten sich »Universalbanken« in Deutschland mit sehr engen Vernetzungen zu großen Industriebetrieben, resultierend im Hausbankensystem. Einerseits ist dies plausibel, andererseits – insbesondere aus politikwissenschaftlicher Sicht – sehr funktionalistisch und akteursblind gedacht (aka: »Kooperation entstand, da es Sinn machte, dass Kooperation entstand«). Nicht zuletzt haben sich ja nicht alle Länder, die sich erst später industrialisiert haben, zum Koordinierten Kapitalismus entwickelt (z.B. die südostasiatischen oder die afrikanischen Staaten). Diese Erklärung muss also zumindest um politische Akteure ergänzt werden, wie dies in den Analysen von Thelen (2004) geschieht.

Andere sozioökonomische Erklärungen verweisen darauf, dass viele der kontinental- und nordeuropäischen Länder relativ kleine und homogene Gesellschaften sind. In diesen sei es einfacher, stabile Kooperationsbeziehungen aufzubauen und zu halten. Auf dieses Argument werden wir in Kapitel 8 bei der Betrachtung des Netzwerk-Kapitalismus Ostasiens noch einmal zurückkommen. Auch wird darauf verwiesen, dass in den meisten nord- und kontinentaleuropäischen Ländern Sklaverei keinen Kernbestandteil der Arbeiterschaft darstellte, was die Etablierung einer organisierten Arbeiterschaft vereinfacht habe. Darüber hinaus wird auf die relativ späte Deindustrialisierung, die relative geringe Frauenerwerbstätigkeit bzw. die starke Dualisierung in männliche Lohn- und weibliche Hausarbeit sowie auf die Rolle von kulturellen und religiösen Faktoren verwiesen. Alle diese Faktoren sind wichtige Bestandteile einer umfassenden Erklärung der Entstehung des Koordinierten Kapitalismus. Auch sind sie eng verwoben mit den akteurszentrierten Erklärungen.

Drittens schließlich spielen *institutionelle Faktoren* eine Rolle. Die kausale – oder zumindest verstärkende – Rolle von Wahlsystemen wurde oben schon thematisiert: Alle Länder mit Koordiniertem Kapitalismus nutzen Verhältniswahlsysteme (welche Mehrparteiensysteme produzieren), während alle Länder mit Liberalem Kapitalismus Mehrheitswahlsysteme nutzen oder zumindest lange genutzt haben (welche Zweiparteiensysteme fördern).

Eine weitere wichtige Institution ist der Korporatismus, d.h. ein bestimmtes System der Interessenvermittlung und -aushandlung zwischen Gewerkschaften und Arbeitgeberverbänden (und Staat). Wie wir gesehen haben, spielt die Art der Interaktion von Gewerkschaften und Arbeitgeberverbänden eine ganz zentrale Rolle. Empirisch finden wir dieses Zusammenspiel nur in Nord- und Westeuropa, weder im Liberalen Kapitalismus noch in den asiatischen (siehe Kapitel 8 und 9) oder den lateinamerikanischen Staaten (siehe Kapitel 7). Historisch entwickelte sich der Korporatismus zunächst als »autoritäre Variante«, etwa in den faschistischen Regimen in Deutschland, Österreich und Italien, in der Franco-Diktatur in Spanien und der Salazar-Diktatur in Portugal. Hier wurden Verbände gezwungen, mit dem Staat zu kooperieren, um bestimmte Ziele zu erreichen. Eine moderne, »liberale Variante« des Korporatismus (oft »Neokorporatismus« genannt), in der Verbände miteinander und mit dem Staat kooperieren, entstand dann in der Nachkriegszeit.

Das zentrale Merkmal des Koordinierten Kapitalismus ist also Kooperation zwischen Individuen und Akteuren mit unterschiedlichen politisch-ökonomischen Interessen. Diese Art der wirtschaftlichen Organisation hat – wie jede Kapitalismusart – Vor- und Nachteile. Im Vergleich mit anderen Kapitalismustypen erscheint der Koordinierte Kapitalismus oft als die »sozialere« Variante – was aber nicht darüber hinwegtäuschen sollte, dass diese Systeme genauso kapitalistisch sind wie andere Staaten. Sie sind es nur auf andere Weise.

Denken wir schließlich noch mal an den fiktiven Andreas aus dem Einleitungskapitel zurück, so ist in diesem Kapitel hoffentlich deutlich geworden, dass und warum viele seiner Lebensentscheidungen charakteristisch für ein Leben im Koordinierten Kapitalismus sind: Wie viele Deutsche absolvierte er nach der Realschule eine duale Ausbildung und wurde anschließend – wie es auch oft üblich ist – im Betrieb übernommen. Seitdem hat er das Unternehmen nie gewechselt, sondern ist seit zwanzig Jahren kontinuierlich dort tätig. Auch die verschiedenen Krisen wie die Finanzkrise oder die Corona-Pandemie haben sich kaum auf sein Arbeitsleben ausgewirkt – er war lediglich ein paar Monate in Kurzarbeit angestellt. Andreas ist überzeugter Gewerkschafter und Betriebsrat und weiß von der zentralen Bedeutung dieser Institutionen. Genauso typisch für den Koordinierten Kapitalismus ist, dass Andreas' Frau mehrere Jahre im Beruf aussetzte, um für die Kinder zu sorgen, und seitdem halbtags arbeitet. Beides wird durch die entsprechende Sozialpolitik im Koordinierten Kapitalismus befördert.

Wie bei James im letzten Kapitel sind auch hier die Leser:innen wieder herzlich eingeladen, Andreas' Lebensgeschichte weiterzuspinnen. Wo mag er wohl wohnen? Hat er Schulden? Was seine Kinder wohl mal machen werden? Und was machen die anderen Mitglieder seiner Familie? – Natürlich ist nichts davon durch den Kapitalismustyp determiniert, aber dieser macht bestimmte Lebensverläufe sehr viel wahrscheinlicher als andere, wie auch in diesem Kapitel hoffentlich deutlich geworden ist.

6. Abhängiger Kapitalismus: Zentral- und Osteuropa

Was wissen wir über Zentral- und Osteuropa? Zwar ist dies hier weder eine Quizshow, noch sollten wir eine vollkommene Unwissenheit über diesen Teil Europas unterstellen. Aber meine Erfahrung aus vielen Gesprächen, Diskussionen und Seminaren ist, dass viele in Westeuropa und Nordamerika nur ein sehr grobes und vereinfachtes Bild von Zentral- und Osteuropa haben. Oft ist zu hören, dass (1) alle diese Länder gleichermaßen Teil des sowjetischen Machtbereichs gewesen und (2) aufgrund dieser Geschichte einheitlich geprägt und deshalb (3) bis heute ähnlich seien. Das ist allerdings alles drei falsch. Weder war der Einfluss der Sowjetunion in allen zentral- und osteuropäischen Ländern derselbe, noch sahen sie sich während der Sowjetzeit mit ähnlichen Bedingungen konfrontiert – und schon gar nicht sind sie heute alle ähnlich organisiert. Dieses Kapitel will mit diesen oft vorherrschenden Klischees aufräumen und ein genaueres Bild des Kapitalismus in Zentral- und Osteuropa zeichnen.

Klar werden sollte dabei: Wir müssen in Zentral- und Osteuropa mindestens fünf Regionen unterscheiden, weil diese ganz unterschiedliche Arten von Kapitalismus entwickelt haben: Die baltischen Länder (Estland, Lettland, Litauen) ähneln heute stark dem *Liberalen* Kapitalismustyp amerikanischer Prägung; Slowenien (der nördlichste Teil des ehemaligen Jugoslawiens) dagegen zeigt viele Elemente des *Koordinierten* Kapitalismus. Geografisch dazwischen finden wir die Visegrád-Länder (Polen, Ungarn, Slowakei, Tschechische Republik), die einen eigenen Kapitalismustyp entwickelt haben: den sogenannten *Abhängigen* Kapitalismus (Nölke/Vliegenhart 2009). Eine wiederum andere Spielart finden wir in Südosteuropa (Rumänien, Bulgarien) und noch mal eine andere, wenn wir weiter östlich nach Russland, Belarus, Georgien oder auf die Ukraine schauen. In diesem Kapitel fokussiere ich auf die ersten drei Gruppen: das Baltikum, Slowenien und die Visegrád-Länder.

Angemerkt sei noch, dass auch die Vergleichende Kapitalismusforschung lange ein vereinfachtes Bild von Zentral- und Osteuropa hatte bzw. diese Region kaum genauer untersucht hat. Der Großteil der Vergleichenden Kapitalismusforschung beschäftigt sich – bis heute – mit den »westlichen« Demokratien. Werden andere Länder untersucht, dann oft mit der Fragestellung, inwiefern sie dem liberalen oder koordinierten Typ ähneln. Entsprechend kennt der Klassiker auf diesem Gebiet, der hier schon vielfach genannte Band von Hall und Soskice (2001), sowie die breite anschließende Forschung auch nur zwei Kapitalismustypen: liberale und koordinierte Marktwirtschaften. Ein Blick über den Tellerrand verrät dagegen schnell: Es gibt noch viele weitere kapitalistische Länder – und viele von ihnen passen zu keinem der beiden Idealtypen. In den restlichen Kapiteln widmen wir uns daher weiteren Weltregionen und analysieren deren jeweiligen Kapitalismustyp. Beginnen wir also mit Zentral- und Osteuropa.

Das Baltikum: Liberaler Kapitalismus

Südlich von Finnland, nördlich von Polen liegen die drei baltischen Länder: Estland, Lettland, Litauen. Mit einer Gesamtbevölkerung von etwa sechs Millionen Einwohner:innen sind sie relativ klein, aber ähnlich wohlhabend wie etwa Spanien oder Portugal und deutlich wohlhabender als Griechenland. Alle drei sind EU-Mitglieder und gehören zur Eurozone. Wichtiger aber für unsere Untersuchung hier ist: Die drei Staaten ähneln sehr stark dem *Liberalen* Kapitalismustyp amerikanischer Prägung (Feldmann 2006; Bohle/Greskovits 2012). Da dieser schon ausführlich in Kapitel 4 vorgestellt wurde, skizziere ich hier nur knapp ein paar spezifische Charakteristika. Warum die baltischen Länder diesen Kapitalismustyp entwickelt haben, erklärt der letzte Teil dieses Kapitels.

Die *Bildungssysteme* der baltischen Länder fokussieren – wie die anderer Länder im Liberalen Kapitalismus – auf akademische Bildung. Die Hochschul-Immatrikulationsquote liegt über dem Durchschnitt anderer reicher Industrienationen. Eine duale Ausbildung existiert nicht. Berufliche Bildung findet entweder in Schulen oder in Betrieben statt, konzentriert sich aber in jedem Fall auf generelle Fähigkeiten. Auch die *Arbeitsbeziehungen* ähneln stark jenen im Liberalen Kapitalismusmodell: Sowohl die Arbeitnehmer- als auch die Arbeitgeberseite sind schwach organisiert. Die Mitgliederzahlen der Gewerkschaften sind sehr niedrig (siehe Abbildung 3 in Kapitel 4), und Gewerkschaften sind kaum in politische Prozesse eingebunden. Auch existieren so gut wie keine Betriebsräte. Ebenso haben auch die Arbeitgeberverbände nur wenige Mitglieder und sind schwach organisiert. Als Ergebnis gibt es kaum kollektive Lohnverhandlungen – vielmehr verhandeln einzelne Arbeitnehmer:innen mit den jeweiligen Unternehmen. Dies trägt zu einem flexiblen Arbeitsmarkt bei, allerdings mit sozialen Risiken für einige Gruppen. Ebenso liberal sind die *innerbetrieblichen Beziehungen* ausgestaltet: Der Kündigungsschutz ist relativ schwach, und als Folge sind Jobwechsel üblich und häufig. Dies wiederum verstärkt die Anreize für einzelne Arbeitnehmer:innen und Unternehmen, in generelle Fähigkeiten zu investieren, denn die Anstellungsdauer ist oft nur kurz, so dass es nicht lohnt, in firmenspezifische Fähigkeiten zu investieren. Als Ergebnis finden wir eine relativ hoch qualifizierte Arbeitnehmerschaft mit generellen Fähigkeiten. Im Bereich der *Unternehmensfinanzierung und -kontrolle* sehen wir eine starke Finanzmarktintegration – die baltischen Länder (insbesondere Estland) öffneten sich in den 1990er Jahren sehr schnell und radikal für die Globalisierung und suchten internationales Kapital anzuziehen. Verstärkt werden diese verschiedenen Elemente durch einen liberal geprägten Wohlfahrtsstaat, d.h. eine wenig generöse Sozialpolitik sowie durch weitreichende Privatisierung und Digitalisierung.

Insgesamt betrachtet ähneln die baltischen Länder, insbesondere Estland, also stark dem Liberalen Kapitalismustyp. Sie setzen wirtschaftlich insbesondere auf Informations- und Kommunikationstechnologien, auf Digitalisierung, und versuchen eine hoch qualifizierte Dienstleistungsgesellschaft zu entwickeln. Alle drei, aber insbesondere Estland, haben deindustrialisiert (siehe Abbildung 6) – nicht zuletzt, weil der Industriesektor während der Sowjetzeit aufgebaut und stark von russischen Arbeitsmigrant:innen dominiert wurde (darauf komme ich später zurück). Die postsozialistische Wirtschaftspolitik seit den 1990er Jahren ist daher hier eng verwoben mit dem Aufbau von Nationalstaaten. Überspitzt gesagt kann man sich die baltischen Länder, insbesondere Estland, wie eine »osteuropäische Mini-USA« vorstellen.

Slowenien: Koordinierter Kapitalismus

Eine ganz andere Kapitalismusform finden wir dagegen in Slowenien. Der zwei Millionen Einwohner starke Staat in Südosteuropa grenzt an Italien, Österreich, Kroatien und Ungarn, ist EU- und Euro-Mitglied, bei einem Pro-Kopf-Einkommen ähnlich dem Italiens. Sloweniens Wirtschaftsform ähnelt stark dem *Koordinierten* Kapitalismustyp, der in Kapitel 5 vorgestellt wurde. Hier seien daher nur knapp ein paar Elemente umrissen.

Im Gegensatz zum Baltikum ist das slowenische *Bildungssystem* stark auf berufliche Bildung fokussiert: Über siebzig Prozent der Jugendlichen sind in beruflicher Ausbildung. Es existiert zwar keine duale Ausbildung wie in Deutschland, aber eine qualitativ hochwertige schulische Berufsbildung, teilweise auch Ausbildung in Betrieben (also etwa so wie in Schweden). Berufliche Bildung ist staatlich reguliert und kontrolliert, teilweise unter Mitarbeit der Arbeitgeberverbände und Gewerkschaften. Die *Arbeitsbeziehungen* ähneln auch stark dem Koordinierten Kapitalismustyp: Sowohl die Arbeitnehmer- wie auch die Arbeitgeberseite sind gut organisiert und durch ein korporatistisches System in Politikprozesse eingebunden. Die Mitgliederzahlen der Gewerkschaften sind hoch, Betriebsräte üblich und stark. Für Unternehmen war eine Mitgliedschaft in Arbeitgeberverbänden sogar bis 2006 Pflicht, so dass diese ebenfalls gut organisiert sind. Folglich gibt es auch kollektive Lohnverhandlungsprozesse zwischen Gewerkschaften und Arbeitgeberverbänden, die weite Teile der Arbeitnehmerschaft abdecken. Die *innerbetrieblichen Beziehungen* sind ebenso wie im Koordinierten Kapitalismus ausgestaltet: Es gilt ein relativ starker Kündigungsschutz,[16] der zu einer langfristigen Bindung von Arbeitnehmer:innen an bestimmte Unternehmen beiträgt. Jobwechsel sind seltener und Arbeitsbeziehungen wie -karrieren daher durch mehr Kontinuität geprägt, was wiederum zu mehr firmenspezifischem Wissen beiträgt. Im Bereich der *Unternehmensfinanzierung und -kontrolle* schließlich herrscht eine bankenbasierte Finanzierung vor; Slowenien ist weniger finanzmarktkapitalisiert als das Baltikum und andere Länder des Liberalen Kapitalismus.

Insgesamt kann die ehemalige jugoslawische Teilrepublik Slowenien daher als Koordinierter Kapitalismus charakterisiert werden, nicht unähnlich dem deutschen Modell (mit Ausnahme des fehlenden dualen Ausbildungssystems). Warum Slowenien und das Baltikum ganz unterschiedliche Kapitalismusformen entwickelt haben und warum kein anderes Land der Region sich zum Koordinierten Kapitalismus entwickelt hat – darauf komme ich am Ende dieses Kapitels zurück. Zunächst schauen wir aber auf die zentraleuropäischen Visegrád-Länder.

Die Visegrád-Länder: Abhängiger Kapitalismus

Wie wir gesehen haben, lassen sich die baltischen Länder als liberale Marktwirtschaften und Slowenien als koordinierte Marktwirtschaft charakterisieren. Oder anders gesagt: Der Dualismus zwischen Liberalem und Koordiniertem Kapitalismus existiert auch in Zentral- und Osteuropa. Dasselbe gilt allerdings *nicht* für die Visegrád-Länder (Polen, Ungarn, Tschechien, Slowakei). Diese sind weder eindeutig dem liberalen noch dem koordinierten Modell zuzuordnen – vielmehr finden wir hier einen dritten Kapitalismustyp, der teilweise als »Abhängiger« Kapitalismus (Nölke/Vliegenhart 2009), teilweise als »eingebettet (neo)liberal« (Bohle/Greskovits 2012) charakterisiert worden ist.

Das Hauptcharakteristikum des *Abhängigen* Kapitalismus ist, wie der Namen sagt, eine starke Abhängigkeit – eine Abhängigkeit nämlich von im Ausland ansässigen Unternehmen und Geldgebern. Beginnen wir mit einem Beispiel. Schätzen wir mal (jetzt sind wir doch bei der Quiz-Show gelandet): Welches Land dieser Welt produziert am meisten Autos? – Absolut gesehen sind dies China, die USA, Japan und Deutschland (in dieser Reihenfolge). Aber in Relation zur Größe des Landes ist die Antwort eine ganz andere: die Slowakei. 198 Autos pro 1000 Einwohner werden hier jährlich hergestellt.[17] Und die anderen Visegrád-Länder liegen nicht weit dahinter. Wenn bestimmte Länder also »Auto-Nationen« genannt werden sollten, dann sind das die Slowakei und die anderen Visegrád-Länder.

Viele der hier hergestellten Autos werden allerdings für ausländische bzw. transnationale Unternehmen gefertigt. Das bekannteste Beispiel mag Škoda sein: Der große tschechische Automobilhersteller gehört – seit einer Privatisierungswelle in den 1990er Jahren – dem deutschen VW-Konzern. Die Autos von Škoda sind den »originalen« VW-Wagen enorm ähnlich, nutzen weitgehend exakt dieselbe Technik, unterscheiden sich nur in der Ausstattung – und im Preis: Škoda-Wagen sind (deutlich) günstiger als die Originale von VW. Und Škoda/VW ist keine Ausnahme. Jüngst erweiterte Mercedes-Benz seine Fertigung in Ungarn mit einer Investition von einer Milliarde Euro.[18] Und auch BMW investiert eine Milliarde in ein neues Werk in Ostungarn.[19] Weitere Beispiele, auch aus anderen Industriezweigen, ließen sich leicht nennen.

Schauen wir uns die Charakteristika des Abhängigen Kapitalismus systematischer entlang der fünf institutionellen Arenen an.

1. Unternehmensfinanzierung und -kontrolle

Beginnen möchte ich diesmal mit dem Bereich der Unternehmensfinanzierung und -kontrolle, denn hier zeigt sich ein zentrales Element des Abhängigen Kapitalismus am klarsten. Die genannten Beispiele aus der Automobilbranche haben ein Muster angedeutet: Kapital aus dem Ausland, oft aus Westeuropa, fließt in Unternehmen in den Visegrád-Ländern. Abbildung 5 zeigt dies systematischer. Abgetragen sind hier sogenannte ausländische Direktinvestitionen (*foreign direct investment*), d.h. Gelder eines ausländischen Investors in ein inländisches Unternehmen mit dem Ziel, Kontrolle über das Unternehmen zu erhalten. In der Regel gehen diese Investitionen auch mit Technologie- und Wissenstransfer einher, d.h., die westeuropäischen Investoren teilen ihr Know-how im Austausch gegen Einfluss und Gewinne bei den Unternehmen. Abbildung 5 zeigt das Verhältnis von Direktinvestitionen aus dem Ausland in das jeweilige Land im Vergleich zu Investitionen, die aus dem Inland ins Ausland fließen (*inward/outward FDI*). Ein Wert von 1 bedeutet, dass gleich viel Kapital ins Land wie aus dem Land fließt. Werte größer 1 zeigen an, dass mehr Investitionen in das Land kommen, während Werte unter 1 umgekehrt bedeuten, dass mehr Investitionen ins Ausland fließen.

Abbildung 5 bestätigt das beispielhaft skizzierte anekdotische Muster sehr klar: Die Werte in den vier Visegrád-Ländern liegen alle weit über 1 – oft fließt mehr als 10- oder 20-mal, manchmal sogar mehr als 130-mal so viel Kapital in Unternehmen in diesen Ländern, wie diese wiederum im Ausland investieren. Historisch sehen wir, dass die Investitionen nach dem Mauerfall begannen und insbesondere in den 1990er Jahren in Ungarn und in den 2000er Jahren in Polen, Tschechien und der Slowakei enorm hoch waren. Seitdem flachen die Werte etwas ab, sind aber immer noch sehr hoch. Konkret bedeutet dies: Die Unternehmen in den Visegrád-Ländern sind stark abhängig von ausländischem Kapital, oft auch zumindest anteilig in ausländischem Besitz, was ein Hauptgrund ist, ihren Kapitalismus als *Abhängigen* Kapitalismus zu charakterisieren.

Aber ist dies nicht in allen kapitalistischen Ländern so? Spielen in einer globalisierten Welt nicht ausländische Großinvestoren überall eine zentrale Rolle? Abbildung 5 beantwortet dies empirisch, indem auch Daten für Deutschland (Koordinierter Kapitalismus) und die USA (Liberaler Kapitalismus) gezeigt werden. Hier liegen die Werte weit unter 1, d.h., es fließen mehr Investitionen ins Ausland, als ins Land hineinkommen. Liegt dies vielleicht einfach an der Größe des Landes? Denn die USA und Deutschland sind ja deutlich größer und wohlhabender als die Visegrád-Länder. Auch das lässt sich wieder verneinen, denn die Zahlen sehen sehr ähnlich aus, wenn wir etwa nach Dänemark und Österreich als Länder des Koordinierten Kapitalismus oder

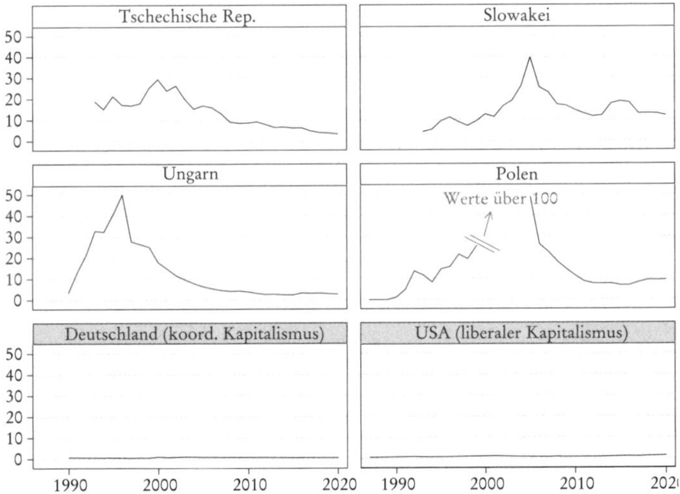

Abbildung 5: Ausländische Direktinvestitionen (Verhältnis der ins Land kommenden und aus dem Land herausströmenden Direktinvestitionen) (Quelle: Eigene Darstellung, Daten von UNCTAD Stat)

Großbritannien als Beispiel des Liberalen Kapitalismus schauen. Die massive Abhängigkeit von ausländischem Kapital ist dem Abhängigen Kapitalismus in den Visegrád-Ländern eigentümlich.

Andere Daten belegen dasselbe Muster. So ist im Abhängigen Kapitalismus der Anteil von ausländischem Besitz an den Unternehmen sehr hoch, und ein Großteil der Patente, die in diesen Ländern angemeldet werden, gehört ausländischen Investoren (etwa fünfzig Prozent laut OECD-Patent-Statistiken). Kurzum: Die Visegrád-Länder zeichnet eine Abhängigkeit von »westlichem« Kapital und Technologietransfer aus; sie sind spezialisiert auf günstige, aber relativ hochwertige Produktion von Industriegütern (Autos, Maschinen etc.) für den Export. Um wieder zu überspitzen: Der Abhängige Kapitalismus der Visegrád-Länder fungiert als »Produktionsfließband« des Westens. Möglich ist dies, weil auch viele andere Institutionen dieser Länder entsprechend spezialisiert sind.

2. Bildungssystem

Die Bildungssysteme der Visegrád-Länder verstärken bzw. ermöglichen diese Art der Produktion und des wirtschaftlichen Fokus. Ein Großteil der arbeitenden Bevölkerung arbeitet in der Industrie (siehe Abbildung 6), vor allem in Tschechien und der Slowakei, wo der Anteil auch zu Sowjetzeiten schon höher lag und bis heute noch fast vierzig Prozent der Arbeitnehmer:innen im Industriesektor tätig sind. Umgekehrt: Deindustrialisierung geht in den Visegrád-Ländern relativ langsam voran. Dies zeigt sich besonders deutlich im Vergleich mit anderen Staaten (Abbildung 6): Die drei baltischen Länder liegen heute – trotz eines relativ ähnlichen Startniveaus – zehn Prozentpunkte niedriger als diese (ähnlich wie Deutschland); noch schneller geht die Deindustrialisierung in Schweden und den USA voran.

Entsprechend fokussieren auch die Bildungssysteme im Abhängigen Kapitalismus auf berufliche Fähigkeiten, und akademische Bildung an Hochschulen nimmt traditionell eher einen geringen Stellenwert ein. Historisch lässt sich dies in die 1970er Jahre zurückverfolgen, als versucht wurde, allen Jugendlichen Sekundarschulbildung zu ermöglichen, oft mit Fokus auf schulische Berufsbildung. Diese war und ist stark durch den Staat reguliert und standardisiert; oft sind die Ausbildungsprogramme relativ kurz. Die Unternehmen und internationalen Investoren können somit auf eine Arbeitnehmerschaft mit relativ guten beruflichen Fähigkeiten zurückgreifen, die gleichzeitig aber – aufgrund des niedrigeren Lohnniveaus – zu deutlich günstigeren Tarifen arbeitet als in Westeuropa. Da die Unternehmen

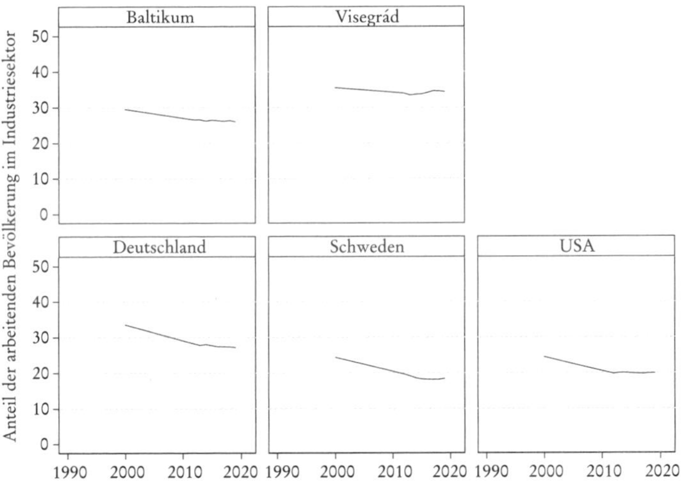

Abb. 6: Anteil der arbeitenden Bevölkerung im Industrie-Sektor (Quelle: Eigene Darstellung mit Daten der Weltbank, basierend auf ILO-Daten)

kein Interesse an einer Akademisierung und hochgebildeten Bevölkerung haben und die Regierungen versuchen, ausländische Unternehmen durch niedrige Steuern anzuziehen (mehr dazu am Ende des Kapitels), bleiben auch die Bildungsausgaben gering, und die Länder entwickeln sich nur vergleichsweise langsam zu Wissensgesellschaften (Garritzmann et al. 2022a). So gibt es zwar in den Ländern nur wenig Geringgebildete, aber auch wenig Hochgebildete; die meisten haben mittelhoch-qualifizierte berufliche Fähigkeiten (Vantuch/Jelinkova 2019).

3. Arbeitsbeziehungen

Die Arbeitsbeziehungen im Abhängigen Kapitalismus lassen sich etwa zwischen jenen im Liberalen und im Koordinierten Kapitalismus verorten: Wie im Liberalen Kapitalismus sind die Gewerkschaften relativ schwach, haben wenig Mitglieder (siehe Abbildung 3 in Kapitel 4) und sind institutionell kaum integriert. Ebenso sind die Arbeitgeber wenig organisiert und kooperieren kaum. Zwar hat es, insbesondere nach der Wende in den frühen 1990er Jahren, Versuche gegeben, korporatistische Arrangements zwischen Gewerkschaften, Arbeitgebern und Staat einzuführen – diese scheiterten jedoch aus verschiedenen Gründen (Bohle/Greskovits 2012: 146–152). Andererseits herrscht, anders als im Liberalen Kapitalismus, keine Hire-and-fire-Kultur vor. Es gibt Vereinbarungen und Verhandlungen auf Ebene der einzelnen Unternehmen, in denen insbesondere die internationalen Großkonzerne zwar eine starke Hand haben, aber durch Gewerkschaften teilweise etwas eingeschränkt werden. Ein prominentes Beispiel findet sich in den ungarischen Protesten gegen das sogenannte »Sklavengesetz«, das – arbeitgeberfreundlich – die Zahl der zulässigen Überstunden stark erhöhte.[20]

4. Innerbetriebliche Beziehungen

Die zahlreichen ausländischen Investitionen in den Ländern des Abhängigen Kapitalismus haben ihren Preis: Die Unternehmen werden zunehmend durch die ausländischen Investoren beeinflusst und kontrolliert. Entsprechend sind auch die innerbetrieblichen Beziehungen stark durch die transnationalen Investoren geprägt: Wichtige Unternehmensentscheidungen werden durch die Geldgeber (mit)beeinflusst. Das lokale Management und die Belegschaft haben eher schwache Mitspracherechte. Wieder überspitzt gesagt: Die Unternehmen im Abhängigen Kapitalismus werden von den Geldgebern in Westeuropa (und Nordamerika) gesteuert. Einher geht damit aber ein wichtiger Technologie- und Wissenstransfer, durch den die lokalen Unternehmen stark von der Forschung und Entwicklung der »westlichen« Betriebe profitieren. Anders als im Koordinierten Kapitalismus gibt es deshalb keine korporatistischen Beziehungen der unterschiedlichen Stakeholder – und anders als im Liberalen Kapitalismus gibt es aber auch kein starkes Top-down-Management, das sich an Shareholdern und dem Finanzmarkt orientiert. Vielmehr sind die Abhängigen Marktwirtschaften durch eine eigentümliche Organisationsart gekennzeichnet.

5. Zwischenbetriebliche Beziehungen

Schauen wir schließlich auf die Beziehungen der Unternehmen untereinander. Insgesamt stehen diese in Konkurrenz miteinander – einerseits um internationales Kapital, andererseits um hoch qualifizierte, aber zu niedrigen Löhnen beschäftigte Arbeitnehmer:innen. Dies gilt sowohl für Firmen innerhalb der Visegrád-Staaten als auch für die Staaten untereinander, die sich im gegenseitigen Wettbewerb um Investitionen befinden. Bohle und Greskovits (2012) argumentieren, dass dies hier umso stärker gewesen sei, weil keins der Visegrád-Länder als Regionalmacht die anderen wirtschaftlich klar dominiert habe (anders als etwa Estland im Baltikum seine Nachbarstaaten und Deutschland in Westeuropa).

Konsequenzen des Abhängigen Kapitalismus: Stärken und Schwächen

Wie die anderen Kapitalismustypen hat auch der Abhängige Kapitalismus gewisse Stärken und Schwächen. Seine große Stärke ist das Potenzial, (mittel-)hochqualitative industrielle Massenproduktion (von Autos, Maschinen etc.) zu relativ günstigen Preisen anbieten zu können. Dies ist möglich, weil die verschiedenen Institutionen – vom Bildungssystem über die Arbeitsbeziehungen, die Unternehmensfinanzierung und -kontrolle sowie die innerbetrieblichen Beziehungen – dieses Wirtschaftsmodell unterstützen. Hier zu produzieren ist für die großen Investoren deutlich lukrativer, als dies bei höheren Lohnkosten in Westeuropa zu tun. So konnte sich der Abhängige Kapitalismus als eigenes Wirtschaftsmodell etablieren und weist teilweise ein beachtliches Wirtschaftswachstum auf.

Gleichzeitig sind die Arbeitslosenzahlen gering – die Visegrád-Länder haben oft zusammen mit Deutschland die niedrigsten Arbeitslosenquoten in der EU (etwa fünf Prozent). Dies ist allerdings nicht zuletzt der Tatsache geschuldet, dass die Länder generöse Renten und Frühverrentungsprogramme anbieten und die Frauenerwerbstätigkeit (teilweise auch durch eine am traditionellen Familienbild orientierte Sozialpolitik) sowie durch Immigration niedrig zu halten versuchen. Eine weitere Stärke ist, dass zumindest industrielle Arbeiter (in diesem Fall in der Tat vor allem Männer) durch gute Arbeitsmarktchancen und eine kompensierende Sozialpolitik abgesichert sind – dies allerdings auf Kosten einer höheren Frauenerwerbstätigkeit, einer größeren Geschlechter- und Einkommensgleichheit und von Minderheiten, insbesondere der großen Roma-Minderheit, die sozialpolitisch schlechter geschützt ist.

Eine offensichtliche Schwäche des Abhängigen Kapitalismus ist seine starke und starre Abhängigkeit von internationalem Kapital, Technologietransfer und Exportwirtschaft, oft auch seine einseitige Konzentration auf einzelne Wirtschaftszweige. So machen z.B. in der Slowakei Fahrzeuge knapp 35 Prozent der Exportleistung aus (in Deutschland sind dies acht, in den USA sechs Prozent).[21] Es stellt sich die Frage, inwiefern dieses Kapitalismusmodell langfristig beständig und nachhaltig sein kann. Denn erstens könnte es ja immer sein, dass die internationalen Investoren ihr Kapital in andere Staaten verschieben (wenn sie dort noch bessere Bedingungen vorfinden), womit der Kernbestandteil dieses Wirtschaftsmodells untergraben würde. Zweitens – und damit verbunden – sind die Wirtschaften stark vom Export und damit von der globalen Wirtschaftslage abhängig (wobei dies auch für Deutschland und andere exportfokussierte Länder gilt). Drittens könnte das Wirtschaftsmodell die jeweiligen Staaten mittelfristig vor größere Herausforderungen stellen, da diese die internationalen Investoren stark durch Anreize (Steuererleichterungen und Subventionen, s.u.) anzuziehen versuchen, was in einem internationalen Wettbewerb zu einer Unterbietungsspirale führen und damit mittelfristig die fiskalische Kompetenz des Abhängigen Kapitalismus untergraben könnte. Viertens sind die auf Industrieproduktion fokussierten Wirtschaften stark durch fortschreitende Deindustrialisierung und Automatisierung herausgefordert. So könnten zunehmende Automatisierungsprozesse dazu führen, dass selbst die Produktion bei niedrigen Gehältern für Unternehmen zu teuer ist. Und schließlich stehen die Visegrád-Länder vor demografischen Herausforderungen: Die Kombination aus einer alternden Gesellschaft, der Abwanderung junger gebildeter Menschen ins Ausland, einem starken sozialpolitischen Fokus auf generöse Renten bei niedrigen (Unternehmens-)Steuern in einem Steuerwettbewerb um internationales Kapital könnte sich mittel- bis langfristig als problematisch erweisen.

Warum haben die zentral- und osteuropäischen Länder unterschiedliche Kapitalismusmodelle?

Wir haben gesehen, dass wir in Zentral- und Osteuropa (mindestens) drei verschiedene Kapitalismusmodelle finden: Das Baltikum ähnelt stark dem *Liberalen* Kapitalismustyp, Slowenien dem *Koordinierten* Typ, und die Visegrád-Länder weisen ein eigenes Modell, den *Abhängigen* Kapitalismus, auf. Warum ist das so?

Wie bei den schon diskutierten Ländergruppen in den Kapiteln 4 und 5 gibt es dafür verschiedene Erklärungen: Teilweise sind es historische Gründe, teilweise sozioökonomische, teilweise liegen durch politische und ökonomische Akteure geprägte Entscheidungen zugrunde. Diese Erklärungen sind darüber hinaus teilweise eng miteinander verwoben.

Beginnen wir mit den *historischen Gründen*. Alle drei Ländergruppen haben eine ähnliche, aber eben keine identische Geschichte. Während alle in diesem Kapitel diskutierten Länder zwar während des Kalten Krieges einen Teil des »Ostblocks« bildeten, waren sie doch nicht alle Teil der Sowjetunion. Während das Baltikum (ebenso wie die Ukraine, Belarus und Moldawien) Teil der Sowjetunion war und damit unter direkter Kontrolle Moskaus stand, waren die heutigen Visegrád-Länder zwar Teil des »Ostblocks«, aber kein staatlicher Bestandteil der Sowjetunion. Und Slowenien war als Teil von Jugoslawien zwar sozialistisch, verfolgte aber eine unabhängigere Politik zwischen West und Ost. Anstatt uns die zentral- und osteuropäischen Staaten also als »einheitlich post-sowjetisch« vorzustellen – wie dies heute, wie anfangs dieses Kapitels erwähnt, häufig üblich ist –, müssen wir vielmehr von verschiedenen Graden eines sowjetischen Einflusses sprechen.

Diese historischen Gegebenheiten sind aus verschiedenen Gründen zentral. Zum einen war die wirtschaftliche und politische Situation in den betreffenden Ländern schon vor der Wende sehr unterschiedlich: Während die (Wirtschafts-)Politik des Baltikums direkt in Moskau gemacht wurde (z.B. eine oktroyierte Industrialisierung, für die Hunderttausende russische Arbeitsmigrant:innen in das Baltikum gebracht wurden), hatten die heutigen Visegrád-Länder viel mehr Autonomie. Und insbesondere Jugoslawien unterschied sich zu dieser Zeit stark von den anderen Ländern, insofern die Macht dezentralisierter war, das Land bereits einige kapitalistische Elemente aufwies und intensive Handelsbeziehungen mit dem »Westen« unterhielt.

Zum anderen ist die Berücksichtigung der ähnlichen, aber doch unterschiedlichen Geschichte wichtig, weil diese in den 1990er Jahren zu unterschiedlichen Transformationen führte. Überspitzt gesagt war nach der Wende die Transformation weg vom Sowjeterbe umso stärker und radikaler, je stärker dort vorher der sowjetische Einfluss gewesen war. Konkreter: Insbesondere in den baltischen Staaten gab es eine enorm starke Anti-Sowjet-Bewegung, einen radikalen Bruch mit der sozialistischen Vergangenheit und eine radikale Öffnung in Richtung auf Globalisierung, Kapitalismus und Liberalismus. Dies äußerte sich u.a. in einer radikalen Liberalisierungs- und Privatisierungspolitik und einem Austausch der früher dominanten Eliten ebenso wie in einer erstarkten nationalistischen Bewegung. Vor allem Ersteres ist ein Hauptgrund, warum die baltischen Länder heute dem Liberalen Kapitalismustyp gleichen. In den Visegrád-Ländern und insbesondere in Slowenien war der Wandel dagegen viel gradueller und durch mehr Kontinuität geprägt. Sowohl in Slowenien als auch in den Visegrád-Ländern blieben viele führende Eliten aus den alten Bürokratien im Amt (Inglot 2008; Bohle/Greskovits 2012), was zu einem eher graduellen Regimewandel beitrug. Vor allem in Slowenien wurde dabei die schon zuvor vorherrschende Kooperation zwischen Gewerkschaften, Arbeitgebern und dem Staat zu einem neokorporatistischen System ausgebaut – einem zentralen Element des Koordinierten Kapitalismus.

Dies zeigt sich parallel auch in der Stärke und den Präferenzen der *politischen und wirtschaftlichen Akteure*: Im Baltikum verließen viele Menschen mit dem Regimewechsel die Gewerkschaften, weil diese für sie zu sehr mit der Sowjetzeit verknüpft waren. So sanken dort die Mitgliedszahlen der Gewerkschaften von 93 Prozent im Jahr 1990 auf 14 Prozent 2000 und unter zehn Prozent heute (siehe Abbildung 3 in Kapitel 3; siehe auch Feldmann 2006: 838). Dies geschah dagegen *nicht* in Slowenien: Hier sanken die Zahlen zwar auch, blieben aber auf deutlich höherem Niveau: Von 69 Prozent im Jahr 1990 auf 42 Prozent im Jahr 2000 (ebd.). Auch war die Gewerkschaftsbewegung hier deutlich aktiver und setzte durch Streiks ihre Interessen durch (Crowley/Stanojevic 2011). Gleichzeitig war für Arbeitgeber die Mitgliedschaft im Arbeitgeberverband (bis 2006) verpflichtend, so dass auch diese hochgradig organisiert waren und sich auf Verhandlungen einließen, weil sie eine Lohnerhöhungsschraube fürchteten und auf Lohnzurückhaltung der Gewerkschaften hofften, solange sie selbst Zugeständnisse machten.

Neben den Sozialpartnern spielten die jeweiligen politischen Parteien eine Rolle – vermutlich allerdings eine weniger wichtige als in Westeuropa, nicht zuletzt, weil die Parteien weniger etabliert waren und Parteienwettbewerb nicht primär entlang einer ökonomischen Staat/Markt-Dimension stattfand wie im Westen. Schaut man auf die jeweils vorherrschenden Regierungen, so fällt ins Auge, dass im Baltikum, insbesondere in Estland und Lettland, Mitte-rechts-Parteien oft die stärkste Regierungspartei waren, während in Slowenien Mitte-links-Parteien dominierten. Auch dies ist im Sinne der Machtressourcentheorie Teil der Erklärung, warum sich das Baltikum in Richtung eines Liberalen Kapitalismus und Slowenien sich in Richtung des Kooperativen Modells entwickelten.

Die Visegrád-Länder wiederum waren teilweise durch konservative, zuletzt oft durch rechts(radikal)-populistische Parteien geprägt, die den Fokus auf industrielle Produktion, kompensatorische Sozialpolitik und ein traditionelles Familienbild weiter verstärkten. Konkreter: Die Regierungen der Visegrád-Länder haben eine ganz zentrale Rolle im Aufbau und der Etablierung des Abhängigen Kapitalismustyps gespielt. Sie nutzen verschiedene Methoden, um internationale Investitionen anzulocken. Zum einen boten und bieten sie Subventionen für ausländische Unternehmen an, die neue Produktionslinien eröffnen: Ungarn, zum Beispiel, zahlte mehrere Hunderte Millionen Euro an deutsche Unternehmen.[22] Zweitens werben die Visegrád-Länder mit niedrigen Unternehmenssteuern,[23] was Standortvorteile bietet, aber zu geringen Staatseinnahmen führt. Drittens nutzen die Regierungen Arbeitsmarktpolitik, um Investitionen anzulocken, beispielsweise indem sie Arbeitszeiten flexibilisieren und dazu beitragen, dass die Löhne gering bleiben. Und schließlich etablierten sie eine Sozialpolitik, die (männliche) Industriearbeiter gut beschützt, aber dies auf Kosten von Minderheiten (insbesondere der Roma) tut und Anreize für Mütter setzt, den Arbeitsmarkt zu verlassen, womit sie zu einer größeren Geschlechterungleichheit beiträgt (Szelewa/Polakowski 2022).

Schließlich spielen auch *sozioökonomische und geografische Faktoren* eine wichtige Rolle. Eine fast triviale, aber wichtige Erklärung dafür, dass der Abhängige Kapitalismus in den Visegrád-Ländern so erfolgreich etabliert werden konnte, ist schlicht deren geografische und kulturelle Nähe zum investierenden und importierenden Westeuropa. So könnten noch weiter östlich liegende Staaten vielleicht noch günstigere Produktion anbieten, aber auf Kosten einer schlechteren Lage und Infrastruktur. Darüber hinaus konnten die Visegrád-Länder – wie dies oben schon angedeutet wurde – auf eine intensive Industrialisierungsgeschichte und -erfahrung während der Sowjetzeit zurückgreifen: Hier gab es zum Beispiel eine starke Waffenindustrie, die Strukturen besaß, auf die später die Automobilindustrie aufbauen konnte. Weitere sozioökonomische Faktoren sind die wenig weit fortgeschrittene Deindustrialisierung sowie die Tatsache, dass diese Länder ökonomisch relativ weit entwickelt und ihre Bevölkerungen gut gebildet sind, aber sehr viel geringere Lohnniveaus als in Westeuropa bieten.

Diese Faktoren (und weitere) können also erklären, warum der Lebenslauf von László aus Budapest, einem unserer fiktiven Figuren aus der Einleitung, typisch für den Abhängigen Kapitalismus ist. Nach einer schulischen Berufsausbildung arbeitete er ja in der Automobilbranche bei einem Zulieferer von VW, welches mehrheitlich deutschen Investoren gehört. Im Zuge der Finanzkrise wurde er arbeitslos; als die Produktion wieder anlief, wurde er jedoch bei derselben Firma wieder angestellt. László steht Gewerkschaften kritisch gegenüber – er assoziiert diese vor allem mit der Zwangsmitgliedschaft aus der Sowjetvergangenheit. Genauso wie Lászlós Leben ist das seiner Frau durch den Abhängigen Kapitalismus geprägt: Dass sie seit der Geburt der Kinder nicht mehr erwerbstätig ist, hat auch viel mit der Wirtschafts- und Sozialpolitik des Landes zu tun.

Und der Rest von Osteuropa?

Abschließend noch ein paar Worte zu den anderen, hier nicht näher beschriebenen osteuropäischen Ländern: Man mag sich einerseits wundern, warum die anderen Staaten Ex-Jugoslawiens – vor allem Kroatien – sich nicht in Richtung des Koordinierten Kapitalismus entwickelt haben. Denn mit Slowenien teilen sie ja das historische Erbe und zentrale Elemente der Transformation. Koordinative Elemente wurden allerdings in Kroatien, Serbien und im Kosovo durch eine Mischung aus Nationalismus, Krieg und semiautoritären Regimen verhindert (Bohle/Greskovits 2012: 194).

Andererseits mag man sich fragen, wie sich Bulgarien und Rumänien entwickelt haben, denn diese teilen manche Gemeinsamkeiten mit den Visegrád-Ländern und andere mit dem Baltikum. Bohle und Greskovits (2012: 191) zeigen überzeugend, dass hier zwar potente Gewerkschaftsbewegungen aktiv waren, die theoretisch zu einer Koordination der Wirtschaft gemeinsam mit den Arbeitgebern hätten beitragen können – hier fehlte allerdings die staatliche Kapazität, z.B. eine funktionierende Bürokratie und eine durchsetzungsstarke Regierung. Die geringe Staatskapazität wiederum ist teilweise darin begründet, dass die Länder während der Sowjetzeit nur wenig industrialisiert waren und recht agrarisch blieben. Aktuellere Forschungsbeiträge diskutieren jedoch, ob sich insbesondere Rumänien in Richtung des Abhängigen Kapitalismus entwickelt hat (Ban 2013, 2019). Noch andere Dynamiken finden wir in den weiter östlich liegenden Staaten wie der Ukraine, Belarus und Russland (Becker/Vasileva 2017). Wer in dieser Hinsicht mehr über die Länder in Zentral- und Osteuropa wissen möchte, dem sei wärmstens das Buch *Capitalist Diversity on Europe's Periphery* von Bohle und Greskovits (2012) empfohlen.

7. Konglomerat-Kapitalismus: Lateinamerika

1918 gründete Antonio Pereira Inácio in Votorantim, unweit von São Paolo in Brasilien, das Familienunternehmen Grupo Votorantim. Ursprünglich vor allem in der Textilbranche tätig, erwarb das Unternehmen bald den Chemiekonzern Companhia Nitro Química und begann im Chemiesektor tätig zu werden. Es folgten Investitionen in weitere Bereiche, zunächst in die Produktion von Zement durch Votorantim Cimentos, später stieg Grupo Votorantim auch mit Nexa in die Herstellung von Metallen und in den Bergbau ein, produzierte Stahl (Votorantim Siderurgiam, AcerBrag) und Aluminium (Companhia Brasileria de Alumínio), Energie (Votorantim Energia, Auren), Zellstoffe und Papier sowie Orangensaft (Citrosuco). Neben der Produktion von Gütern wurde das Unternehmen auch im Banken-, Finanz- und Immobiliensektor aktiv. Mittlerweile führen die Enkel des Gründers das Familienunternehmen, das heute jährliche Gewinne von knapp acht Milliarden Euro macht, etwa 35 000 Menschen beschäftigt, seine Aktivität auf 19 Länder ausgeweitet[24] und seine Besitzer zu einer der reichsten Familien Brasiliens gemacht hat.[25]

Grupo Votorantim ist ein typisches »Konglomerat«. Diese riesigen, oft familiengeführten Unternehmen mit über verschiedenste Wirtschafts- und Finanzsektoren diversifizierten Aktivitäten sind üblich in Lateinamerika und ein zentrales Charakteristikum des lateinamerikanischen Kapitalismus.[26] Ein weiteres Beispiel ist die Grupo Luksic in Chile. Das 1954 gegründete Familienunternehmen ist eines der größten Konglomerate der

Region und – durch ihre Holding Quiñenco – u.a. im (Kupfer-) Bergbau (Antofagasta), in der Produktion von Metallen, Kabeln und anderen Gütern (u.a. Madeco, Nexans), im Sektor Energie und Tankstellen (Enex), in der Landwirtschaft, Fischerei sowie der Lebensmittel- und Getränkeindustrie (u.a. Compañía de Cervecerías Unidas) und der Telekommunikation und Medienbranche (u.a. Canal 13) aktiv. Darüber hinaus besitzt die Grupo Luksic mit der Banco di Chile eine der größten chilenischen Banken, Hotels, Schienennetze und Transportunternehmen u.a. durch CSAV sowie durch Teilbesitz der »deutschen« Reederei Hapag-Lloyd. Über letztere veröffentlichte die FAZ einen längeren Artikel unter dem Titel »Der Clan, der Deutschlands Schiffe lenkt«. Zu Besuch bei Unternehmensleiter Luksic fühlt sich der Autor des Texts »ein wenig [...] an die Kommandozentrale eines Bond-Bösewichts erinnert«[27]. Insgesamt beschäftigt die Grupo Luksic etwa 100 000 Menschen. Mit einem Umsatz von mehreren Milliarden Dollar ist das Konglomerat eines der größten in Lateinamerika und macht seine Besitzer – laut Forbes – mit aktuell 18 Milliarden Dollar zur zweitreichsten Familie in Lateinamerika und zu einer der hundert reichsten Familien weltweit.[28] – Ihr Vermögen wird übrigens in Luxemburg verwaltet, einer europäischen Steueroase, deren Wirtschaftsmodell man ein eigenes Kapitel widmen könnte.

Weitere Beispiele für mächtige lateinamerikanische Konglomerate ließen sich einfach nennen. Wer mag, recherchiere einmal selbst, z.B. zur Grupo México (welche der reichsten Familie Lateinamerikas gehört), zu Grupo Clarín, Grupo Carso, J&F Investimentos, Odebrecht/Novonor, Itaúsa, Mover Participações, Andrade Gutierrez, Grupo Macri, Grupo Matte, Grupo Algar, Ultrapar, zur Grupo Argos oder weiteren Firmenimperien.

Wichtig für unsere Untersuchung ist: Der lateinamerikanische Kapitalismus ist ganz zentral durch diese Konglomerate charakterisiert und geprägt. In Chile z.B. wird die Hälfte des Bruttoinlandsprodukts von nur zwanzig Unternehmen erwirtschaftet (Schneider 2013: 45). Diese Großkonzerne sind oft in Familienbesitz, stark über verschiedene Wirtschaftssektoren diversifiziert und als multinationale Konzerne in verschiedenen Ländern, zunehmend auch global, aktiv. Als Kofferwort zwischen multinationalen Konzernen und Lateinamerika spricht man auch von »Multilatinas« (Casanova 2009). Was diese und den Kapitalismustyp, für den sie stehen, auszeichnet, ist eine *hierarchische* Struktur, weswegen die Forschung oft von »hierarchischem Kapitalismus« spricht (Schneider 2013). Ich nenne diesen Typus hier einfach »Konglomerat-Kapitalismus«, da mir die Dominanz von Konglomeraten noch bezeichnender für die Region zu sein scheint und ich den Begriff noch anschaulicher finde. Schauen wir uns die Elemente des Konglomerat-Kapitalismus systematischer entlang der fünf institutionellen Arenen an. Wir werden sehen, dass die verschiedenen Institutionen in einer Weise ausgerichtet sind, die ein ideales Umfeld für die Konglomerate bietet.

Zentrale Merkmale des Konglomerat-Kapitalismus

1. Bildungssystem

Die Bildungssysteme der lateinamerikanischen Länder unterscheiden sich stark. Während in Chile z.B. fast neunzig Prozent der Jugendlichen an Sekundarschulbildung teilnehmen, sind dies in Guatemala, Honduras und Nicaragua unter fünfzig Prozent. Auch unterscheiden sich die Länder deutlich dahingehend, inwiefern und in welcher Form sie akademische und berufliche Bildung anbieten (Bogliaccini/Madariaga 2020). Man sollte sich Lateinamerika also keineswegs als wirtschaftlich kohärente Region vorstellen.

Gemeinsam ist den lateinamerikanischen Ländern allerdings – vor allem im Vergleich mit den reichen entwickelten Ländern in Nordamerika und Westeuropa, aber auch in Zentral- und Osteuropa –, dass sie alle ein weniger hohes Bildungsniveau und weniger gebildete Arbeitnehmerschaften aufweisen. So nehmen weniger Kinder an Primar- und Sekundarschulbildung teil als in Nordamerika und Europa, ebenso wie an anschließender beruflicher und akademischer Bildung: In vielen Ländern nehmen weniger als dreißig Prozent eines Jahrgangs ein Hochschulstudium auf (Garritzmann et al. 2022a). Sowohl akademische als auch berufliche Bildung sind daher vergleichsweise wenig entwickelt. Und selbst da, wo berufliche Bildung existiert, ist diese nur schlecht ins Bildungssystem integriert und bietet keine fließenden Übergänge zwischen Sekundarschulbildung und Ausbildung (Bogliaccini/Madariaga 2020). Neben der Quantität ist auch die Qualität von Bildung in der Region unterdurchschnittlich: PISA und andere Kompetenzvergleichsstudien zeigen regelmäßig, dass die lateinamerikanischen Länder im internationalen Vergleich schwach abschneiden. Selbst Chile, das in der Region die besten PISA-Ergebnisse aufweist, liegt hinter dem europäischen Durchschnitt (ebd.).

Insgesamt gesehen ist die Arbeitnehmerschaft also relativ schlecht gebildet. Dies hat strukturelle Gründe, denn die dominanten Konglomerate, die vor allem auf den Abbau natürlicher Ressourcen (z.B. Metalle, Agrarprodukte) und relativ einfache industrielle Produktion (z.B. Kabel, Aluminium, Saft) setzen, haben keine Verwendung für und entsprechend kein Interesse an einer höher gebildeten Arbeiterschaft. Dazu kommt – wie wir im nächsten Punkt sehen –, dass die Arbeitsfluktuation sehr hoch ist, d.h., Arbeiter:innen bleiben oft nur für kurze Zeit in bestimmten Berufen, so dass sie auch keine hochspeziellen Fähigkeiten erlernen können und wollen.

Konsequenterweise charakterisieren Snower (1994) und andere die lateinamerikanischen Länder als gefangen in einer »Niedrigqualifikationsfalle« (*low-skill, bad-jobs trap*): Weder die Unternehmen noch der Staat oder die einzelnen Arbeitnehmer:innen haben Interesse an höheren Bildungsinvestitionen – denn niemand will die Kosten dafür tragen, weil die erlernten Fähigkeiten auf dem Arbeitsmarkt vermutlich wenig nützen. Hinzu kommt – in vielen der ärmeren lateinamerikanischen Länder – ein Problem mit fehlender Staatskapazität (Bogliaccini/Madariaga 2022), auf das ich im letzten Teil dieses Kapitels noch zurückkommen werde.

2. Arbeitsbeziehungen

Der Konglomerat-Kapitalismus ist, wie wir gesehen haben, durch enorm mächtige Arbeitgeber (Konglomerate) ausgezeichnet. Diese stehen untereinander allerdings in Konkurrenz (s.u.) und sind nicht durch Arbeitgeberverbände organisiert. Letzteres ist nicht wesentlich anders als im Liberalen Kapitalismus.

Dasselbe gilt für die Arbeitnehmerseite: Die Arbeitnehmer:innen sind nicht als gemeinsame Gruppe organisiert und daher in der Vertretung ihrer Interessen schwach. Genauer gesagt kann man im Konglomerat-Kapitalismus drei Gruppen von Arbeiter:innen unterscheiden: Erstens gibt es eine kleine Gruppe von eher gut gebildeten, gefragten und institutionell wie sozialpolitisch gut geschützten Arbeitern (und seltener: Arbeiterinnen). Diese sind vor allem in den zentralen Industriezweigen in den großen Städten angesiedelt. Die Forschung spricht hier von Arbeitsmarkt-»Insidern«. Quantitativ bilden sie eine kleine Minderheit der Gesellschaft. Zweitens gibt es eine sehr große Gruppe von temporär – und oft prekär – Beschäftigten. Diese arbeiten oft in kurzen Arbeitsverträgen, sind meist schlechter bezahlt und haben auch ansonsten schlechtere Arbeitsbedingungen. Dies sind die Arbeitsmarkt-»Outsider«. Drittens schließlich gibt es den »informellen Sektor«, d.h. Arbeiter:innen, die ohne formale Verträge arbeiten. Man mag an »Schwarzarbeit« denken, wobei dies in Deutschland immer gleich eine negative Konnotation hat. In Lateinamerika ist informelle Beschäftigung dagegen aus verschiedenen Gründen sehr üblich: Nach Schätzungen sind im Schnitt etwa fünfzig Prozent der arbeitenden Bevölkerung in Lateinamerika – erneut mit großer regionaler Variation: von 20 bis 25 Prozent in Chile und Uruguay bis 85 Prozent in Bolivien und Honduras[29] – auf diese Weise beschäftigt. Konkret geht es hier vor allem um Selbständige sowie Betreiber:innen von Kleinstgeschäften wie etwa Straßenständen, die oft nicht angemeldet sind, daher keine Steuern zahlen, aber auch keinen Arbeits- und Sozialversicherungsschutz genießen.

Kurzum: Die Arbeitnehmerschaft ist atomisiert und segmentiert, also in verschiedene Gruppen aufgespalten und individualisiert. Dies liegt teilweise daran (auch darauf komme ich zurück), dass nur sehr wenige Arbeiter:innen Gewerkschaftsmitglieder sind – im Schnitt etwa 15 Prozent (Schneider 2013). Und dies sind in der Regel die ohnehin schon besser geschützten Arbeitsmarkt-Insider, so dass sich die Gewerkschaften vor allem für deren Interessen und Privilegien einsetzen und dadurch die Ungleichheit eher noch erhöhen. Wenig überraschend ist daher auch, dass die Arbeitnehmer:innen zumeist kein Mitspracherecht über Betriebsräte haben.

Aufgrund der Macht der Konglomerate, der schwachen Arbeitgeberverbände, der schwachen Gewerkschaften und der stark atomisierten und segmentierten Arbeitnehmerschaft finden Lohn- und Arbeitsverhandlungen entweder zwischen Unternehmen und einzelnen Beschäftigten oder auf Unternehmensebene statt. Mit Ausnahme der gefragteren Arbeitsmarkt-Insider haben Arbeitnehmer:innen dabei insgesamt eine schwache Position. Als Resultat sind die Löhne und Arbeitsbedingungen oft schlecht (*low-skill, bad-jobs trap*) und die Ungleichheit wie die Arbeitsfluktuation hoch, d.h., Arbeitnehmer:innen bleiben oft nur für kurze Zeit in bestimmten Berufen.

3. Unternehmensfinanzierung und -kontrolle

Was die Unternehmensfinanzierung und -kontrolle im Konglomerat-Kapitalismus auszeichnet, lässt sich unschwer denken. Wir haben bei den eingangs genannten Beispielen (Grupo Votorantim, Grupo Luksic) gesehen, dass die mächtigen Konglomerate nicht nur zentrale Industriesektoren dominieren, sondern auch eigene Banken und Finanzinstitute besitzen. In Brasilien zum Beispiel dominieren fünf Banken allein über achtzig Prozent des Markts (GIZ 2020: 24). Und natürlich machen die Konglomerate auch bei der Unternehmensfinanzierung von dieser Stellung Gebrauch: So nutzen die Konglomerate zur Finanzierung neuer Investitionen – z.B. in weiteren Wirtschaftsbereichen oder anderen Ländern – oft zunächst ihr Eigenkapital (bzw. Gewinnrücklagen) oder das Kapital ihrer eigenen Banken. Hinzu kommen ausländische Direktinvestitionen anderer multinationaler Unternehmen als weitere wichtige Finanzierungsform. Weniger abhängig ist der Konglomerat-Kapitalismus dagegen von Finanzmarktfinanzierung. Schneider (2013: 7) spricht sogar davon, dass Finanzmärkte in Lateinamerika »underdeveloped« seien.

Überspitzt gesagt: Während die Unternehmen im Koordinierten Kapitalismus auf Hausbanken angewiesen sind, besitzen die Konglomerate im Konglomerat-Kapitalismus ihre eigenen Hausbanken – sie haben »hauseigene« Banken. Interessanterweise führt dies allerdings – anders als im Koordinierten Kapitalismus – nicht zu einer Orientierung an langfristigen und stabilen Gewinnen, da die Konglomerate – eher wie im Liberalen Kapitalismus – oft auf kurzfristige Marktveränderungen reagieren wollen und müssen (Schneider 2013: 35). Die Eigentümer der Konglomerate sind oft einzelne Familien, wie wir an den Beispielen gesehen haben, und besitzen entweder das ganze Konglomerat oder sind zumindest im Besitz eines signifikanten Anteils des Unternehmens (*blockholding*). An diesen Familien orientiert sich das Management entsprechend. Die Literatur spricht folgerichtig somit teilweise auch von »Familienkapitalismus«. Der Konglomerat-Kapitalismus zeigt also eine interessante und eigentümliche Form der Unternehmensfinanzierung und -führung.

4. Innerbetriebliche Beziehungen

Die Konglomerate sind hierarchisch organisiert. Die Unternehmensführung liegt klar in der Hand des Top-Managements, oft in – oder kontrolliert durch – Familienbesitz. Üblicherweise unkontrolliert durch Betriebs- oder Aufsichtsräte, hat die Unternehmensführung somit freie Hand in der Gestaltung der Unternehmenspolitik. Einerseits gilt dies für unternehmerische Entscheidungen wie beispielsweise die Ausweitung oder Verkleinerung bestimmter Wirtschaftszweige. Andererseits gilt dies aber auch für die Beziehung des Managements zur eigenen Belegschaft: Hier herrscht – ähnlich wie im Liberalen Kapitalismus – eine Hire-and-fire-Kultur vor: Die Konglomerate stellen Arbeiter:innen ein – oder entlassen sie, je nachdem, was gerade benötigt wird. Aufgrund der schwachen Gewerkschaften und des atomisierten Arbeitsmarkts sowie der Verfügbarkeit einer großen Reserve an Arbeitnehmer:innen besteht hier auch wirtschaftlich wenig Druck für die Unternehmen, zu einer anderen Unternehmenspolitik zu wechseln. Die Hire-and-fire-Kultur wird außerdem dadurch ermöglicht und verstärkt, dass der gesetzliche Arbeitnehmerschutz zwar formal relativ streng ist, aber nur selten implementiert wird oder nur kleine Teile der arbeitenden Bevölkerung betrifft (die Arbeitsmarkt-Insider) – große

Teile der Bevölkerung im informellen Sektor bewegen sich außerhalb der staatlichen Regulierung. Ausschlaggebend dafür sind wiederum oft historische Gründe, denn die einst häufig nicht-demokratischen, autoritären Regierungen nutzten Arbeitsmarktpolitik für politische Zwecke, z.B. um die (männlichen) Kernarbeiter an sich zu binden (Collier/Collier 1991).

Verstärkt wird hierdurch wiederum die Dynamik, dass Arbeitende oft nur relativ kurz in bestimmten Berufen bleiben: Im Schnitt sind dies im Konglomerat-Kapitalismus knapp drei Jahre, fünf Jahre im Liberalen und 7,4 Jahre im Koordinierten Kapitalismus (Schneider 2013: 36). Da viele Jobs keine allzu hohen Fähigkeiten verlangen , ist es auch nicht unüblich, nicht nur den Beruf, sondern sogar den Sektor zu wechseln (z.B. aus der Industrie in den Dienstleistungssektor oder umgekehrt). Die kurze Verweildauer in bestimmten Unternehmen wiederum verstärkt den Effekt, dass kaum sektor- oder firmenspezifische Fähigkeiten aufgebaut werden, denn weder die Unternehmen noch die Arbeitnehmer:innen haben ein Interesse daran.

5. Zwischenbetriebliche Beziehungen

Die Konglomerate sind diversifizierte Konzerne, die, wie wir gesehen haben, aus vielen Subunternehmen in verschiedenen Bereichen bestehen. Zwischen den einzelnen Subunternehmen besteht entsprechend *innerhalb* desselben Konglomerats kein Wettbewerb. Vielmehr verstärken die unterschiedlichen »Glieder« innerhalb der Konglomerate einander. Da die Konglomerate oft auch ihre eigenen Zulieferfirmen und -industrien besitzen (von der Mine über die Metallproduktion bis hin zu Handelslinien und Reedereien), sind feindliche Übernahmen *innerhalb* dieser Ketten – anders als im Liberalen Kapitalismus – unüblich. Vielmehr sehen wir, wie in einer extremen Form des Koordinierten Kapitalismus, Kooperation und Koordination zwischen diesen Ketten. Die Konglomerate werden daher oft auch als »Oligopole« beschrieben, weil sie oft nicht nur einzelne Sektoren dominieren, sondern verschiedene, miteinander verkettete Wirtschafts- und Finanzzweige.

Wettbewerb besteht dagegen *zwischen* den Konglomeraten, wobei man noch weiter zwischen drei Arten von Konglomeraten unterscheiden muss: Historisch gab es in den einzelnen lateinamerikanischen Ländern zunächst (bis in die 1990er Jahre) vor allem länderspezifische Konglomerate, einerseits viele in Familienbesitz, andererseits staatliche Konzerne. Mit der Liberalisierungspolitik unter dem Paradigma des *Washington Consensus*[30] seit den 1990er Jahren drängte dann vermehrt auch eine dritte Gruppe, nämlich multinationale Unternehmen aus dem Ausland, auf die Märkte[31] und verschärfte damit den Wettbewerb zwischen den Konglomeraten (siehe dazu den letzten Teil des Kapitels). Gleichzeitig streckten die »nationalen« Konglomerate ihre Fühler (oder eher: ihr Kapital) in Richtung anderer Länder aus, zunächst anderer lateinamerikanischer Länder, dann zunehmend aber auch nach Nordamerika, Europa und Australien. Dabei findet eine gewisse »Arbeitsteilung« statt: Die »nationalen« Konglomerate sind oft mehr auf Industrie, Produktion und Herstellung fokussiert, während die »ausländischen« multinationalen Unternehmen mehr auf Technologiesektoren setzen.

Konsequenzen des Konglomerat-Kapitalismus: Stärken und Schwächen

Ebenso wie die anderen Kapitalismustypen hat auch der Konglomerat-Kapitalismus verschiedene Stärken und Schwächen. Zu seinen großen Stärken gehört die relativ kostengünstige Gewinnung und Weiterverarbeitung von natürlichen Ressourcen, vor allem von Metallen und Agrarprodukten, aber auch die Produktion von Textilien, Elektro- und Autoteilen. Möglich ist dies aufgrund der verschiedenen Elemente, die in diesem Kapitel nachgezeichnet wurden, z.B. der großen, aber niedrigqualifizierten, schlecht organisierten und atomisierten Arbeiterschaft, der Unternehmensfinanzierung durch »hauseigene« Banken, der Arbeitsbeziehungen und der Unternehmensstruktur, die dem (familiengesteuerten) Top-Management weitestgehend freie Hand lässt und die enge Zusammenarbeit verschiedener Tochterunternehmen innerhalb eines Konglomerats erlaubt. Dabei fällt jedoch auch ins Auge, dass die produzierten Güter relativ geringe Komplexität aufweisen; oder anders gesagt: dass sie eher am Anfang der Wertschöpfungskette stehen und daher verhältnismäßig geringe Gewinne abwerfen. Eine Hauptstärke wird damit zur Schwäche, vor allem in einer Welt, die sich zunehmend in Richtung einer postindustriellen Wissensgesellschaft entwickelt. Dies ist ein Grund, warum weniger als fünf Prozent der globalen Wirtschaftsleistung in Lateinamerika erwirtschaftet werden.

Eine weitere Stärke ist die stark diversifizierte wirtschaftliche Orientierung der Konglomerate. Dadurch ist ihr Risiko gestreut, und sie sind nicht von einzelnen Wirtschaftszweigen oder Sektoren abhängig. Werden weniger Autos gekauft oder braucht die Welt weniger Aluminium – dann können die Konglomerate immer noch mit zahlreichen anderen Produkten Profit machen. Dasselbe gilt für geografische Regionen, denn die Konglomerate sind nicht von einzelnen Gebieten abhängig, sondern oft über verschiedene Länder oder sogar den ganzen Kontinent verstreut. Gleichzeitig kann dies natürlich auch umgekehrt zu einer Schwäche werden, denn die Wirtschaft einzelner Staaten – oder des Kontinents insgesamt – wird stark abhängig vom Wohlergehen einzelner Unternehmen. Wird eins der großen Konglomerate zahlungsunfähig, so hat dies weitreichende wirtschaftliche, soziale und potenziell auch politische Konsequenzen. Wieder überspitzt lässt sich sagen, dass Länder im Konglomerat-Kapitalismus »lokale Krisen« zwar gut meistern können, aber sehr anfällig für »größere Krisen« sind.

Eine weitere strukturelle Schwäche des Konglomerat-Kapitalismus ist die schon erwähnte »*low-skill, bad-jobs*«-Falle. Aufgrund der Wirtschaftsstruktur hat niemand wirklich ein größeres Interesse, dauerhaft in höhere Bildung und spezielle Fähigkeiten zu investieren: Für die einzelnen Menschen lohnt dies nicht bzw. ist sehr risikobehaftet, weil unklar ist, ob sich die Investition später auf dem Arbeitsmarkt rentiert. Da viele der Länder sehr hohe Studiengebühren erheben (Garritzmann 2016), nehmen viele Menschen, die eine akademische Ausbildung verfolgen könnten, also Abstand von einem Hochschulstudium; und da die berufliche Bildung schlecht organisiert und der Arbeitsmarkt für spezifische Fähigkeiten sehr riskant ist, ist auch eine berufliche Orientierung keine wirklich interessante Option. Gleichzeitig haben auch die Unternehmen kein großes Interesse, Geld via Investitionen oder Steuern für (Aus-)Bildung bereitzustellen, denn für ihr Wirtschaftsmodell sind die vorhandenen Fähigkeiten zumeist völlig ausreichend. Und auch die Regierungen haben wenig Anreize, den Bildungssektor auszubauen – dies könnte zwar theoretisch die Niedrigqualifikationsfalle brechen, würde aber Gelder erfordern, die durch höhere Steuern oder Schulden finanziert werden wollen. Und dies findet beides weder bei den Wähler:innen noch durch die Konglomerate viel Unterstützung, nicht zuletzt, da die Länder auch im Steuerwettbewerb um die großen Konzerne miteinander stehen.

Ein weiteres Problem ist, dass – selbst wenn die Regierungen wollen würden – insbesondere in den ärmeren Staaten oft die Staatskapazität fehlt, um überhaupt (hochqualitative) Bildung zu bieten (Bogliaccini/Madariaga 2022), und Bildungsinvestitionen nicht selten durch Klientelismus zweckentfremdet werden (Chen/Kitschelt 2022). Jüngst gibt es allerdings Versuche – und diese scheinen, mit regionaler Variation, relativ erfolgreich zu funktionieren –, das Problem durch sogenannte *conditional cash transfers* (CCTs) zu lösen; CCTs sind Bargeld-Sozialleistungen (= *cash transfers*), die unter bestimmten Bedingungen (= *conditional*) gewährt werden, z.B. unter der Bedingung, dass Eltern ihre Kinder zur Schule schicken (Huber et al. 2022; Niedzwiecki 2018; Rossel et al. 2022).

Zwei weitere zusammenhänge Probleme schließlich sind Ungleichheit und Armut. Die lateinamerikanischen Länder gehören global gesehen zu den Ländern mit der höchsten Einkommensungleichheit (Atkinson 2015). In den meisten von ihnen ist die Ungleichheit um ein Vielfaches höher als in Gesellschaften wie den USA, die ihrerseits bereits stark ungleich sind. Dies ist zumindest teilweise eine direkte Folge des Konglomerat-Kapitalismus, denn dieser spaltet nicht nur die extrem wohlhabenden Konglomerats-Eigentümer von der arbeitenden Bevölkerung, sondern auch verschiedene Segmente innerhalb der Arbeiterschaft, insbesondere die Arbeitsmarkt-Insider von den Arbeitsmarkt-Outsidern und dem informellen Sektor. Resultierend daraus kämpfen insbesondere linke Regierungen in der Region gegen massive Ungleichheit. Damit verbunden ist Armut immer noch ein großes Problem. Einerseits hat Lateinamerika zwar über die letzten Jahre erfolgreich Armut bekämpft und zumindest »extreme Armut« (tägliche Einkommen unter 1,90 Dollar) auf unter zehn Prozent reduzieren können; andererseits bleibt diese in manchen Ländern immer noch substanziell (insgesamt fallen in Lateinamerika etwa 19 Millionen Menschen in diese Kategorie[32]). Darüber hinaus bleiben andere Formen von Armut weiterhin ein weitreichendes Phänomen: Zwanzig Prozent der Bevölkerung in Bolivien z.B. leben in sogenannter »mehrdimensionaler« Armut – eine Betrachtungsweise, die neben Einkommen auch andere Indikatoren wie Lebensstandard, Zugang zu Gesundheitsversorgung und Bildung beinhaltet.[33]

Warum haben die lateinamerikanischen Länder den Konglomerat-Kapitalismus entwickelt?

Die Antwort auf diese Frage fällt auch hier wieder vielschichtig aus. Erstens gibt es historische und institutionelle Gründe, zweitens sozioökonomische und drittens akteurszentrierte. Dabei geht es zentral um die Frage, warum es im Konglomerat-Kapitalismus so mächtige Konglomerate gibt, wie und warum diese sich also formieren konnten und dies in extremerer Ausformung als in anderen Kontexten.

Beginnen wir mit einem *historischen Blick.* Natürlich hat jedes Land seine eigene Geschichte, und wir finden keine zwei Länder mit derselben.[34] Nehmen wir aber eine abstraktere Perspektive ein, lässt sich die Wirtschaftsgeschichte Lateinamerikas in fünf Phasen unterteilen, in denen sich der Konglomerat-Kapitalismus immer weiter herausgebildet hat.

Die erste wichtige Phase, die die dortigen Marktwirtschaften bis heute prägt, ist die Zeit des Kolonialismus in Lateinamerika durch europäische Großmächte, also grob die Zeit nach der »Entdeckung« Amerikas durch Kolumbus 1492. In den folgenden Jahrhunderten wurde der Kontinent vor allem von Portugal und Spanien (bzw. Kastilien und Aragón) besetzt und politisch wie wirtschaftlich von den beiden Ländern dominiert. Nur am Rande kann hier erwähnt werden, dass die bereits ansässigen Bevölkerungen oft vertrieben, ausgebeutet, verletzt, mit Krankheitserregern infiziert, getötet oder versklavt wurden, während zugleich mehrere Millionen Sklaven aus Afrika und Polynesien angesiedelt wurden. Diese Kolonialvergangenheit beeinflusst die lateinamerikanischen Wirtschaftssysteme auf verschiedene Weise bis heute. Zum einen hatten die Kolonialmächte wirtschaftlich vor allem ein Interesse an den natürlichen Ressourcen (und der Arbeitskraft) Lateinamerikas. Ihr Fokus auf den Abbau und Export von Mineralien und Metallen sowie auf Agrarprodukte prägt die lateinamerikanischen Länder bis heute.[35] Zweitens, und damit verbunden, entstand durch diese Wirtschaftsform eine bestimmte Sozialstruktur: Es trennt sich zunehmend eine kleine, extrem wohlhabende (europäisch dominierte) Elite der Land- und Minenbesitzer von der arbeitenden, teilweise versklavten Bevölkerung, was einen Grundstein für die heutige massive Ungleichheit und Segmentierung der Bevölkerung legte. Drittens waren die Kolonien stark abhängig von ausländischem Kapital und Investitionen, was später (in der dritten Periode, s.u.) zu deren großer Krisenanfälligkeit beitrug. Dasselbe galt für Technologie und Innovation, die vor allem aus dem europäischen, später auch nordamerikanischen Ausland importiert wurden. Schließlich beeinflussten die Kolonialherrscher auch die lateinamerikanischen Rechtssysteme, welche sich am napoleonischen Zivilrecht orientierten, das wiederum strikte Regulierungen des Finanzmarkts vorsah, was diesen folglich kleinhielt (Casanova 2009). Insgesamt schuf die Kolonialzeit Abhängigkeiten und Pfadabhängigkeiten, die den Konglomerat-Kapitalismus bis heute prägen.

Eine zweite Phase begann im frühen 19. Jahrhundert, als die lateinamerikanischen Länder zunehmend unabhängig wurden und die Kolonialmächte abschüttelten. Die Ausnahmen waren Kuba und Puerto Rico, die länger in spanischer Hand blieben. Die neuen Nationen setzten auf gewisse Weise die frühe Wirtschaftspolitik fort, denn sie fokussierten weiterhin vor allem auf den Export von Gütern, vor allem von natürlichen Ressourcen: einerseits Agrarprodukte (vor allem Wolle, Kaffee, Zucker), andererseits Metalle und andere Bodenschätze (vor allem Silber, Salpeter, Kupfer). Auch die Abhängigkeit von europäischem (und später nordamerikanischem) Kapital und Technologietransfer nahm weiter zu. Auf gewisse Weise waren die lateinamerikanischen Länder zu dieser Zeit dem Abhängigen Kapitalismus (Kapitel 6) nicht unähnlich. Aufgrund der ausgeprägten Exportorientierung setzten viele Länder sehr auf Globalisierung und Freihandelsliberalismus und öffneten ihre Wirtschaften stark. Oft wird, vor allem in der europäischen Literatur, vergessen, dass die Welt nicht erst seit etwa 1980 zunehmend globalisiert war, sondern dass es vielmehr schone eine »erste Globalisierung« im 19. und frühen 20. Jahrhundert gegeben hatte. Wirtschaftlich waren einige der lateinamerikanischen Länder damals enorm erfolgreich: Insbesondere Argentinien und Uruguay waren zu dieser Zeit wirtschaftlich etwa so stark wie Deutschland und Frankreich (Blattmann et al. 2004) und teilweise schon fortgeschrittener in ihrer Sozialpolitik als viele europäische Staaten. Auch dies wird oft vergessen, wenn die Länder des Globalen Südens als »arme Entwicklungsländer« über einen Kamm geschoren werden.

Da die Wirtschaft der lateinamerikanischen Länder aber vor allem auf dem Export nach und dem Handel mit Europa aufgebaut war, stürzten die Weltwirtschaftskrise und die beiden Weltkriege die lateinamerikanischen Länder im 20. Jahrhundert in eine langanhaltende Krise: Handel und Investitionsströme brachen ein, die Wirtschaften schrumpften, die Arbeitslosigkeit stieg, und viele Staaten standen vor großen fiskalischen Problemen. In dieser Zeit begann eine dritte Phase des lateinamerikanischen Kapitalismus mit einem zunehmenden Fokus auf die eigene inländische Wirtschaft und der Abschottung vom Welthandel. Dies geschah einerseits aus rein pragmatischen Gründen, weil Handelsmöglichkeiten beschränkt waren, andererseits aber zunehmend auch als explizit intendiertes Wirtschaftsmodell: Der argentinische Ökonom Raúl Prebisch (Vorsitzender der UN Economic Commission for Latin America, CEPAL) etwa warb prominent für eine Wirtschaftspolitik, die sich unabhängiger von globalen Märkten machen sollte und auf wirtschaftliche Autonomie abzielte. Konkreter beinhaltete diese Strategie vor allem zwei Elemente: einerseits eine Politik der »Import-Substituierenden Industrialisierung« (ISI). Diese ISI-Politik versuchte durch protektionistische Maßnahmen wie die Erhebung von Zöllen, Handelsbeschränkungen, Reduktion von Importen, Investitionen in Industrialisierung, überbewertete Wechselkurse, aktive staatliche Eingriffe und die Bildung von Staatskonzernen die eigene nationale Wirtschaft zu stärken und vom Export-Fokus in Richtung des Handels auf inländischen Märkten zu lenken. Andererseits beinhaltete die neue Wirtschaftspolitik Anreize für Unternehmen, stärker zu diversifizieren, also ihre wirtschaftlichen Tätigkeiten mehr über verschiedene Wirtschaftszweige zu streuen. Als Konsequenz entstanden immer mehr und immer mächtigere Konglomerate, teilweise in staatlicher, teilweise in privater Hand, die einzelne Länder über mehrere Wirtschaftsbereiche hinweg dominierten. Spätestens jetzt erkennen wir deutlich das zentrale Merkmal des Konglomerat-Kapitalismus. Diese Politik war in einigen, vor allem den größeren lateinamerikanischen Ländern erfolgreich und generierte bis in die 1970er Jahre hinein solides Wachstum, was es den Staaten wiederum ermöglichte, sich im Ausland relativ günstig Kapital zu leihen und ihre Konglomerate auszubauen.

Die hohe Auslandsverschuldung wurde ihnen allerdings mit den Ölpreiskrisen und dem Ende des Bretton-Woods-Systems der Wechselkursstabilität in den 1970er Jahren zum Verhängnis: Die lateinamerikanischen Länder, vor allem Brasilien, Argentinien und Mexiko, stürzten in eine Krise und erlebten tiefe Rezessionen. Man spricht hier von der »lateinamerikanischen Schuldenkrise« und dem »verlorenen Jahrzehnt« (*la década perdida*). Es folgten massiver Kapitalexport, Inflation, Währungsabwertungen und teilweise Staatsbankrotte. Bei ihrer Suche nach Auswegen wendeten sich viele Staaten an internationale Organisationen wie den Internationalen Währungsfonds oder die Weltbank. Diese stellten bereitwillig Kapital zur Verfügung – zu dieser Zeit waren beide Organisationen aber stark durch den *Washington Consensus* (s.o.) geprägt und forderten als Gegenleistungen für Gelder strukturelle Reformen, welche die Länder (wie oben schon beschrieben) stark in Richtung Liberaler Kapitalismus reformieren und (wieder) zum globalen Welthandel öffnen sollten. Die Ideengeber dahinter waren Milton Friedman und andere Ökonomen der »Chicago School« – vor allem Männer, weshalb man auch von den »Chicago Boys« spricht. Die Chicago Boys empfahlen den lateinamerikanischen Ländern eine wirtschaftliche »Schocktherapie«, die zwar kurzfristig zu großen sozioökonomischen Problemen führen könne, sich aber langfristig bezahlt machen würde. Die Länder ließen sich teils bereitwillig, teils notgedrungen darauf ein. Eine systematische Evaluation der Reformen von Goldfajn et al. (2021: 127) bilanziert die Maßnahmen aus heutiger Sicht wie folgt: »it is fair to conclude that Latin American economic performance has been disappointing over the last 30 years, both compared with other regions and emerging economies and relative to expectations at the beginning of the 1990s«.

Darüber hinaus stieg die Ungleichheit in vielen Ländern deutlich. Die Politik des *Washington Consensus* scheint also nur wenig geholfen zu haben – um es milde auszudrücken. Wichtiger aber für unseren Zusammenhang hier ist, dass diese Politik weiter zur Etablierung des Konglomerat-Kapitalismus beitrug: So öffneten sich die Wirtschaften fast aller betreffenden Länder zwar und die Anzahl und Stärke staatlicher Konglomerate nahmen ab, aber die familiengeführten Konglomerate sowie die multinationalen Konzerne weiteten ihre Aktivitäten über neue Wirtschaftszweige und andere Länder aus und kauften oft die ehemaligen Staatskonglomerate auf. So wurde die Wirtschaft zwar stärker privatisiert, blieb aber dabei fester denn je in der Hand der Konglomerate.

Eine fünfte und bislang letzte Phase lässt sich als Post-Washington-Consensus-Ära beschreiben. Bislang ist diese durch verschiedene Charakteristika gekennzeichnet: Einerseits kamen als Gegenreaktion auf die Politik im Sinne des *Washington Consensus* und ihrer Konsequenzen in fast allen lateinamerikanischen Ländern linke Parteien an die Macht – man spricht von einer »pinken Welle«. Andererseits stieg – aus verschiedenen Gründen – die Nachfrage nach Rohstoffen wie Agrarprodukten, Öl und Metallen erneut stark an (der sogenannte *commodities boom*), was sehr hilfreich für die auf Agrar- und Rohstoffproduktion fokussierten Konglomerate war und den Konglomerate-Kapitalismus weiter stärkte.

Zusammengenommen zeigt die historische Betrachtung, dass und wie der Konglomerat-Kapitalismus in Lateinamerika entstand und sich etablieren und ausweiten konnte. Sowohl Kolonialismus als auch ISI-Politik und die Washington-Consensus-Politik spielten dabei eine zentrale Rolle. So gab es verschiedene Anreize, Konglomerate zu gründen und zunächst auf verschiedene Wirtschaftssektoren (während der ISI-Politik), dann auf verschiedene Länder (während der Washington-Consensus-Politik) auszuweiten und zu diversifizieren.

Neben der historischen Perspektive kann ein komplementärer Fokus auf die Rolle *politischer Akteure* weiter erklären, warum der Konglomerat-Kapitalismus entstand und sich etablierte. In den vorangehenden Kapiteln haben wir bereits gesehen, dass – mit der Machtressourcentheorie betrachtet – das jeweilige Verhältnis von Gewerkschaften, Arbeitgeberverbänden und Parteien eine zentrale Rolle für die Etablierung eines bestimmten Kapitalismustyps spielt. Die Gewerkschaften – und die Arbeiterbewegung allgemein – sind im Konglomerat-Kapitalismus schwach, die Konglomerate dagegen mächtig, fast omnipotent. Historisch wurden Arbeiterbewegungen und -proteste bis ins frühe 20. Jahrhundert durch die (oft autoritären) Staaten durch Polizei und Militär unterdrückt. Dies änderte sich zwar später, und die Arbeiterbewegungen wurden auf verschiedene Weisen entweder durch den Staat (z.B. in Brasilien und Chile) oder durch Parteien (z.B. in Uruguay, Kolumbien, Argentinien und Mexiko) »einverleibt« (Collier/Collier 1991). Doch blieben die Gewerkschaften oft entweder wenig in politische Prozesse integriert oder fokussierten sich auf die Arbeitsmarkt-Insider, die im Konglomerate-Kapitalismus eine komfortable Position einnehmen konnten und daher nicht gegen dieses Wirtschaftsmodell arbeiteten.

Kurz: Es fehlte ein Gegenspieler zu den mächtigen Konglomeraten. Die Konglomerate wiederum konnten auf verschiedene Weisen die Politik (mit)beeinflussen. Dies war unter anderem möglich, weil die politischen Systeme der meisten lateinamerikanischen Länder mit ihrer Kombination aus einem starken Präsidialamt und einem Verhältniswahlsystem den Konglomeraten zahlreiche Zugangsmöglichkeiten boten. Der Zugang zur Politik war damit relativ leicht und ermöglichte den Konglomeraten, diese in ihrem Sinne auszugestalten. In vielen Ländern war und ist es dabei sogar üblich, dass frühere Angehörige der Wirtschaftseliten als Kabinettsmitglieder berufen werden (Schneider 2013: Tabelle 7.1) oder dass Konglomerate bestimmte Parteien finanziell stark unterstützen (Barndt 2014). Weitere Möglichkeiten der Einflussnahme bieten sich durch die oft stark politisierte und auch oft klientilistische Bürokratie. Und nicht zuletzt besitzen viele Konglomerate ja auch zentrale Medien wie Fernsehen, Zeitungen und Radio, durch die sie Nachrichten politisieren und Diskurse sowie die öffentliche Meinung – und damit die Politik – beeinflussen können (Hallin/Papathanassopoulos 2002).

Welche Rolle haben Parteien bei der Entstehung des Konglomerate-Kapitalismus gespielt? Die Antwort fällt aus mindestens vier Gründen etwas komplizierter aus als in Europa und Nordamerika, wo die Machtressourcentheorie zwischen »marktfreundlichen« rechten und »staatsfreundlichen« linken Parteien unterscheidet. Erstens sind die Parteiensysteme Lateinamerikas durch andere Konfliktlinien (*cleavages*) geprägt als die europäischen: So gibt es in den meisten lateinamerikanischen Ländern – was vermutlich zu Marx' Verwunderung wäre – keinen oder zumindest nur einen schwächeren Klassenkonflikt (außer in Chile und teilweise Argentinien) (Coppedge 1998; Roberts/Wibbels 1999), und die Parteien gewinnen klassenübergreifend Stimmen. Zweitens sind die Parteiensysteme fragmentierter (d.h. stärker zersplittert in verschiedene kleinere Parteien) und polarisierter (d.h. durch größere ideologische Unterschiede gekennzeichnet) als in Europa und Nordamerika. Drittens tauchten in Lateinamerika schon früher als in Europa populistische Parteien auf, die bis heute eine große Bedeutung haben, lagerübergreifend Politik machen und sich kaum entlang des Links-rechts-Schemas einstufen lassen. Viertens – und damit verbunden – findet Parteienwettbewerb in Lateinamerika oft gar nicht programmatisch, also über Inhalte statt, sondern vielmehr personalistisch, also fokussiert auf (charismatische) Personen, und/oder klientilistisch, also im wechselseitigen Austausch von Wahlstimmen für konkrete Güter oder Leistungen (Kitschelt 2000). Der Zusammenhang zwischen Parteien und Wirtschaftspolitik ist daher ein anderer und komplizierter als im Koordinierten und Liberalen Kapitalismus.

Nicht zuletzt sollte auch bedacht werden, dass viele der lateinamerikanischen Länder lange gar nicht demokratisch waren, sondern von autokratischen Regierungen, oft Militärregierungen (*juntas*), beherrscht wurden. Bis in die 1980er Jahre war Demokratie in der Region die Ausnahme – nur Costa Rica und Venezuela (sowie Kolumbien und Uruguay mit Unterbrechungen) waren schon früher stabil demokratisch. Die *juntas* rechtfertigten ihre Macht in der Regel mit der Begründung, dass sie »innere und nationale Sicherheit« herstellen und den Nationalstaat gegen inner- wie außerstaatliche Feinde schützen würden. Weniger zentral waren für sie (und weniger Expertise hatten sie in) wirtschaftspolitische(n) Fragen, welche sie oft den lokalen Wirtschaftseliten (sprich: den Konglomeraten) überließen. Dies stärkte natürlich weiter die Macht der Konglomerate und zementierte den Konglomerat-Kapitalismus als Wirtschaftssystem.

Schließlich waren die USA (bzw. die US-Regierungen) ein wichtiger politischer Akteur in der Entwicklung Lateinamerikas. Insbesondere während des Kalten Krieges lag eines der Hauptinteressen der USA darin, die lateinamerikanischen Länder »in ihrem Hinterhof« kapitalistisch und amerikafreundlich zu halten. Sie mischten deshalb in (wirtschafts-)politischen Belangen teilweise offen und direkt, teilweise verdeckt und indirekt mit, u.a. als Handelspartner und Geldgeber, aber auch durch Geheimdienstaktionen gegen unliebsame Regierungen (z.B. in Guatemala, Chile, Nicaragua) oder Individuen und Gruppen (z.B. durch die sogenannte Operación Condor). Am deutlichsten zeigt sich der US-Einfluss in der schon genannten Washington-Consensus-Politik, die neben Internationalem Währungsfonds und Weltbank auch ganz zentral von US-amerikanischen Politiker:innen befürwortet und unterstützt wurde.

Drittens schließlich spielen auch *sozioökonomische Faktoren* eine wichtige Rolle für die Erklärung des Konglomerat-Kapitalismus. Der wichtigste Faktor dabei ist vermutlich der Reichtum des Kontinents an Ressourcen, deren Abbau in der gesamten modernen Geschichte – wie wir gesehen haben – eine definierende Rolle des Konglomerat-Kapitalismus gespielt hat. Ein weiterer wichtiger Faktor ist die ebenfalls bereits genannte Globalisierung, die in Lateinamerika stark wellenförmig verlief: Nach einer ersten starken Öffnung zu den globalen Märkten im späten 19. Jahrhundert fand Anfang bis Mitte des 20. Jahrhunderts eine relativ starke Schließung (unter der ISI-Politik) statt; mit dem *Washington Consensus* öffneten sich die Länder erneut stark für den internationalen Markt – alle drei Phasen spielten dabei eine wichtige Rolle in der Entwicklung des Konglomerat-Kapitalismus. Darüber hinaus lassen sich auch – durch den Kolonialismus geprägte – sprachlich-kulturelle und religiöse Faktoren anführen, die die Gesellschaften und das Wirtschaftssystem mitgeformt haben.

Insgesamt haben wir gesehen, dass und warum sich in Lateinamerika ein eigener Kapitalismustyp, der Konglomerat-Kapitalismus, entwickelt hat. Wie die anderen Kapitalismustypen hat dieses System bestimmte Stärken und Schwächen. Wie in den anderen Kapiteln auch habe ich dabei vor allem die Gemeinsamkeiten der unterschiedlichen Länder betont. Nicht übersehen werden sollte allerdings, dass es natürlich auch innerhalb des Konglomerat-Kapitalismus weiterhin große Unterschiede zwischen den Ländern gibt. Wer mehr in die regionalen Details eintauchen will, findet gute Übersichten in Hubers (2002) Band *Models of Capitalism: Lessons for Latin America*, in Schneiders *Hierarchical Capitalism in Latin America* (2013) und bei Bizberg (2014). Daneben gibt es eine Reihe sehr guter länderspezifischer Publikationen, z.B. zu Brasilien in Nölke et al. (2020).

Als typischen Arbeitnehmer für die Region habe ich in der Einleitung den fiktiven Jose aus São Paolo vorgestellt. Obwohl er James aus Texas, Andreas aus Stuttgart, László aus Budapest und Haruki aus Tokyo in vielerlei Hinsicht ähnelt, blickt er auf eine ganz andere Bildungs-, Arbeits- und Lebensgeschichte zurück – und das, *weil* er in einem Land mit einem anderen Kapitalismustyp lebt. So ist es, wie wir gesehen haben, nicht erstaunlich, dass er nach nur kurzer schulischer Bildung in sehr vielen unterschiedlichen, jeweils sehr kurzfristigen Anstellungen beschäftigt war: Er ist so unterschiedlichen Tätigkeiten wie der Arbeit in einer Kupfermine, der Herstellung von Orangensaft und dem Vertrieb von Mobiltelefonen nachgegangen – allerdings oft innerhalb desselben Firmenkonglomerats. Außerdem hat er sich – auch das typisch für die Region – mehrfach auf dem informellen Arbeitsmarkt bewegt. Entsprechend ist er auch nicht ganz zu Unrecht davon überzeugt, dass die Gewerkschaften sich »nicht für ihn einsetzen«, weil diese hier tatsächlich mehr auf die Arbeitsmarkt-Insider fokussieren. Es ist ein interessantes Gedankenspiel, Joses Lebenslauf weiterzuspinnen. Ist er stark beeinflusst von Wirtschaftskrisen? Was werden seine Kinder wohl mal machen? Und warum genau hat er eigentlich kein Studium abgeschlossen? Mit dem Wissen über den Konglomerat-Kapitalismus sollte das Weiterspinnen des Lebenslaufs für Leser:innen gut möglich sein.

8. Netzwerk-Kapitalismus: Japan und Ostasien

In Japan und anderen ostasiatischen Ländern finden wir eine weitere hoch spannende Kapitalismusart: den Netzwerk-Kapitalismus. Wie der Name sagt, zeichnet sich dieser durch eine zentrale Rolle von Netzwerken und eine extrem enge Verzahnung vieler Institutionen zur Stärkung dieser Netzwerke aus. In diesem Kapitel geht es systematischer um die Charakteristika des Netzwerk-Kapitalismus, seine Konsequenzen und Ursachen. Beginnen wir mit drei Anekdoten, die vielleicht zunächst unzusammenhängend und verwunderlich klingen mögen, jeweils aber Kernaspekte des Netzwerk-Kapitalismus illustrieren.

Der weltbekannte Konzern Samsung ist das größte Unternehmen Südkoreas. Der de-facto-Chef von Samsung ist Lee Jae-yong, der einzige Sohn des langjährigen Konzernchefs Lee Kun-hee. Zwischen 2017 und 2021 liefen einige Gerichtsverfahren gegen Lee Jae-yong – unter anderem wurde er wegen Korruption und Bestechung in Millionenhöhe (u.a. der südkoreanischen Präsidentin Park Geun-hye), Marktmanipulation, Veruntreuung, Bilanzbetrug und illegalem Drogenkonsum angeklagt und zu einer mehrjährigen Haftstrafe verurteilt. Im Sommer 2022 wurde Lee jedoch von der Regierung begnadigt. Der Grund: Südkorea steckte in einer wirtschaftlichen Rezession. Lee könne und solle mit Samsung dazu beitragen, der schwächelnden koreanischen Wirtschaft auf die Sprünge zu helfen.[36] Lee steht damit gleich doppelt in guter Familientradition, denn auch sein Vater war wegen Korruption und Steuerhinterziehung verurteilt worden – und auch er erhielt durch den damaligen Präsidenten eine Amnestie.[37] Genereller ist es in Südkorea üblich, dass hochrangige Chefs der großen Konzerne (*chaeböl* genannt) zwar immer wieder verurteilt werden, ihre Strafen dann aber oft in Bewährungsstrafen umgewandelt oder ausgesetzt werden (man spricht von der *chaeböl negotiation rule*). Wir werden im Laufe dieses Kapitels sehen, inwiefern dies bezeichnend für den – oder zumindest ein Symptom des – Netzwerk-Kapitalismus ist.

Kommen wir aber zunächst zu einem ganz anderen, aber ähnlich bezeichnenden Beispiel: Arbeitnehmer in Japan bleiben oft lebenslang in ein und demselben Unternehmen bzw. Unternehmensnetzwerk (*keiretsu*) beschäftigt. Arbeiter:innen binden sich nach der Schule oder Hochschule an einzelne Unternehmen und bleiben diesem gegenüber lebenslang loyal. Wer nach der Schule in einem keiretsu Ausbildung und Arbeit beginnt, wird vermutlich nie in ein anderes, konkurrierendes keiretsu wechseln. Gleichzeitig sind Kündigungen durch die Unternehmen untypisch – selbst »redundante« Arbeiter:innen, die von den Firmen nicht mehr benötigt werden, werden oft von den Unternehmen weiterbeschäftigt und teilweise sogar an andere Unternehmen »ausgeliehen« (im sogenannten *shukko*-System), wenn dort Bedarfe bestehen. Auf den ersten Blick verwundert dies, und man fragt sich: Warum sind die Arbeitskarrieren so »starr«? Warum versuchen die Arbeitnehmer:innen nicht, über Jobwechsel ihre Position zu verbessern? Und warum behalten die Unternehmen Arbeitnehmer:innen, die sie nicht mehr brauchen? Auch dies lässt sich durch die Eigenheiten des Netzwerk-Kapitalismus erklären.

Ein letztes illustrierendes Beispiel für diesen Kapitalismustyp ist, dass zwar ein großer und gewichtiger Aktien- und Finanzmarkt existiert (wie im Liberalen Kapitalismus), ungewollte

Übernahmen eines Unternehmens durch andere (insbesondere aus dem Ausland) aber sehr unüblich sind. Auch dies ist verwunderlich und passt auf den ersten Blick nicht zusammen. Wie kann die Wirtschaft gleichzeitig stark finanzialisiert sein und die Unternehmen trotzdem relativ isoliert und geschützt vor Übernahmen? Auch dies ist eine Besonderheit des Netzwerk-Kapitalismus.

Schauen wir uns also die Charakteristika des Netzwerk-Kapitalismus systematisch entlang der fünf institutionellen Arenen an, beginnend diesmal mit den inner- und zwischenbetrieblichen Beziehungen, weil diese den Netzwerk-Kapitalismus am meisten prägen. Im Folgenden fokussiere ich zunächst auf Japan, das klarste Beispiel dieses Kapitalismustyps. Anschließend schauen wir vergleichend auf andere ostasiatische Länder mit der Frage, ob sich in allen (ost-)asiatischen Staaten derselbe Kapitalismustyp findet oder welche Unterschiede es gibt.

Zentrale Merkmale des Netzwerk-Kapitalismus

1. Inner- und (2.) zwischenbetriebliche Beziehungen

Japans Wirtschaft ist dominiert von mächtigen Netzwerken zwischen Unternehmen, Banken, Versicherungen und Handelshäusern – den sogenannten keiretsu. Die einzelnen Unternehmen bleiben zwar unabhängig, befinden sich aber de facto in enger Abstimmung miteinander. Diese Netzwerke lassen somit die Übergänge zwischen einzelnen Unternehmen verschwimmen, weswegen die »innerbetrieblichen« und »zwischenbetrieblichen« Beziehungen in diesem Kapitel auch zusammen betrachtet werden.

Historisch lässt sich die Entstehung dieser Unternehmensnetzwerke bis ins 19. Jahrhundert zurückverfolgen. Vor den Weltkriegen existierten die keiretsu zwar noch nicht, aber sogenannte *zaibatsu*, wörtlich etwa »vermögende Clane«. Die zaibatsu waren mächtige Industrie-Konglomerate, die in der Zeit des Meiji-Kaiserreichs entstanden (1868–1947) – mehr dazu später noch bei der Diskussion der Ursachen für die Entstehung dieses Kapitalismustyps. Die zaibatsu waren stark hierarchisch organisiert: Eine übergeordnete Firma (Holding) stand an der Spitze einer Unternehmenspyramide. Diese war außerdem üblicherweise in Familienbesitz, nicht unähnlich den Konglomeraten im heutigen Konglomerat-Kapitalismus in Lateinamerika. In den 1930er und 1940er Jahren wurden viele zaibatsu verstaatlicht und auf militärische Zwecke und die Kriegswirtschaft zugeschnitten (Tomeczek 2022).

Mit dem Ende des Zweiten Weltkriegs war die Zerschlagung dieser (militär-)industriellen Konglomerate entsprechend auch ein Hauptziel der amerikanischen Besatzung in Japan. Verschiedene Anti-Monopol-Gesetze sollten helfen, diese aufzulösen und in der Zukunft unmöglich zu machen.

Dies gelang jedoch nur teilweise. Nach dem Abzug der Amerikaner formierte sich schnell ein Nachfolgemodell: die keiretsu. Diese waren – und sind bis heute – enge Netzwerke aus Unternehmen und Finanzinstitutionen, üblicherweise bestehend aus jeweils einer großen Bank, einer großen Lebensversicherung, einem oder mehreren Handelshäusern sowie einer großen Zahl an Industrieunternehmen in allen wichtigen industriellen Sektoren. Über die Zeit ist die Unternehmenslandschaft zwar diverser geworden und die Bedeutung der keiretsu hat etwas abgenommen (Aoki et al. 2007; Lechevalier 2014), doch spielen die Unternehmensnetzwerke in diesem Kapitalismustyp immer noch eine wichtige Rolle.

Die heutigen keiretsu sind zwar meistens nicht mehr in Familienbesitz und ihnen fehlt die »übergeordnete« Holding der zaibatsu, aber ihre interne Struktur ist weiterhin hierarchisch:

Die Unternehmensführung gibt die Ziele und Strategien vor – das Unternehmen und die Belegschaft folgen. Im Gegensatz zum Top-down-Management im Liberalen Kapitalismus finden sich allerdings auch ein paar partizipative Elemente, insofern das Management wichtige Entscheidungen mit anderen Stakeholdern abstimmt oder diese zumindest darauf vorbereitet. Dieser Prozess wird *nemawashi* genannt – wörtlich das »Versetzen der Wurzeln«: Wichtige Entscheidungen werden mit (wichtigen) Betroffenen vorbesprochen, nicht zuletzt aus kulturellen Gründen, um öffentlichem Konflikt und der Bloßstellung Einzelner vorzubeugen. Ausführlicher werden wir dies in den folgenden Abschnitten zu Unternehmenskontrolle und Arbeitsbeziehungen betrachten.

Konkreter können zwei Arten von *keiretsu* unterschieden werden: »vertikale« (finanzielle) keiretsu und »horizontale« (industrielle) keiretsu. In den vertikalen keiretsu sind viele Firmen in verschiedenen Industriezweigen durch ein Netzwerk mit einer Bank im Zentrum verbunden. Die traditionellen großen vertikalen keiretsu (»Big Six«) sind: Mitsui, Mitsubishi und Sumitomo, die auch schon auf die Vorkriegszeit der zaibatsu zurückgehen, sowie aus der Nachkriegszeit Fuji/Fuyo, Sanwa und Dai-Ichi Kangyo (DKB). Die horizontalen keiretsu dagegen bestehen aus vielen Firmen eines Industriezweigs um eine Lieferkette herum – die prominentesten Beispiele finden sich im Automobilsektor, etwa Honda, Mazda, Nissan und Toyota; aber auch in anderen Industriezweigen gibt es ähnliche Strukturen, beispielsweise bei den Elektrogeräte- und Maschinenherstellern Canon, Fujitsu, Hitachi oder Toshiba.

Innerhalb der Netzwerke (früher zaibatsu, später keiretsu) bestehen verschiedene enge Verzahnungen, z.B. hinsichtlich Finanzen (siehe nächster Abschnitt) und Personal (siehe übernächster Abschnitt). Darüber hinaus gibt es enge Netzwerke auch in der

Forschung und Entwicklung (R&D), die sogar über verschiedene keiretsu hinweg sowie zwischen Unternehmen und dem Staat existieren können. Nicht zuletzt gibt es enge Verbindungen zwischen der wirtschaftlichen und der politischen Elite: Man spricht auch vom »Eisernen Dreieck« (*iron triangle*) zwischen Wirtschaft, der Dauer-Regierungspartei LDP und der Staatsbürokratie, letztere insbesondere im sogenannten MITI angesiedelt, dem Ministerium für Internationalen Handel und Industrie, das lange Strippenzieher der japanischen Wirtschaftspolitik war.

3. Unternehmensfinanzierung und -kontrolle

Im Zentrum der keiretsu steht üblicherweise eine Bank, so dass die Unternehmensfinanzierung auch als bankenbasiert, bankenzentriert und bankengeführt beschrieben werden kann. Wie im Koordinierten und im Konglomerat-Kapitalismus spielen Banken also eine zentrale Rolle. Gleichzeitig ist aber, wie im Liberalen Kapitalismus, der Finanzmarkt groß. Wie passt das zusammen?

Eine Haupterklärung und ein zentrales und bezeichnendes Element des Netzwerk-Kapitalismus, das sich in dieser Form auch nirgendwo anders findet, ist das sogenannte *mochiai:* Die Unternehmen innerhalb eines keiretsu besitzen jeweils Anteile aneinander. So ergibt sich eine sehr dichte Verflechtung der Unternehmen und Banken untereinander, die jeweils wechselseitige Mit-Anteilseigner sind: Unternehmen A kauft Anteile von Unternehmen B und C, Unternehmen B kauft Anteile von A und C usw. Dies erklärt auch das am Anfang dieses Kapitels beschriebene Phänomen, dass die Wirtschaft zwar insgesamt stark finanzialisiert und der Finanzmarkt groß ist (was den Netzwerk-Kapitalismus auch vom Koordinierten Kapitalismus unterscheidet), ungewollte Übernahmen aber trotzdem unüblich bleiben, weil es innerhalb der keiretsu immer genug Mit-Anteilseigner gibt, die ungewollte Übernahmen verhindern und zumindest eine Sperrminorität behalten können (anders als im Liberalen Kapitalismus). Ein substanzieller Teil der Anteile wird somit gar nicht gehandelt. McGuire und Dow (2009) schätzen den Anteil von Aktien, der nicht wirklich »auf dem Markt« ist, auf 23 bis 42 Prozent; frühere Studien über die 1980er Jahre setzen diese Zahlen sogar noch weit höher an (Estévez-Abe 2008: 186). Zusätzlich zu der finanziellen Verflechtung sind die Unternehmen und Finanzinstitutionen üblicherweise auch gegenseitig in den Vorstand oder das Management der jeweils anderen Unternehmen integriert, so dass neben den finanziellen auch enge personelle Netzwerke entstehen.

Der historische Zenit des mochiai-Systems war in den 1980er Jahren. In den 1990er Jahren, spätestens seit der »Asienkrise« 1997/98, waren Japan und viele andere asiatische Länder von wirtschaftlicher Rezession und dem Platzen einer großen Kreditblase herausgefordert. In der Folge drängten zunehmend internationale Investoren in die Region und wurden auch bereitwillig aufgenommen, da viele Banken zu dieser Zeit in wirtschaftlichen Schwierigkeiten steckten. Dies löste eine Reihe von Veränderungen aus: Die gegenseitigen Anteilseignerschaften (mochiai) sanken, die Zahl und der Besitz ausländischer Anteilseigner stieg deutlich an (auf etwa ein Viertel bis ein Drittel), und manche keiretsu sahen sich gezwungen zu fusionieren, so dass man heute drei finanzielle »super keiretsu« (Tomeczek 2022) unterscheidet: die Mitsubishi UFJ Financial Group, die Sumitomo Mitsui Financial Group und die Mizuho Financial Group. Einerseits wurden somit zentrale Charakteristika des Netzwerk-Kapitalismus herausgefordert. Andererseits scheint dies jedoch eher zu einer Transformation als zum Ende des Netzwerk-Kapitalismus geführt zu haben. Banken und andere Stakeholder sind bis heute zentral, und es zeigt sich insgesamt ein eher geringer Wandel, vor allem in den großen und eng verzahnten Netzwerken

(Ahmadjian/Robbins 2005). In jüngster Zeit scheint mochiai sogar wieder an Bedeutung zu gewinnen (Nakamura 2011).

Neben der Fokussierung auf Banken und dem mochiai-System muss eine weitere wichtige Finanzquelle der Unternehmen genannt werden: Die Unternehmensnetzwerke leihen sich Geld bei ihren eigenen Arbeitnehmern. Dies geschieht auf verschiedene Weisen. Zum einen bieten die Unternehmen den Arbeitnehmern hohe Zinsen an, wenn sie sich Teile ihres Gehaltes nicht direkt auszahlen lassen. Diese sind wiederum staatlich insofern stark begünstigt, als sie von Besteuerung befreit sind. Die Unternehmen können somit kostengünstig Kapital nutzen und die Arbeitnehmer davon profitieren. Ähnliches passiert, zweitens, durch Rentenfonds, Lebensversicherungen und teilweise durch andere Sozialleistungen: Renten werden in der Regel nicht staatlich organisiert, sondern von den Unternehmen selbst gezahlt und verwaltet, mit der Konsequenz, dass diese auf riesige Rentenfonds zurückgreifen können, welche ihnen geduldiges Kapital bereitstellen. Estevez-Abe (2008: 189) spricht von »uncapitalist capital«, also unkapitalistischem Kapital. Wie wir genauer im nächsten Abschnitt sehen werden, ist dies umgekehrt auch ein Grund, warum Arbeitnehmer meistens nicht die Unternehmen wechseln wollen – denn diese zahlen nicht nur ihre aktuellen Gehälter, sondern auch ihre zukünftigen Renten, welche bei einer Kündigung verloren gehen würden.

4. Arbeitsbeziehungen

In den vorherigen Kapiteln haben wir gesehen, dass die Arbeitsbeziehungen im Liberalen Kapitalismus durch das Vorherrschen einer Hire-and-fire-Kultur geprägt sind, während im Koordinierten Kapitalismus langfristigere Beschäftigungsverhältnisse üblicher sind; im Konglomerat-Kapitalismus und im Abhängigen Kapitalismus herrschen atomisierte Arbeitsbeziehungen mit schwachen oder auf Arbeitsmarkt-Insider fokussierten Gewerkschaften vor. Wie ist dies im Netzwerk-Kapitalismus?

Japan und andere Länder mit Netzwerk-Kapitalismus zeichnen sich durch extrem lange Arbeitsbeziehungen und sehr stabile Arbeitsbedingungen aus: Üblich ist, dass Arbeitnehmer nach dem Schulabschluss bis zum Renteneintritt in demselben Unternehmen beschäftigt sind – und selbst danach weiter an das Unternehmen gebunden sind, weil sie ihre Renten in der Regel von den Unternehmen beziehen, wie wir bereits gesehen haben. Man spricht vom sogenannten »lifetime employment«, der lebenslangen Beschäftigung – im Folgenden: Lebenszeitbeschäftigung. Passender ist eigentlich »lifetime commitment« (*shūshin koyō*) (Abegglen 1958), weil die Bindung der Arbeitnehmer an das Unternehmen und der Unternehmen an die Arbeitnehmer auch über die reine Beschäftigung hinausgeht und teilweise fast familiäre Züge annimmt. So spricht man – etwas klischeehaft, aber mit wahrem Kern – auch von den »Salarymen«, den ihrem Unternehmen gegenüber bedingungslos loyal ergebenen Beschäftigten, die nicht nur ihre komplette Arbeitszeit (inklusive hoher Überstunden) dem Unternehmen widmen (müssen), sondern auch den Feierabend mit Chefs und Kolleg:innen (z.B. mit Karaoke und Alkoholexzessen) verbringen (müssen). Die hohe Arbeitsbelastung führt so weit, dass es sogar spezielle Begriffe für »Tod durch Überarbeitung« gibt (japanisch: *karoshi*; koreanisch *kwarosa*; chinesisch: *guolaosi*).

Während und nach der Asienkrise der späten 1990er Jahren begann auch das Lebenszeitbeschäftigungssystem in die Kritik zu geraten und war weniger dominant. Es bleibt aber bis heute ein zentrales Element des Netzwerk-Kapitalismus, insbesondere für männliche Beschäftigte in den größeren keiretsu und in den zentralen Industriezweigen, und ist bis heute sichtbar und prägend. Ono (2010) schätzt, dass heute im Schnitt etwa zwanzig Prozent der Beschäftigten in Japan Lebenszeitbeschäftigung genießen, wobei der Anteil sehr viel höher ist bei Männern, Arbeitnehmern in großen Firmen und Beschäftigten mit höherem Bildungsabschluss. Kambayashi und Kato (2016) zeigen in einem Vergleich von Japan und den USA, dass Lebenszeitbeschäftigung immer noch ein klares Charakteristikum der japanischen Wirtschaft ist und es selbst nach der Asienkrise von 1997 und der globalen Finanzkrise 2008 nicht zur Konvergenz der beiden Systeme gekommen ist.

Aber warum und wie binden sich Arbeitnehmer und Unternehmen lebenslang aneinander? Eine Reihe von Institutionen sorgt dafür, dass diese langfristigen Bindungen entstehen und bestehen. Ein Hauptgrund ist das sogenannte *nenkō*-System, welches Seniorität belohnt: Die Löhne und Gehälter der Beschäftigten steigen üblicherweise mit zunehmender Dauer der Beschäftigung im Unternehmen (stark) an. So ist es nicht unüblich, dass Beschäftigte direkt nach der Schule zwar wenig verdienen, aber nach einigen Jahren oder Jahrzehnten mit deutlich höheren Löhnen rechnen können. Wechselt man das Unternehmen, verliert man die Seniorität. Dies setzt entsprechend Anreize zur langfristigen Beschäftigung und macht Jobwechsel unattraktiv.

Verstärkt werden diese Senioritätseffekte dadurch, dass auch die schon beschriebenen unternehmensspezifischen Renten sowie andere Sozialleistungen an die Beschäftigung in einem Unternehmen gebunden sind. Verlässt man das Unternehmen frühzeitig, riskiert man also nicht nur aktuelle Gehaltseinbußen, sondern auch den Verlust von Rentenbezügen. Ähnliches passiert darüber hinaus auf dem Wohnungsmarkt: Viele Unternehmen, insbesondere größere keiretsu, bieten ihren Arbeitnehmern subventionierte Wohnungen und Häuser zur Miete an – verlässt man das Unternehmen, riskiert man also auch das eigene Dach über dem Kopf. Schließlich hat Japan eine strikte Gesetzgebung zum Kündigungsschutz und eine entsprechende gerichtliche Rechtsprechung, die nicht nur Anreize und Kosten für einzelne Arbeitnehmer beeinflusst, sondern auch für die Unternehmen stark reguliert, unter welchen Bedingungen sie Arbeitnehmer überhaupt entlassen können. Kurzum: Im Netzwerk-Kapitalismus sind viele Institutionen darauf ausgerichtet, Anreize für langfristige Beschäftigung zu setzen und Arbeitnehmer an einzelne Unternehmen bzw. keiretsu zu binden.

Dies gilt umso mehr für größere Unternehmen und mächtigere keiretsu: Die größeren Unternehmen(snetzwerke) bieten meistens höhere Löhne und Leistungen als kleinere Unternehmen, so dass die besten Schul- und Hochschulabsolvent:innen in die größeren Unternehmen drängen. Der Staat begünstigt dies durch Steuererleichterungen und andere Anreize. Insgesamt führt dies dazu, dass die großen keiretsu zusätzlich gestärkt werden, was ihre Macht und Bedeutung stabilisiert und ausbaut.

Welche Rolle spielen Gewerkschaften in diesen Prozessen? Die Gewerkschaften in Japan und anderen netzwerkkapitalistischen Ländern sind – was mitdenkende Leser:innen an dieser Stelle nicht mehr überraschen mag – auf der Ebene der einzelnen Unternehmen bzw. keiretsu organisiert. Es existieren keine nationalen oder industrieweiten Verhandlungssysteme. Während es in den 1940er und 1950er Jahren noch starke Arbeiterkämpfe gab (mehr dazu weiter unten im Teil zur politischen Entstehung dieses Kapitalismustyps), sind die Gewerkschaften den Unternehmen gegenüber mittlerweile kooperativ. Sie sehen sich nicht als Gegenspieler der Unternehmen (wie Marx mit dem Konflikt von Arbeit und Kapital annimmt), sondern als Teil des Unternehmens und versuchen die Arbeitsbeziehungen innerhalb der Firmen zu verbessern, aber nicht *gegen* das Unternehmen, sondern *mit* ihm. Die Gewerkschaftsdichte ist relativ niedrig (zwischen 15 und 20 Prozent), d.h., maximal jeder fünfte Arbeitnehmer ist Gewerkschaftsmitglied.

Ein interessantes Element der Gewerkschaftspolitik, welches die gewerkschaftlichen Organisationen trotz geringer Mitgliedswerte etwas mächtiger macht, ist das sogenannte *shuntō*: die »Frühjahrsoffensive« der Gewerkschaften. Mit ihr kündigen die Gewerkschaften für jedes Frühjahr Streiks an, die auch branchen- und unternehmensübergreifend stattfinden. Unüblich ist dabei nicht nur die kalendertreue Durchführung in jedem Frühjahr (welche diese Streiks für die Arbeitgeber gut planbar macht), sondern auch ihre Aufnahme, bevor Verhandlungen überhaupt stattfinden. Nachdem sich das System einmal so etabliert hatte (mehr dazu weiter unten), hat es erfolgreich zu Lohnsteigerungen beitragen können, die über den Preissteigerungsraten lagen (Takanashi et al. 1996). Die kleinen Gewerkschaften orientieren sich in diesem System an den Verhandlungsforderungen der größeren Gewerkschaften und versuchen deren Erfolge auf ihre eigenen Aktivitäten zu übertragen. Die jeweiligen Verhandlungen verbleiben aber auf Unternehmens- bzw. keiretsu-Ebene und sind generell von Kooperation geprägt, womit sie zentrale Elemente des Netzwerk-Kapitalismus stärken.

Als letzte Institution innerhalb der Arbeitsbeziehungen sei schließlich das sogenannte *shukko*-System genannt, ohne das man den Netzwerk-Kapitalismus nicht verstehen kann. Shukko bedeutet, dass Arbeiter:innen innerhalb des jeweiligen keiretsu von einem Unternehmen an ein anderes ausgeliehen werden. So werden sie zwar formal weiter im ursprünglichen Unternehmen beschäftigt, sind de facto aber woanders tätig. Dies passiert aus zwei Hauptgründen. Erstens: Wir haben gesehen, dass und warum im Netzwerk-Kapitalismus lebenslange Beschäftigung in einem Unternehmen üblich ist. Während dieses System zwar zahlreiche Vorteile für die Beschäftigten und das Unternehmen hat (mehr dazu weiter unten bei »Stärken und Schwächen«), führt es gleichzeitig dazu, dass teilweise auch Arbeitnehmer weiterbeschäftigt werden (müssen), die das Unternehmen nicht mehr braucht. Um Kosten zu vermeiden, verleihen Unternehmen nicht mehr benötigte Arbeiter:innen an andere Unternehmen – oft sind dies eher ältere Menschen. Zweitens findet shukko auch statt, um Wissenstransfer zwischen verbundenen Unternehmen zu befördern. Dies betrifft vor allem jüngere Menschen, die an andere Unternehmen ausgeliehen werden, um dort bestimmte Fähigkeiten zu erlernen oder einzubringen. Forschung zu Arbeitsmarktverläufen zeigt, dass diese Transfers besonders von großen zu kleineren Unternehmen und von schrumpfenden zu wachsenden Industriezweigen stattfinden (Futagami et al. 1998).

5. *Bildungssystem*

Kommen wir abschließend zum Bildungssystem. Auch dieses passt – wie es die Theorie der institutionellen Komplementaritäten erwarten lässt – sehr gut in das Gefüge der bisher beschriebenen Institutionen. Das japanische Schulsystem ist ein Gesamtschulsystem – eher dem amerikanischen oder skandinavischen als dem deutschen ähnlich. Tracking, also das Aufteilen von Kindern in unterschiedliche Schultypen, findet erst relativ spät statt. Das Leistungsniveau ist insgesamt hoch, wie sich u.a. in regelmäßig guten PISA-Ergebnissen zeigt. Gleichzeitig erreicht Japan in seinem Schulsystem ein relativ hohes Maß an Bildungsgleichheit – anders als beispielsweise das deutsche System, das Kinder sehr früh »tracked« (in Gymnasium, Realschule, Hauptschule und andere Schultypen) und dadurch stärker familiäre Hintergründe reproduziert.

Am Ende des Schulsystems erwarten die Schüler:innen Abschluss- bzw. Aufnahmeprüfungen, die über den weiteren Bildungsweg entscheiden, indem sie beeinflussen, ob und in welche

Hochschulen und andere postsekundäre Bildungseinrichtungen die Schüler:innen aufgenommen werden. Die Prüfungen sind verschrien als »examination hell« – als Prüfungshölle, denn Kinder sowie deren Familien stehen oft unter großem Druck und sind stark gestresst, was sogar in einer erhöhten Selbstmordrate resultiert. Ein Forscher charakterisiert dies wie folgt: »Just as the Japanese adults are supposed to be workaholics, [...] the kids have become testaholics.«[38] Die historischen Ursprünge dieses Prüfungssystems liegen im Meiji-Kaiserreich des 19. Jahrhunderts, wo es zur Auswahl der zukünftigen Elite des Landes beitragen sollte. Bis heute erfüllt dieses Prüfungssystem diese Funktion, insofern es über die weitere Karriere in einem stark hierarchischen postsekundären Bildungssystem und Arbeitsmarkt entscheidet und damit den restlichen Lebensverlauf stark prägt.

Nach der Schule bietet das japanische System zwei Möglichkeiten: einerseits eine berufliche Ausbildung, andererseits ein Hochschulstudium. Das Hochschulsystem war bis in die 1960er Jahre hochgradig elitär – weniger als fünf Prozent jeder Alterskohorte studierten. Die wenigen existierenden Hochschulen waren hoch selektiv und staatlich stark reguliert. In den 1960er Jahren geriet diese Hochschulpolitik zunehmend unter Druck, einerseits durch Arbeitgeber, die sich mehr Hochschulabsolvent:innen wünschten, andererseits durch eine sich formierende Studentenbewegung, die auf die Öffnung und Liberalisierung der Hochschulen drängte. In der Folge änderte die regierende konservative Partei (LDP), die nahezu in der gesamten Nachkriegszeit die Regierung stellte, ihre Politik grundlegend und verzichtete auf die Beschränkung des Zugangs zu Hochschulen und der Gründung von privaten Hochschulen. Als Folge schossen nun viele neue private Hochschulen aus dem Boden, und es fand ein massiver Hochschulausbau statt – verbunden mit einer starken Privatisierung, denn die LDP-Regierung war nicht bereit, zusätzliche öffentliche Gelder in den Hochschulausbau zu investieren. Folglich wurden massive Studiengebühren ein ganz zentrales Element des Hochsystems – nur in den wenigen staatlichen Hochschulen studierte »die Elite« weiter gebührenfrei. In den späten 1970er Jahren wechselte die LDP-Regierung noch einmal ihren Kurs, indem sie begann, den Hochschulzugang wieder zu regulieren und zu beschränken, um ihn kurz darauf, in den 1980er Jahren, wieder zu öffnen (für Details siehe Garritzmann 2016). Nicht geändert wurde dabei der starke Fokus auf private Hochschulen und private Bildungsausgaben in Form von Studiengebühren. Als Resultat ist Japan (ebenso wie Korea und andere Länder) heute durch ein stark privatisiertes, hierarchisches, gebührenabhängiges Hochschulsystem geprägt. Die Hierarchie bzw. das Ranking der Hochschulen und das Abschneiden der Absolvent:innen darin beeinflussen dann später deren Arbeitsmarktchancen: je prestigeträchtiger die Hochschule, desto wahrscheinlicher die Anstellung in einem der großen keiretsu.

Neben dem Hochschulsystem existiert in Japan ein starkes Berufsbildungssystem. Lange Zeit war dies, ähnlich wie in Deutschland, der »Standardweg« für junge Leute – nicht zuletzt, da der Zugang zu den elitären Hochschulen stark begrenzt und daher für die Mehrheit unrealistisch war. Anders als in Deutschland findet die berufliche Bildung in Japan und anderen Netzwerk-Kapitalismen vollständig innerhalb der Unternehmen statt (also ohne den Ausbildungsteil in der Berufsschule und die staatliche Regulierung des deutschen Systems). Sowohl der Staat als auch die Gewerkschaften haben dabei wenig Mitspracherecht. Die keiretsu wählen hier Jugendliche direkt nach Schulabschluss aus und bilden diese dann innerhalb des Unternehmens aus und fort. Wegen des Systems der Lebenszeitbeschäftigung (s.o.) haben dabei sowohl die Unternehmen als auch die einzelnen Lernenden ein großes Interesse daran, möglichst hochqualitative

Fähigkeiten auszubilden, denn sie müssen nicht fürchten, dass diese zu konkurrierenden Unternehmen abwandern (*poaching*). Anders als im Liberalen Kapitalismus ist die Ausbildung somit hochqualitativ, obwohl sie nur innerhalb der Unternehmen geschieht. Es gibt auch *schulische* berufliche Bildung (wie etwa in Schweden), aber diese wird im Vergleich zu der Ausbildung in den Unternehmen als qualitativ minderwertig wahrgenommen.

Auch das (Aus-)Bildungssystem ist also auf die Bedürfnisse der keiretsu-Unternehmensnetzwerke zugeschnitten und von diesen geprägt. Es bildet damit ein zentrales und prägendes Element des Netzwerk-Kapitalismus, welches eng mit den anderen Institutionen dieses Kapitalismustyps verzahnt ist.

Existiert der Netzwerk-Kapitalismus nur in Japan?

Die Darstellung in diesem Kapitel hat bislang auf den japanischen Fall fokussiert, insofern dieser das klarste und anschaulichste Beispiel des Netzwerk-Kapitalismus liefert. Finden wir denn in ganz Asien dieselbe Form von Kapitalismus? Im Folgenden soll gezeigt werden, dass der japanische Fall zwar das klarste und extremste Beispiel dieses Kapitalismustyps ist, andere Staaten (insbesondere Korea und Taiwan, aber auch Thailand) diesem Typ jedoch ähneln – was nicht verwundern sollte, da diese Staaten sich auch stets an der »regionalen Supermacht« Japan orientiert haben. Es würde den Rahmen sprengen, die Charakteristika des Kapitalismus aller asiatischen Länder hier im Detail darzustellen – das kann und soll dieser Einführungsband gar nicht leisten. Es folgt daher zunächst ein knapper Überblick über Systeme, die dem japanischen ähneln und ebenfalls Formen des Netzwerk-Kapitalismus etabliert haben. Beginnen wir mit den anderen beiden nordostasiatischen Staaten Korea und

Taiwan, die dem japanischen Modell des Netzwerk-Kapitalismus am ähnlichsten sind, und kommen dann auf andere asiatische Länder zu sprechen.

Korea

Dem japanischen System am ähnlichsten ist das Wirtschaftssystem in Korea. Mit »Korea« ist hier und im Folgenden selbstverständlich Südkorea gemeint, denn Nordkorea ist eine geschlossene Autokratie mit sozialistischer Planwirtschaft.

Wie in Japan sind auch in Korea mächtige Unternehmensnetzwerke dominant: die *chaebŏl* (manchmal auch *jaebol* oder *jaeboel* geschrieben). Sie sind mehrheitlich in Familienbesitz und ähneln eher den japanischen Vorkriegs-zaibatsu als den heutigen keiretsu. Interessanterweise besteht hier sogar ein etymologischer Zusammenhang, denn das japanische zaibatsu und das koreanische *chaebŏl* werden mit denselben chinesischen Zeichen geschrieben (財閥) und nur in den unterschiedlichen Sprachen unterschiedlich ausgesprochen. Das bekannteste Beispiel für chaebŏl ist Samsung, der größte Wirtschaftskonzern in Südkorea. Zur Größenordnung: Die 15 größten Unternehmen innerhalb des Samsung-Netzwerks sind allein für zwanzig Prozent des koreanischen Bruttoinlandprodukts verantwortlich.[39] Andere wichtige und bekannte chaebŏl sind Hyundai, SK, LG oder Lotte. Die chaebŏl stehen untereinander im Wettbewerb.

Wie in Japan die keiretsu sind die chaebŏl inner- und zwischenbetrieblich durch stark hierarchische Netzwerkstrukturen geprägt. Anders als in den japanischen keiretsu sind aber knapp die Hälfte der chaebŏl in Familienbesitz (Witt 2014: 220) und damit eher zaibatsu ähnlich. Die Netzwerke innerhalb der chaebŏl sind sehr eng; darüber hinaus bestehen enge Verflechtungen auch mit der Politik, und Korruption ist üblich – wie das am Anfang dieses Kapitels angeführte Beispiel von Samsung-Chef Lee Jae-yong illustriert hat. Dies zieht sich bis auf die private und persönliche Ebene – so zeigen Analysen, dass Mitglieder der chaeböl-Familien oft innerhalb des chaeböl im selben »Rang« heiraten, teilweise auch über chaeböl-Familien hinweg; historisch waren auch Hochzeiten zwischen chaeböl-Familien und führenden Politiker:innen üblich.[40]

Wie im japanischen mochiai-System ist gegenseitige Anteilseignerschaft üblich, ebenso wie »pyramidenartige« Anteilseignerschaft. In letzterer halten die Familienbesitzer des Unternehmens (mindestens) Sperrminoritäten an den hierarchisch höchsten Unternehmen des Netzwerks, welche wiederum Sperrminoritäten an anderen, rangniedrigeren Unternehmen besitzen. So bleiben die Unternehmen selbst bei vermeintlichem Streubesitz in der Kontrolle einzelner Familien.

Ähnlich wie in Japan spielen Banken eine zentrale Rolle bei der Unternehmensfinanzierung. Anders als in Japan waren die zentralen Banken historisch (während der autokratischen Zeit bis in die 1990er Jahre) aber in Staatsbesitz. Der Finanzmarkt blieb lange überschaubar. Die staatlichen Banken liehen international Geld, um dieses an die Unternehmen, insbesondere in favorisierten Wirtschaftssektoren, weiterzureichen und damit die Wirtschaft zu steuern. Die meisten Gelder flossen dabei an bereits erfolgreiche Industrieunternehmen, was zum weiteren Wachsen und Erstarken der mächtigen chaeböl beitrug (Janelli 1993: 63). Die hohe Auslandsverschuldung der Banken und der Wirtschaft generell war später dann ein Grund, der zur Asienkrise 1997 beitrug. In der Folge wurden Banken zunächst re-nationalisiert, später wieder privatisiert, aber mit der Auflage an die chaeböl, weniger bankenbasiert zu wirtschaften; auch sollte der Verschuldungsgrad (*debt-to-equity ratio* zwischen Fremd-

und Eigenkapital) 200 Prozent nicht mehr übersteigen – vor der Asienkrise war dieser auf 590 Prozent gestiegen. Wie Japan ist und bleibt Korea aber ein bankenzentriertes Wirtschaftssystem.

Wie in Japan sind die koreanischen Gewerkschaften eher schwach und haben relativ wenige Mitglieder. Das kommt nicht zuletzt daher, dass sie unter der autokratischen Regierung lange unterdrückt und erst mit der Demokratiebewegung gestärkt wurden. Die Gewerkschaftslandschaft ist stark fragmentiert; ursprünglich waren die Gewerkschaften wie in Japan auf Unternehmensebene organisiert und teilweise kooperativ, teilweise militant – aber es gibt Bewegung in Richtung industrie- und sektorenweiter Gewerkschaften und der Zentralisierung unter zwei großen Dachverbänden. Versuche, korporatistischen Tripartismus, also institutionalisierte Verhandlungssysteme zwischen Arbeitgebern, Gewerkschaften und Regierung (wie in Deutschland und Schweden), einzuführen, sind jedoch gescheitert.

Korea hat ein System der Lebenszeitbeschäftigung nach japanischem Vorbild etabliert, das aber (besonders seit der Asienkrise 1997) weniger verbreitet ist als in Japan und vor allem in den größeren chaeböl genutzt wird. Als Folge ist der Arbeitsmarkt stark dualisiert, indem unterschiedliche Arbeitnehmer unterschiedlich gut und sicher beschäftigt sind. Außerdem bestehen große Unterschiede zwischen dem privaten und dem öffentlichen Sektor sowie geschlechterbezogene Unterschiede.

Koreas Bildungssystem ähnelt dem Japans. Ein wichtiger Unterschied ist jedoch, dass die Hochschulexpansion in Korea sehr viel weiter gegangen ist als in Japan. Mittlerweile nehmen fast alle Koreaner:innen nach dem Schulabschluss ein Hochschulstudium auf. Die Bedeutung der beruflichen Bildung ist darüber stark zurückgegangen. Das Hochschulsystem ist, wie das japanische, stark privatisiert, gebührenabhängig und kennt klare Hierarchien zwischen den einzelnen Hochschulen.

Insgesamt ähnelt das koreanische Modell somit dem japanischen Netzwerk-Kapitalismus, zeigt aber auch einige Elemente, die dafür untypisch sind. Die Dominanz von Familienunternehmen ähnelt eher dem Konglomerat-Kapitalismus oder dem Kapitalismussystem aus dem Japan der Vorkriegszeit. Und die historisch zentrale Rolle des (autokratischen) Staats, z.B. im Bankensystem, entspricht einem Staatskapitalismus-Modell (wie etwa in China, siehe dazu Kapitel 9). So attestiert etwa auch Witt (2014: 218), dass die Unternehmen anders als in Japan weniger als Partner des Staates, sondern traditionell als »unterwürfiges Werkzeug« (meine Übersetzung) behandelt würden.

Taiwan

Auch Taiwan zeigt zentrale Elemente des Netzwerk-Kapitalismus, wie Korea aber auch manche Abweichungen. Taiwan war lange unter chinesischer Herrschaft (1683–1895) und dann japanische Kolonie (1895–1945). Mit der Kapitulation Japans wurde die Herrschaft an die »Republik China« übergeben. Dort brach allerdings kurz darauf der Bürgerkrieg aus. Als die »Republik China« 1949 unter Mao Zedong gestürzt und die kommunistische »Volksrepublik China« ausgerufen wurde, zog sich die politische, wirtschaftliche und militärische Elite der »Republik China« auf die Insel Taiwan zurück. Die »Staatspartei« Kuomitang regierte von da an bis in die späten 1980er Jahre autokratisch unter Berufung auf den bestehenden Ausnahmezustand. Jede Form der (potenziell) kommunistischen Opposition wurde stark unterdrückt. In den 1980er Jahren entwickelte sich eine Demokratiebewegung, und in den 1990er Jahren wurde Taiwan eine zunehmend etablierte moderne demokratische Nation. Heute ist das Land mit 23 Millionen Menschen eine der reichsten Demokratien weltweit (das kaufkraftbereinigte Pro-Kopf-Einkommen ist vergleichbar etwa mit Dänemark oder den Niederlanden).

Die Art des Kapitalismus in Taiwan ähnelt der Koreas, zeigt aber auch Besonderheiten. In den frühen Jahren der Kuomitang-Regierung wurden alle ehemals japanischen Industrieanlagen und die zentralen Betriebe verstaatlicht. Ähnliches gilt für die Banken, die bis in die 1990er Jahre – wie in Korea – staatlich kontrolliert wurden. Besonders auf Drängen der USA, die aus wirtschaftlichen wie außenpolitischen Gründen ein zentraler (Handels-)Partner Taiwans waren und sind, fanden jedoch zunehmend Prozesse der Privatisierung, Deregulierung und Liberalisierung, später auch der Demokratisierung statt. In der Folge wuchs der Finanzmarkt; Banken blieben aber im Zentrum der Wirtschaft, und viele sind bis heute staatlich kontrolliert. Sowohl in Japan wie auch in Korea und Taiwan stehen somit Banken im Zentrum, wobei diese in Korea und Taiwan stark staatlich kontrolliert waren/sind.

Wie in Korea und wie in den japanischen Vorkriegs-zaibatsu sind viele Unternehmen in Taiwan in Familienbesitz und hierarchisch organisiert. Wie in Japan und Korea existieren wichtige Unternehmensnetzwerke: die *jituanqiye.* Im Vergleich zu den japanischen keiretsu und den koreanischen chaeböl waren diese zumindest historisch jedoch kleiner und bestanden eher aus kleinen und mittelständischen Betrieben. Großkonzerne machten eher einen kleinen Teil der Wirtschaft und der Beschäftigung aus. Seit den 1990er Jahren sind aber zunehmend Großbetriebe prägend, und seit den 2000er Jahren entstehen auch mehr Handelshäuser in Familienbesitz, die den koreanischen chaeböl ähneln. Der Fokus in der Produktion liegt ebenfalls weniger auf komplexen Industriegütern (Technik, Elektronik, Chemikalien, Maschinen), sondern mehr auf »mittleren« Gütern (wie Textilien, Plastik oder Stahl), zunehmend aber auch der Herstellung von Chips und anderen Halbleitern – hier ist Taiwans TSMC mittlerweile Weltmarktführer und das Land nicht zuletzt dadurch ein wichtiger Schauplatz der globalen Geopolitik.

Im Bereich der Arbeitsbeziehungen bestehen auch wieder Ähnlichkeiten und Unterschiede zum japanischen und koreanischen System des Netzwerk-Kapitalismus. Wie in diesen Ländern gibt es Lebenszeitbeschäftigung, diese wird aber in den Unternehmen vor allem an enge Familienmitglieder vergeben; alle anderen Beschäftigten haben kurzfristigere Arbeitsbedingungen und machen sich oft nach einiger Zeit selbständig. Wie in Japan und Korea existieren Gewerkschaften vor allem auf der Unternehmensebene, teilweise aber auch industrieweit. Die Gewerkschaftsdichte ist ähnlich niedrig, hat aber dadurch Bedeutung, dass manche Sozialleistungen (wie Arbeitsmarktversicherungen) durch die Gewerkschaften organisiert werden. Bis in die 1980er Jahre waren die Gewerkschaften eher der verlängerte Arm der autokratischen Regierung als Arbeitervertretung und verhielten sich entsprechend gegenüber den Unternehmen und der Unternehmensführung weitestgehend kooperativ. Bis 1987, zum Ende des erklärten Kriegsrechts/Ausnahmezustands, waren Streiks illegal. Im Zuge der Demokratiebewegung wurden die Gewerkschaften jedoch zunehmend aktiver, relevanter, konfliktiver und teilweise militanter.

Das Bildungssystem schließlich ähnelt dem koreanischen: Nach einer massiven Hochschulexpansion ist mittlerweile die Akademisierung extrem hoch und berufliche Bildung wurde unterminiert.

Insgesamt betrachtet zeigt Taiwan zwar einige zentrale Elemente des Netzwerk-Kapitalismus, gleichzeitig sind wichtige Bestandteile dieses Systems aber weniger stark ausgebaut – so sind die Netzwerk-Unternehmen (jituanqiye) kleiner und weniger dominant als die keiretsu und chaeböl, Lebenszeitbeschäftigung ist weniger üblich, Banken sind oft noch in Staatsbesitz oder -kontrolle, und gegenseitige Anteilseignerschaft ist weniger ausgeprägt. Taiwan ähnelt dem Typ des Netzwerk-Kapitalismus somit nur teilweise und zeigt gleichzeitig Elemente, die wir eher aus dem Konglomerat- oder dem Liberalen Kapitalismus einerseits und dem Staatskapitalismus (siehe Kapitel 9) andererseits kennen.

Thailand

Außerhalb von Nordostasien (Japan, Korea, Taiwan) finden sich zentrale Elemente des Netzwerk-Kapitalismus am ehesten in Thailand, zumindest bis in die späten 1980er Jahre. Bis zur Asienkrise waren in Thailand Unternehmensgruppen üblich (*glum thurakit*), die sich zumeist in Familienbesitz befanden und hierarchisch geführt wurden, ähnlich den japanischen *zaibatsu* der Vorkriegszeit und den koreanischen chaeböl. Nach der Krise wurden diese reorganisiert und diversifiziert; dazu kamen neue Netzwerke, den vertikalen keiretsu ähnlich (z.B. in der Automobilindustrie). Im Bereich Bildung und hinsichtlich der Bildungsexpansion ist Thailand im Vergleich zu Japan, Korea und Taiwan eher ein Nachzügler. Es findet zwar aktuell eine Akademisierung statt, doch gibt es zahlreiche Qualitätsprobleme, und Übergänge zum Arbeitsmarkt bleiben problematisch. Die Arbeitsbeziehungen sind durch mehr Informalität gekennzeichnet, denn nur etwa ein Drittel der Beschäftigten ist im privaten Sektor angestellt, etwa zehn Prozent im öffentlichen, und ein weiteres Drittel arbeitet selbständig; der Rest geht unbezahlter Familienarbeit nach. Dies erinnert eher an die Muster im Konglomerat-Kapitalismus. Gewerkschaften spielen in Thailand eine geringe Rolle.

Insgesamt finden wir in Thailand also zwar noch ein paar Elemente des Netzwerk-Kapitalismus, doch sind sie weniger ausgeprägt. Es bleibt somit festzuhalten, dass Japan das klarste Beispiel des Netzwerk-Kapitalismus ist, gefolgt von Korea und Taiwan und – mit einigem Abstand – Thailand.

Und der Rest von Asien?

Im Vergleich zu Nordostasien bekamen die südostasiatischen Staaten in der Vergleichenden Kapitalismusforschung lange wenig Aufmerksamkeit. Seit den 2010er Jahren gibt es aber eine Reihe von Studien, die versuchen, die verschiedenen Systeme zu klassifizieren (z.B. Walter/Zhang 2012; Witt/Redding 2013, 2014a; Zhang/Whitley 2013). Einigkeit besteht dabei darüber, dass diese Länder zwar manche Gemeinsamkeiten mit dem Netzwerk-Kapitalismus haben, aber auch sehr große Unterschiede aufweisen und daher nicht als Netzwerk-Kapitalismen charakterisiert werden sollten. Uneinigkeit besteht hingegen darüber, wie genau diese Länder denn charakterisiert werden sollten. Walter und Zhang (2012) sowie Zhang und Whitley (2013) unterscheiden neben dem Netzwerk-Kapitalismus-Modell drei Formen: »ko-regiert« (in Taiwan seit den 1990er Jahren), »staatlich geführt« (Taiwan vor den 1990er Jahren sowie Malaysia) und »personalisiert« (Thailand seit den 1990er Jahren). Witt und Redding (2014a) unterscheiden neben den hochentwickelten nordostasiatischen Ländern noch »entstehende« Markwirtschaften (in Indonesien, den Philippinen, Thailand und Malaysia), »entwickelte Stadtstaaten« (Hongkong und Singapur) sowie »(post-)sozialistische« Länder (China, Vietnam, Laos und teilweise Indien). Spezieller interessierten Leser:innen seien diese Studien ebenso wie länderspezifische Analysen wärmstens empfohlen.

Aus einer abstrakteren Perspektive scheinen alle diese Länder aber gewisse Gemeinsamkeiten zu teilen: (1) Ihre Bildungssysteme sind weniger stark ausgebaut, oft stark privatisiert, und berufliche Bildung wird staatlicherseits wenig unterstützt; (2) Gewerkschaften sind schwach – entweder durch geringe Mitgliederzahlen, durch eine fehlende Integration in das politökonomische System oder durch eine starke Politisierung und Bindung an die »Staatsparteien« (insbesondere in den (post-)sozialisistischen Ländern); Lebenszeitbeschäftigung ist untypisch, vielmehr bestehen eher kurzfristige und oft atypische Beschäftigungsverhältnisse inklusive hoher Raten an Selbständigkeit oder informeller Arbeit; (3) Die Länder sind eher auf Banken als auf den Finanzmarkt fokussiert (mit Ausnahme der Stadtstaaten Hongkong und Singapur), wenn diese Orientierung auch über die Zeit abnimmt (Ahmadjian 2014); (4) Netzwerkartige Unternehmensgruppen spielen überall eine wichtige Rolle, sind oft in Familien- oder Staatsbesitz, häufig aber kleiner als im Netzwerk-Kapitalismus japanischer oder koreanischer Prägung; und (5) Unternehmen sind oft hierarchisch und zentralisiert organisiert, oft spielen persönliche Beziehungen und Seniorität eine wichtige Rolle (Witt/Redding 2014a).

Konsequenzen des Netzwerk-Kapitalismus: Stärken und Schwächen

Kommen wir nach diesem kleinen Exkurs wieder zurück auf den Netzwerk-Kapitalismus. Welche Vor- und Nachteile hat der Netzwerk-Kapitalismus? Das Kerncharakteristikum dieses Kapitalismustyps sind die in dichten Netzwerken organisierten, in der Regel sehr großen Unternehmen. Eine offensichtliche Stärke dieser Netzwerk-Unternehmen (vor allem der keiretsu und chaeböl, aber auch der jituanqiye und der glum thurakit) ist ihre schiere Größe und Wirtschaftskraft. Giganten wie Samsung oder Mitsubishi treiben die Wirtschaft der Länder an und verleihen den Ländern auch global eine starke Position. Viele der Unternehmensnetzwerke sind globale Marktführer. Sie bieten riesige Arbeitsmärkte und beschützen durch das *lifetime commitment* viele Beschäftigte lebenslang.

Wie wir gesehen haben, ist dies alles nicht zufällig, sondern Resultat der beteiligten Institutionen und von deren Zusammenspiel. So ermöglicht die Art der Unternehmensfinanzierung (bankenbasiert sowie durch das mochiai-System der gegenseitigen Anteilseignerschaft und die Mitfinanzierung durch die eigene Belegschaft – Stichwort Rente) eine stabile und langfristige Planbarkeit, die die Unternehmen – noch extremer als im Koordinierten Kapitalismus und in scharfem Gegensatz zum Liberalen Kapitalismus – vor kurzfristigen Schwankungen und Herausforderungen schützt. Es steht somit nicht nur viel, sondern auch sehr geduldiges Kapital bereit. Durch das gegenseitige Halten von Anteilen werden Risiken sehr breit gestreut und Unternehmen sind zwar im Finanzmarkt integriert, gleichzeitig aber gegen ungewollte Übernahmen gesichert. Verstärkt wird dies durch das shukko-System des gegenseitigen »Ausleihens« von Arbeiter:innen sowie die wechselseitigen Vorstandsmitgliedschaften, die Informationsaustausch und gegenseitige Kontrolle ermöglichen. Geht es einem Unternehmen im Netzwerk wirtschaftlich schlechter (durch strukturelle oder andere Gründe), kann dieses problemlos durch andere aufgefangen werden. So ist es auch nicht unüblich, dass sich die Unternehmen und Banken gegenseitig die Produkte abkaufen, um die Produktion zu erhöhen und stabile Abnahmen zu garantieren.

Die langfristige Orientierung wird weiter verstärkt durch die unternehmensfokussierte hochqualitative Berufsausbildung: Die

Beschäftigten sind in der Regel sehr hoch qualifiziert und damit in der Lage, hoch komplexe Produktionsgüter herzustellen (etwa spezielle Maschinen, Elektronik, Chemikalien, o.ä.). Außerdem können diese Produkte – ähnlich wie im Koordinierten Kapitalismus – stetig inkrementell verbessert werden. Im Japanischen gibt es dafür einen eigenen Begriff: *kaizen*, das stetige Verbessern. Kaizen kann sogar als Lebensphilosophie auf alle Lebensbereiche angewendet werden (Macpherson et al. 2015). So stehen die Marken »Made in Japan/Korea/Taiwan« auch für eine hochqualitative Massenproduktion. Kameras und Drucker von Canon, Elektrogeräte von Samsung, Autos von Mitsubishi oder Honda sowie Mikrochips aus Taiwan gehören weltweit zu den anerkanntesten Produkten.

Die enge Vernetzung der Unternehmen hat aber auch Nachteile. Korruption (insbesondere in Korea), zu der die enge Verwebung von Wirtschaft und Politik einlädt, wurde schon thematisiert. Andere Schwächen sind, dass einzelne Unternehmen durch die Netzwerke zwar vor wirtschaftlichen Krisen gut geschützt sind, die Wirtschaft insgesamt aber anfällig wird, wenn alle oder viele Unternehmen gleichzeitig herausgefordert werden. Das augenfälligste Beispiel dafür war die Asienkrise 1997, die sich schnell auf Unternehmen und Staaten in der ganzen Region ausbreitete. Als ein anderes Beispiel lässt sich anführen, dass die japanische Wirtschaft seit Jahren mit geringen Wachstumsraten und Deflation, kombiniert mit einer stark alternden Gesellschaft und hohen Verschuldungsraten, kämpft. So versuchte auch Shinzō Abe, der langjährige Premierminister Japans, mit seiner »Abenomics« genannten Wirtschaftspolitik den Netzwerk-Kapitalismus in seinem Land in Bewegung zu bekommen. Unter anderem wurde das gegenseitige Anteilseigentum (mochiai) reduziert, mehr ausländisches Kapital ins Land gelockt, die Frauenerwerbstätigkeit erhöht, die Wirtschaft dereguliert und mit einer Politik der

»Geldschwemme« (d.h. der Erhöhung der Geldmenge um etwa 600 Prozent) versucht, der Deflation beizukommen. Trotz dieser Reformen bleiben Kerncharakteristika des Netzwerk-Kapitalismus mit ihren Stärken und Schwächen jedoch klar erkennbar.

Auf der Ebene einzelner Beschäftigter führt das System der Lebenszeitbeschäftigung zwar oft zu Sicherheit auf dem Arbeitsmarkt, verringert aber auch die Flexibilität und Freiheit von Beschäftigten und zwingt diese zu bedingungsloser Loyalität gegenüber den Unternehmen, was u.a. in hoher Arbeitsbelastung und massiven Überstunden resultieren kann (Stichwort »Tod durch Überarbeitung«: karoshi, kwarosa, guolaosi). Anders als in anderen Ländern sind die Gewerkschaften hier keine Hilfe, weil sie kooperativ innerhalb der Unternehmen organisiert sind.

Finanzwissenschaftler:innen weisen darauf hin, dass die Art der Unternehmensfinanzierung im Netzwerk-Kapitalismus vermutlich zu höheren Darlehenskosten, zu übermäßiger Kreditaufnahme und zu Überinvestitionen führt, weil die Banken in einer solch dominanten Position sind und durch die Isolation von globalen Märkten nur geringe Anreize haben, die Effizienz zu erhöhen. Dies mag eine Kehrseite der auf langfristige Zusammenarbeit gebauten Netzwerke sein.

Die Wohlfahrtsstaats- und die Geschlechterforschung zeigen auf, dass die zentralen Institutionen des Netzwerk-Kapitalismus Geschlechterungleichheiten erzeugen, reproduzieren und verstärken. So führt die auf (männliche) Industriearbeit und Lebenszeitbeschäftigung fokussierte Arbeitsmarkt- und Sozialpolitik dazu, dass Frauen de facto für den Großteil der (unbezahlten) Familien- und Care-Arbeit aufkommen und durch die unternehmenszentrierten Renten und Sozialprogramme stark von den Einkommen und Karrieren ihrer Männer abhängig sind.

Und schließlich erschwert die Dominanz der riesigen Netzwerk-Großkonzerne die Entwicklung kleinerer Firmen und Startups. Für diese ist es nicht nur schwierig, mit der Marktmacht der Großkonzerne zu konkurrieren, sondern es werden darüber hinaus die Großkonzerne, wie wir gesehen haben, auf verschiedene Weisen durch staatliche Politik bevorzugt – etwa durch Steuererleichterungen oder bestimmte Arten der Investition durch (staatliche) Banken (wie in Korea und Taiwan). Das Ergebnis ist eine eher statische und weniger flexible Wirtschaft.

Warum hat sich der Netzwerk-Kapitalismus entwickelt?

Warum haben Japan, und in abgeschwächtem Maße auch Korea, Taiwan und Thailand, sich zum Netzwerk-Kapitalismus entwickelt? Genau wie bei den anderen Kapitalismustypen können wir dies nicht monokausal erklären, sondern müssen eine Kombination aus politischen, sozioökonomischen, kulturellen und historischen Faktoren in den Blick nehmen. Beginnen wir historisch.

Wie oben schon angedeutet, lassen sich die keiretsu historisch auf die zaibatsu im Vorkriegs-Japan des Meiji-Kaiserreichs zurückverfolgen. Der Kontext ist folgender: Von 1638 bis 1867 herrschte in Japan das stark hierarchische, quasi-feudale Tokugawa-Shogunat-Regime. Über 200 Jahre isolierte sich dieses Regime von der Außenwelt, verbot Migration und Handel (bis auf wenige Ausnahmen) – bei Missachtung drohte die Todesstrafe. 1853 öffnete sich das Land langsam wieder zur Außenwelt, und es wurde offenbar, dass es zahlreiche massive Veränderungen »verpasst« hatte, u.a. die Französische Revolution sowie die industrielle Revolution. Die neuen Machthaber, die Meiji-Kaiser (1868–1947), schickten Delegationen nach Europa und Nordamerika und versuchten, die dortigen Systeme zu adaptieren, um die verpasste Modernisierung möglichst schnell aufzuholen. Sie orientierten sich dabei einerseits stark am europäischen Vorbild, vor allem dem preußischen Staat, andererseits aber auch an dem Erfolg amerikanischer Großkonzerne in Hand einzelner Familien wie etwa der Rockefeller. Erklärtes Ziel des Meiji-Regimes war eine schnelle Industrialisierung mithilfe einiger Großkonzerne in Familienbesitz: der zaibatsu.

De facto ging die Industrialisierung zwar langsamer voran als gehofft und entwickelte sich, nicht zuletzt bedingt durch das Fehlen wichtiger natürlicher Ressourcen (außer Kohle und Kupfer), mehr in Richtung Textil- als hin zur Schwerindustrie. In den 1930er Jahren nahm die Industrialisierung dann aber Fahrt auf. Die Industrieproduktion wurde zunehmend auf das Militär ausgerichtet, und wichtige Großkonzerne wurden verstaatlicht. Während des Krieges wurden die zaibatsu weiter vergrößert und noch zentraler für die japanische Wirtschaft.

Nach der Kapitulation Japans und dem Ende des Zweiten Weltkrieges wurde das Land von den USA besetzt. Die Besatzer hatten richtig erkannt, dass die starke Militärindustrie durch die zaibatsu im Zentrum der Kriegswirtschaft gestanden hatten, und zielten daher durch Anti-Monopol-Gesetze und andere Mittel darauf, die zaibatsu zu zerschlagen und so ein Wiedererstarken des kriegstreiberischen Regimes unmöglich zu machen. Dies geschah allerdings nur teilweise. Zum einen sträubten sich die japanischen Eliten dagegen und erschwerten den Prozess. Zum anderen agierten auch die USA nur halbherzig, denn im aufkommenden Kalten Krieg war es ihnen zunehmend wichtig, dass Japan ein starkes »kapitalistisches Bollwerk« gegen den sowjetischen und chinesischen Kommunismus bildete. Mit Abzug der Amerikaner kamen die alten Netzwerke aus der Vorkriegszeit deshalb schnell wieder hervor: Die einzelnen Unternehmen begaben sich zurück in ihre alten Netzwerke. Die neuen Netzwerke (keiretsu) waren zwar nicht mehr in Familienbesitz und wurden nicht mehr durch eine einzelne »Oberfirma« kontrolliert – ansonsten waren die neuen keiretsu den alten zaibatsu aber relativ ähnlich. Dies sollte auch für die nächsten Jahrzehnte so bleiben, in denen die keiretsu ihre Macht zementierten und darin auch aktiv von der Politik unterstützt wurden. So haben sich die Netzwerk-Unternehmen zwar über die Zeit gewandelt, bestehen aber im Kern seit etwa 150 Jahren fort.

Ähnliche historische Gründe lassen sich auch für Korea und Taiwan anführen. Wie oben schon thematisiert, waren sowohl Korea als auch Taiwan bis in die 1980er bzw. die 1990er Jahre autokratische Regime. In beiden Ländern rechtfertigten und legitimierten sich die Autokraten über wirtschaftlichen Erfolg: Eine starke und wachsende Wirtschaft sei zentral, nicht zuletzt wegen der potenziellen oder zumindest wahrgenommenen Bedrohung durch große und möglicherweise gewaltbereite Nachbarn (China, Japan, Nordkorea). So setzten die Autokraten, um die Wirtschaft anzukurbeln, stark auf die Unternehmensnetzwerke (chaeböl, jituanqiye) und unterstützten diese nach Kräften, etwa durch Steuererleichterungen, durch Priorisierungen, durch bestimmte Regulierungen, durch Außenhandelspolitik und nicht zuletzt durch die staatlich kontrollierten Banken. Der Netzwerk-Kapitalismus wuchs also in Korea und Taiwan – ebenso wie in Japan – unter staatlicher Aufsicht und Fürsorge.

Damit sind wir neben dem historischen Kontext schon bei einer zweiten zentralen Erklärung für den Netzwerk-Kapitalismus, nämlich bei politischen Akteuren. Japan, Korea und Taiwan wurden alle lange durch rechte Parteien regiert (demokratisch in Japan, autoritär in den beiden anderen Ländern). Im Einklang mit Prognosen der Machtressourcentheorie setzten diese Regierungen vor allem auf wirtschaftliche Entwicklung und kümmerten sich weniger um die (Um-)Verteilung und die Auswirkungen dieser Entwicklungen etwa in Form zunehmender Ungleichheit.

So wurde beispielsweise die Sozialpolitik nicht genutzt, um umzuverteilen und Ungleichheit zu bekämpfen, sondern aus wirtschaftlichen Gründen, um die Netzwerk-Unternehmen weiter zu stärken und Wachstum zu erzeugen. Man spricht in diesem Zusammenhang auch vom sogenannten »produktivistischen Wohlfahrts-Kapitalismus« (Holliday 2000). Seine Logik ist – etwas polemisch und in aller Kürze gesprochen – eine subsidiäre: Der Staat unterstützt die Unternehmen (z.B. durch Steuererleichterungen, Regulierung oder Investitionen), die Unternehmen unterstützen die (männlichen) Industriearbeiter (z.B. durch Rentensysteme innerhalb der Unternehmen, durch Lebenszeitbeschäftigung sowie subventionierte Wohnungen), diese wiederum unterstützen ihre Frauen und Familien (durch Einkommen und Mitbeteiligung an den Sozialleistungen), die Frauen schließlich unterstützen die Kinder (durch unbezahlte Familienarbeit statt durch Einkommen aus Erwerbsarbeit). Die konservativen Regierungen begünstigten diese Politik im Netzwerk-Kapitalismus stark und halten mehrheitlich bis heute daran fest.

Weitere wichtige Akteure sind laut Machtressourcentheorie die Arbeitgeber und die Gewerkschaften mit ihren jeweiligen Stärken und Präferenzen. Wie wir in diesem Kapitel wiederholt gesehen haben, sind die Unternehmen im Netzwerk-Kapitalismus extrem mächtig und bestimmen alle zentralen Aspekte der Wirtschafts-, Arbeitsmarkt- und Sozialpolitik mit. Die Gewerkschaften, umgekehrt, sind schwach, »nur« auf Unternehmensebene organisiert (statt auf Industrie-, Sektoren- oder nationaler Ebene) und in der Regel den Unternehmen gegenüber kooperativ. Sie folgen eher der Unternehmenslogik, als für »die Arbeiterschaft« im »Klassenkampf« zu kämpfen. Verstärkt wird diese Position durch das Fehlen korporatistischer und tripartistischer Institutionen: So sind die Gewerkschaften auf politischer Ebene kaum eingebunden. Im autokratischen Korea waren sie sogar verboten, im autokratischen Taiwan nur verlängerter Arm der Regierung, im Japan der Vorkriegszeit zwar erlaubt, aber es bestanden Gesetze, um sie zerschlagen zu können, und Schriften, die zum gewerkschaftlichen Arbeiterkampf aufriefen (etwa von Marx, Zola, Tolstoi oder Sombart), waren verboten (Kublin 1952: 270).

Historisch betrachtet herrschten diese Verhältnisse jedoch auch in diesen Ländern nicht immer. Das frühe Japan der Nachkriegszeit war von heftigen Arbeiterunruhen, Streiks und militanten Auseinandersetzungen geprägt. Die Arbeiterbewegung war teilweise stark radikalisiert – nicht zuletzt wegen hoher, kriegsbedingter Armut, Zerstörung und Arbeitslosigkeit sowie massiver Inflation (etwa 600 Prozent). Die US-Besatzer fürchteten, dass diese Unruhen noch größere Ausmaße annehmen und Japan in Richtung Sozialismus bewegen könnten; und auch die japanische Regierung und die Unternehmen sahen Handlungsbedarf. Die keiretsu reagierten daher mit der Einführung bzw. Ausweitung des Systems der Lebenszeitbeschäftigung und firmenspezifischer Sozialprogramme; die Regierung unterstützte diese durch Steuererleichterungen. Das System der Lebenszeitbeschäftigung und die Sozialleistungen auf Unternehmensebene wurden somit genutzt, um die radikale Arbeiterschaft zu befrieden, zu schwächen bzw. zu spalten – ähnlich wie der »Eiserne Kanzler« Otto von Bismarck die Sozialpolitik genutzt hatte, um Arbeiteraufstände zu beenden oder deren Aufkommen zu verhindern. Ebenfalls eine Rolle in diesem Prozess spielten die japanischen Arbeitsgerichte, die den Kündigungsschutz in den folgenden Jahren harsch interpretierten und so zur Stabilisierung des Systems der Lebenszeitbeschäftigung beitrugen. In der Folge fokussierten die Gewerkschaften ihr Engagement zunehmend auf die Unternehmensebene und wurden zunehmend kooperativer – sie versuchten, die Arbeits- und Sozialpolitiken innerhalb der Unternehmen wohlwollend auszugestalten, anstatt im nationalen und industrieweiten Rahmen für die Arbeiterbewegung zu kämpfen. Hier liegen die Ursprünge des heutigen Systems der kooperativen Arbeitsbeziehungen auf Unternehmensebene. Ähnliches gilt für Taiwan, wo die Gewerkschaften (wie in China oder der DDR) eher verlängerter Arm der (autokratischen) Regierung waren als ein eigenständiger politischer Akteur. In Korea ergab sich jedoch eine andere Entwicklung, insofern die Gewerkschaften während der Autokratie verboten waren, dann aber in der Demokratiebewegung erstarkten, sich zunehmend industrieweit organisierten und nicht nur innerhalb der einzelnen Unternehmen engagierten. Dies ist Teil der Erklärung, warum Korea in jüngster Zeit ein paar inklusivere sozialpolitische Reformen durchgeführt hat (Lee/Kim 2022).

Neben rechten Parteien, mächtigen Arbeitgebern und kooperativen Gewerkschaften ist ein weiterer wichtiger Akteur in der Entwicklung und Ausgestaltung des Netzwerk-Kapitalismus die Bürokratie, insbesondere die Technokraten in den großen und mächtigen Ministerien (siehe dazu auch Alexiadou 2018). Wie oben schon skizziert, kann die japanische Politik nicht ohne die zentrale Rolle des MITI – und des Finanzministeriums – verstanden werden. Beide diktierten den »ökonomischen Imperativ« in Japans Wirtschaftspolitik und waren eng in die keiretsu-Netzwerke eingebunden. Bis heute gilt das MITI als Inbegriff einer mächtigen Staatsbürokratie. Unter der Autokratie in Korea und Taiwan war dies nicht anders – wie oben schon skizziert, wurden die Unternehmen hier sogar, trotz ihrer Macht, nicht als gleichberechtigter Partner, sondern als »unterwürfiges Werkzeug« (Witt 2014: 218, meine Übersetzung) betrachtet.

Neben politischen Akteuren können sozioökonomische und kulturelle Gründe für die Entwicklung des Netzwerk-Kapitalismus angeführt werden. Es wird z.B. darauf verwiesen, dass die drei nordostasiatischen Länder sozial relativ homogen sind. So gibt es nur eine geringe ethnische, sprachliche oder religiöse Fragmentierung (Alesina et al. 2003; Fearon 2003). Homogene Gesellschaften seien besser darin, soziales und politisches Vertrauen aufzubauen – welches wiederum das Knüpfen enger und zugleich großer Netzwerke ermögliche. Dies ist einerseits sehr plausibel. Andererseits wirft es die Frage auf, warum sich dann andere sozial homogene Länder (wie z.B. die skandinavischen) nicht zum Netzwerk-Kapitalismus entwickelt haben. Andere verweisen auf kulturelle Gründe: So würden einerseits die konfuzianisch geprägte Kultur, andererseits eine traditionell hierarchische Familienstruktur diese Art der Unternehmenskultur fördern. Dies mag stimmen, aber man fragt sich, warum dann nicht alle konfuzianisch geprägten Länder mit traditionellen Familienstrukturen denselben Kapitalismustyp entwickelt haben (z.B. China, Singapur oder Vietnam) – hier scheinen andere Erklärungen wie die akteurszentrierten doch aussagekräftiger zu sein oder zumindest den Einfluss von Kultur zu moderieren.

Andere sozioökonomische Einflüsse waren dagegen sicherlich prägend. Zum einen war wichtig, dass die drei Länder für lange Zeit sehr geringe Arbeitslosenquoten, aber ein starkes Wirtschaftswachstum hatten, so dass die Unternehmen auf Arbeitnehmer angewiesen waren und diese u.a. mit dem System der Lebenszeitbeschäftigung und Senioritätslöhnen zu locken suchten. Zum anderen sollte noch einmal die schon genannte Asienkrise 1997 genannt werden, deren Bedeutung für die Region hierzulande immer noch unterschätzt wird, die aber die Entwicklung der Länder langfristig geprägt hat.

Insgesamt haben wir in diesem Kapitel den Netzwerk-Kapitalismus als eine eigene Art der Organisation von Kapitalismus kennengelernt. Wir haben dessen Stärken und Schwächen sowie die Ursachen seiner Entstehung diskutiert. Wer mehr über diese interessante Region lernen möchte, dem seien folgende Bücher besonders empfohlen: Zu Japan Margarita Estévez-Abes (2008) *Welfare and Capitalism in Postwar Japan*; zu Korea die spannende Fallstudie von Roger L. Janelli (1993) *Making Capitalism: The Social and Cultural Construction of a South Korean Conglomerate* und allgemeiner zur Region das *Oxford Handbook of Asian Business Systems* von Michael A. Witt und Gordon Redding (2014a).

In der Einleitung dieses Buches habe ich die unterschiedlichen Kapitalismustypen anhand unterschiedlicher Lebensverläufe von fiktiven Personen illustriert. Für den Netzwerk-Kapitalismus hatte ich dabei die fiktive Karriere von Haruki aus Tokyo beschrieben, der nach der Oberschule einen Ausbildungsplatz bei Toyota ergattern konnte, seitdem dort beschäftigt ist und teilweise an andere Unternehmen ausgeliehen war. Harukis Lohn ist mit zunehmender Seniorität gestiegen, er ist Mitglied in der betriebseigenen Gewerkschaft und wohnt in einer von Toyota subventionierten Wohnung. – Vor dem Hintergrund der Darstellung der zentralen Institutionen des japanischen Netzwerk-Kapitalismus sollten diese Umstände Harukis Lebens nun nicht mehr zufällig, sondern typisch und durch den Netzwerk-Kapitalismus bedingt erscheinen lassen. Genauso wie weitere Elemente seines Lebens – und das seiner Frau und Kinder. Haruki, seine Lebensumstände und -planungen können wir uns jetzt hoffentlich klarer vorstellen als noch bei der Lektüre des Einleitungskapitels.

9. Und sonst so? Staatskapitalismus und andere Spielarten: China, Süd-, West- und Zentralasien sowie Afrika

Die vorherigen Kapitel haben unterschiedliche Kapitalismustypen in unterschiedlichen Weltregionen herausgearbeitet und vorgestellt. Ein Einwand mag und sollte nun gegen Ende des Buches sein, dass manche Weltregionen dabei bislang noch unerwähnt geblieben sind. Das Buch bietet zwar eine global vergleichende Perspektive und geht damit über den Großteil der bestehenden Forschung hinaus, die in weiten Teilen (aber mit ein paar lobenswerten Ausnahmen) noch sehr eurozentristisch bzw. auf reiche, entwickelte Demokratien fokussiert ist. Aber was ist mit dem »Rest« der Welt?

Man mag als Erstes an China denken – was für ein Wirtschaftssystem hat dieses Land, das mittlerweile die größte oder zweitgrößte (je nach Indikator) Ökonomie der Welt geworden ist? Ist es »kommunistisch«, wie der Name der autoritär führenden Kommunistischen Partei Chinas nahelegt? Oder ist es nicht vielmehr auch ein kapitalistisches Land? Wenn ja, welchem Kapitalismustyp entspricht China? Und wie ist es mit Indien, dem anderen »Mega-Staat« der Region? Welche Kapitalismustypen gibt es im Rest von Süd-, Zentral- und Westasien? Und wie schaut es auf dem afrikanischen Kontinent aus?

In diesem vorletzten Kapitel will ich einen knappen Überblick über Kapitalismen in diesen Regionen anbieten. Im Vergleich zu den bisher vorgestellten Kapitalismustypen sind die Spielarten des Kapitalismus in diesen Regionen bisher viel weniger von der Vergleichenden Kapitalismusforschung in den Blick genommen und systematisch erforscht worden. Das liegt nicht zuletzt daran, dass oft schon Informationen und systematische Daten fehlen, hat aber auch darin seinen Grund, dass die Forschung sich lange mehr für die reichen, hoch entwickelten »westlichen« Staaten interessiert und den Rest der Welt darüber vernachlässigt hat. In der neueren Forschung gibt es aber zunehmend Bestrebungen, dies zu ändern.

China: Kapitalismus *à la chinois*?

Beginnen wir mit China. Historisch war China unter sozialistischer/kommunistischer Führung lange eine sozialistische Planwirtschaft – und damit nicht kapitalistisch. Seit der »Kulturellen Revolution« in den 1960er Jahren haben aber über die folgenden Jahrzehnte zunehmend kapitalistische Elemente Einzug erhalten: Privateigentum wurde erlaubt und üblicher, Marktmechanismen wurden eingeführt, und Kapital und Kapitalmärkte gewannen zunehmen an Bedeutung. Die Literatur ist sich, mit wenigen Ausnahmen, einig, dass China heute kapitalistisch ist. Dabei haben die Liberalisierungs- und Privatisierungspolitik sowie die Öffnung zu globalem Freihandel aber keineswegs dazu geführt, dass sich China zu einem Liberalen Kapitalismus US-amerikanischer Prägung entwickelt hat – vielmehr finden wir hier eine weitere eigenständige Form des Kapitalismus, die in der Forschung meistens als »Staatskapitalismus«, teilweise auch als »staatlich durchdrungener Kapitalismus« (Nölke et al. 2020), teilweise als »staatsabhängiger Merkantilismus« oder als »autoritärer Kapitalismus« (beide: Witt/Redding 2014b) bezeichnet wird. Der Einfachheit halber nutze ich hier den eingängigeren Begriff »Staatskapitalismus«.

Was ist Staatskapitalismus und was zeichnet ihn aus? Man mag zunächst über den Begriff stolpern. Ist »Staatskapitalismus« nicht ein Oxymoron, ein Widerspruch in sich selbst? Ist Staatskapitalismus einfach eine andere Beschreibung für sozialistische Planwirtschaft? Was ist der Unterschied? Beginnen wir damit, was Staatskapitalismus *nicht* ist. Staatskapitalismus bedeutet *nicht*, dass der Staat – wie in der sozialistischen Planwirtschaft – alle zentralen Aspekte der Wirtschaftspolitik zentral lenkt und reguliert. Staatskapitalismus bedeutet auch *nicht*, dass alle Unternehmen in staatlicher Hand sind. Und Staatskapitalismus meint auch *nicht*, dass es kein Privateigentum gibt und alles in staatlicher oder gemeinschaftlicher Hand liegt. Der Staat kann sogar im Staatskapitalismus relativ klein sein. Ein Beispiel: Obwohl China als Staatskapitalismus charakterisiert wird, ist das Machtpotenzial des Staates (*state capacity*) in China deutlich geringer als z.B. in Japan, Dänemark oder Frankreich und ähnelt eher der *state capacity* in Nepal oder im Iran (O'Reilly/Murphy 2022). Wenn man sich den chinesischen Staat als omnipotenten Staat vorstellt, irrt man – oft hat der chinesische Staat Probleme, seine Politik in allen Regionen des Landes und in allen Bereichen durchzusetzen, da ihm dafür die Kapazität fehlt. Wenn es für diesen Kapitalismustyp nicht einen allmächtigen Staat braucht, was ist denn dann Staatskapitalismus?

Staatskapitalismus bedeutet, dass das Wirtschaftssystem zwar kapitalistisch ist und Privateigentum, Märkte und Kapital weite Teile der Wirtschaft durchziehen und steuern – dass der Staat aber eine zentrale und aktive Rolle als Akteur spielt. Und das auf verschiedene Arten und Weisen: u.a. (1) durch *staatliche* Unternehmen, die am marktwirtschaftlichen Wettbewerb teilnehmen, (2) durch enge Verflechtungen zwischen staatlichen und privaten

Akteuren, z.B. insofern Unternehmer enge persönliche Netzwerke mit Politiker:innen haben oder sogar gleichzeitig auch politische Ämter halten bzw. umgekehrt Parteimitglieder zentrale Unternehmen steuern, oder (3) durch die Art der Unternehmensfinanzierung, nämlich durch staatliche Banken.

Das chinesische Wirtschaftssystem ist somit klar kapitalistisch – aber es ist dies in ganz anderem Sinne als im Liberalen, Koordinierten, Abhängigen, Konglomerat- und im Netzwerk-Kapitalismus, da der Staat selbst viel mehr als aktiver Unternehmer am Marktgeschehen teilnimmt. Im chinesischen Fall können dabei »Staat« und »Kommunistische Partei Chinas« synonym verwendet werden, denn die Partei durchzieht alle Bereiche des Staates vollständig. Die Verflechtung von Staat/Partei und Wirtschaft wirkt dabei in beide Richtungen, indem der Staat/die Partei die Wirtschaft auch ganz zentral nutzt, um den autoritären Staat/die Macht der Kommunistischen Partei weiter auszubauen und die Bevölkerung politisch überwachen, steuern und kontrollieren zu können.

Ten Brink (2013), Nölke et al. (2020) und andere haben überzeugend herausgearbeitet, wie sich diese Kapitalismus-Variante in China über die Zeit entwickelt hat. Wie die anderen Kapitalismen ist auch diese Art des Kapitalismus kein Zufall und nicht »vom Himmel gefallen«, sondern das Resultat politischer, ökonomischer und sozialer Prozesse. Ihre lesenswerten Beiträge seien interessierten Leser:innen wärmstens empfohlen.

Fassen wir die zentralen Elemente des heutigen Staatskapitalismus chinesischer Prägung knapp anhand der fünf institutionellen Arenen zusammen: Im Bereich der *Unternehmenskontrolle* spielt der Staat eine zentrale Rolle. Zwar hat sich China in der Zeit zwischen den 1970er und den 1990er Jahren für Liberalisierung, Privatisierung und Welthandel geöffnet, doch waren dies de facto oft nur Teilprivatisierungen. Es gibt weiterhin wichtige und große staatliche Unternehmen; darüber hinaus existieren »hybride« Unternehmen, die teilweise staatlich, teilweise privat sind sowie private Unternehmen. Selbst in den privaten Unternehmen spielt der Staat jedoch oft noch eine wichtige Rolle, insofern er entweder Sperrminoritäten durch Anteile hält oder die Unternehmen zwar in privatem Besitz sind, aber durch enge informelle private Netzwerke de facto am Staat orientiert bleiben. Genereller besteht ein definierendes Element des chinesischen Staatskapitalismus aus den dichten persönlichen Netzwerken (*guanxi*) zwischen Staatseliten und Unternehmenseliten. Diese gibt es einerseits auf nationaler, zentralstaatlicher Ebene, andererseits aber auch auf subnationaler regionaler und lokaler Ebene und sie durchziehen die ganze Wirtschaft. Die Netzwerke basieren auf persönlichen Beziehungen (z.B. gemeinsamen Herkunftsorten, Schulerfahrungen, etc.), Vertrauen, Loyalität und gemeinsamen Werten. Private Unternehmen sind oft in Familienbesitz, und familiäre Beziehungen bestehen auch zwischen Personen in Staat und Wirtschaft. Die zentrale Rolle der Netzwerke mag an den Netzwerk-Kapitalismus erinnern – im Staatskapitalismus spielt der Staat in diesen Netzwerken aber eine deutlich größere Rolle. Auch mag die Art der Kooperation an den Koordinierten Kapitalismus erinnern – doch anders als in diesem findet die Kooperation im Staatskapitalismus kaum durch formale Institutionen statt und wird nicht durch diese hervorgerufen und reproduziert, sondern vielmehr durch informelle Institutionen und Netzwerke (guanxi).

Der Staat spielt auch eine zentrale Rolle in der *Unternehmensfinanzierung*, insbesondere durch staatliche Banken oder durch staatlich regulierte private Banken. Der chinesische Finanzmarkt ist in letzter Zeit deutlich gewachsen und hat an Bedeutung gewonnen; die chinesische Wirtschaft bleibt aber bankenbasiert, und die Finanzmärkte, insbesondere ausländisches

Kapital, werden stark reguliert und staatlich kontrolliert (Petry 2021). Insgesamt fällt auf, dass die chinesische Wirtschaft sich zwar dem Freihandel von Waren, aber weniger der Globalisierung von Kapital und Finanzmärkten geöffnet hat. Und schaut man noch etwas mehr ins Detail, lässt sich feststellen, dass die Unternehmensfinanzierung über unterschiedliche Unternehmenstypen variiert: Während Staatsunternehmen einfachen Zugang zu staatlichem Kapital durch die Staatsbanken haben und sich somit auf langfristige Finanzierung verlassen können, steht den privaten Unternehmen viel weniger staatliches Kapital zur Verfügung. Witt und Redding (2014b: 15) schätzen, dass nur etwa ein (!) Prozent des staatlichen Kapitals an Privatunternehmen fließt, obwohl deren Anteil an der Wirtschaftsleistung und Beschäftigung deutlich höher ist.

Im Bereich der *Arbeitsbeziehungen* gibt es einen großen Unterschied zwischen formal existierenden Institutionen einerseits und gelebter Realität andererseits. Formal gibt es in China einen starken Arbeitnehmerschutz (viel stärker als z.B. im Koordinierten Kapitalismus), starke Gewerkschaften und tripartistische Verhandlungssysteme zwischen Gewerkschaften, Arbeitgeberverbänden und Staat. In der Realität ist der Arbeitnehmerschutz aber sehr schwach (eher wie im Liberalen Kapitalismus), es gibt sehr große informelle Arbeitsmärkte (wie im Konglomerat-Kapitalismus), die Gewerkschaften sind de facto nicht eigenständig, sondern verlängerter Arm der Kommunistischen Staatspartei und der Tripartismus ist ziemlich machtlos – so gibt es über 10 000 verschiedene Verhandlungssysteme, die entsprechend nicht zur Vereinheitlichung beitragen können (Witt/Redding 2014b: 19). Trotz des formal starken Arbeitnehmerschutzes herrscht eine Hire-and-fire-Kultur vor, und kurze Beschäftigungsverhältnisse sind die Norm. Folglich sind Arbeitnehmer relativ schlecht geschützt, bzw. die Arbeitsmärkte sind stark segmentiert zwischen gut beschützten Arbeitsmarkt-Insidern und schlecht geschützten -Outsidern, verstärkt noch durch gravierende Stadt-Land-Unterschiede. Letztere werden wiederum verschärft durch das sogenannte *hukou*-System, welches Sozialleistungen an den Herkunftsort der Arbeiter:innen bindet, damit Stadt-Land-Unterschiede zementiert und (Arbeits-)Migrant:innen den Zugang zu Sozialleistungen erschwert. Vor diesem Hintergrund ist es nicht verwunderlich, dass China weltweit eines der Länder mit der allerhöchsten Ungleichheit ist – trotz des Anspruchs der Staatspartei, »kommunistisch« zu sein.

Innerbetrieblich sind die Unternehmen durch klare Hierarchien und Top-down-Strukturen gekennzeichnet. Die Unternehmen werden von der Wirtschafts- (und Politik-)Elite geleitet, die Belegschaft hat kaum Mitspracherechte. Verbunden ist dies oft mit politischen Motiven, die Bedingung für Einstellungen und Weiterbeschäftigung sein können. *Zwischenbetrieblich* herrscht einerseits Wettbewerb zwischen den Unternehmen, und die staatlichen Unternehmen stehen – anders als in der sozialistischen Planwirtschaft – in Konkurrenz mit Privatunternehmen. Geistiges Eigentum, Patent- und Markenrechte sind (wie hierzulande durch öffentliche Diskussionen bekannt sein sollte) de facto nicht geschützt, so dass Unternehmen Ideen und Produkte anderer Unternehmen – inländischer wie ausländischer – übernehmen und kopieren können (und sollen). Andererseits werden der Wettbewerb und die Rolle der Marktwirtschaft durch die starke und aktive Rolle des Staats als Unternehmer und Akteur gleichzeitig auch abgeschwächt, und die staatlichen Unternehmen haben einen klaren Vorteil im Wettbewerb, weil sie durch verschiedene Elemente des Staatskapitalismus priorisiert werden.

Im Bereich der *Bildung* schließlich ist der chinesische Staatskapitalismus durch relativ niedrige Bildungsniveaus und -leistungen und einen Fokus auf generelle anstelle von spezifischen Fähigkeiten gekennzeichnet. Quantitativ hat zwar in letzter Zeit ein Ausbau im Schulsystem stattgefunden, und auch die Bildungsausgaben sind substanziell gestiegen – im Vergleich mit den hoch entwickelten Wirtschaftssystemen (z.B. in Europa, aber auch in Nordostasien) ist die chinesische Bevölkerung jedoch weiterhin schlecht gebildet. Es herrschen starke Bildungsungleichheiten vor, nicht zuletzt verstärkt durch ein teilweise stark privatisiertes Bildungssystem – neuerdings geht die Kommunistische Partei allerdings gegen private Bildungsangebote vor und hat in 2021 z.B. private Nachmittagsbetreuung verboten.[41] Es bleibt abzuwarten, ob die Rolle des privaten Sektors auch in den kommenden Jahren weiter zurückgedrängt wird. Der Fokus des Bildungssystems insgesamt liegt auf schulischer und (noch) nicht auf postsekundärer Bildung. Auch gibt es kaum berufliche Bildung, die zu spezifischen Fähigkeiten beiträgt.

Dies entspricht auch den anderen Elementen des Staatskapitalismus, insofern durch den fehlenden Arbeitnehmerschutz und die kurzen Beschäftigungsdauern keine Anreize zum Erlangen von spezifischen Fähigkeiten gestellt sind und die chinesische Wirtschaft bislang eher auf händische und industrielle Massenproduktion relativ einfacher, unkomplexer Güter fokussiert ist. So wird die Marke »Made in China« auch üblicherweise nicht mit hochqualitativer Fertigung assoziiert, sondern eher mit billiger Massenproduktion, was manche abfällig von »China-Ware« sprechen lässt. Dieses Image sucht die Kommunistische Staatspartei zwar neuerdings zu verbessern, um das langfristig zu erreichen wäre aus der hier vorgestellten Perspektive der Vergleichenden Kapitalismusforschung allerdings eine Reform des Bildungssystems und der Arbeitsmarktregulierung sowie der Sozialpolitik notwendig.

Schließlich sollte mit Blick auf den Bereich Bildung nicht vergessen werden, dass das Bildungssystem auch für Propagandazwecke und den Erhalt des autoritären Staates genutzt wird: So sind z.B. »Xi Jinpings Ideen des Sozialismus chinesischer Prägung im neuen Zeitalter« – oder kurz: »Xi Jinpings Gedanken« – verpflichtendes Schulfach.[42] Dies stärkt umgekehrt wieder den autoritären Staatskapitalismus, da es die Bevölkerung an den Staat bindet.

Staatskapitalismus – nur in China?

China ist das eindeutigste und prominenteste Beispiel für den Typ des Staatskapitalismus. Findet sich dieser denn auch in anderen Ländern? Ein Blick in die südöstlichen Nachbarländer zeigt, dass es Staatskapitalismus ähnlich auch in Laos und Vietnam gibt, die sich in ihrer Wirtschaftspolitik an China orientieren – wenn es auch wichtige Unterschiede zwischen diesen Ländern gibt, nicht zuletzt insofern China eine viel größere Wirtschaft hat und deswegen u.a. auf einen viel größeren Binnenmarkt zurückgreifen kann (siehe die Beiträge in Witt/Redding 2014). Wie wir im Kapitel zum Netzwerk-Kapitalismus schon gesehen haben, zeigt auch die Wirtschaft Taiwans einige Elemente des Staatskapitalismus, gemischt mit Elementen des Netzwerk-Kapitalismus.

Nölke, ten Brink, May und Claar (2020) untersuchen, ob auch der Kapitalismus in anderen großen Schwellenländern (vor allem den »BICS«: Brasilien, Indien, dem schon diskutierten China und Südafrika) dem Staatskapitalismus ähnelt. Ihr Fazit: Während China der eindeutigste empirische Fall für diesen Kapitalismustyp ist, kann auch Indien ihm zugeordnet werden: In Indien sind die zentralen Unternehmen fast alle in der Hand von Familien oder des Staats – der Staat kontrolliert dabei insbesondere die strategisch wichtigen Sektoren wie Minen, Energie und

Schwerindustrie. Die Unternehmensfinanzierung erfolgt einerseits durch staatliche Banken, andererseits durch Lohnrückhaltung; Finanzmärkte existieren, werden aber de facto hauptsächlich genutzt, um Geld zwischen den Unternehmensgruppen zu verschieben (Nölke et al. 2020: 96). Über achtzig Prozent des Arbeitsmarkts sind informell, vor allem im Low-skill-Sektor, was wiederum durch das Bildungssystem verstärkt wird, welches lediglich für (niedrige) generelle Fähigkeiten sorgt. Brasilien und Südafrika zeigen zwar auch ein paar Elemente des Staatskapitalismus, aber auch deutliche Unterschiede, so dass sie insgesamt weniger diesem Kapitalismustyp ähneln.

Genereller hat der Begriff des »Staatskapitalismus« in der aktuellen Forschung enormen Auftrieb bekommen. Es findet aktuell eine breite – und teilweise hitzige – Diskussion dazu statt, was Staatskapitalismus eigentlich ist und in welchen Ländern wir ihn finden. Die diversen Beiträge im *Oxford Handbook of State Capitalism and the Firm* (Wright et al. 2022) zeigen, dass »Staatskapitalismus« mittlerweile ein breiter Sammelbegriff geworden ist, hinter dem sich alles Mögliche verbergen kann. So werden unter dem Stichwort nicht nur das chinesische und andere asiatische Wirtschaftsmodelle diskutiert, sondern auch die Ökonomien der Golfstaaten im Mittleren Osten sowie von Staaten in Lateinamerika und Teile der US-amerikanischen Wirtschaft (insbesondere der sogenannte »militärisch-industrielle Komplex« und der »Gefängnis-industrielle Komplex«); außerdem wird gefragt, inwiefern sich auch in den europäischen Staaten Elemente des Staatskapitalismus finden. So meinen manche, dass z.B. Norwegens Wirtschaft wegen der großen und gewichtigen staatlichen Unternehmen (insbesondere in der Ölgewinnung und Energieerzeugung) dem Modell des Staatskapitalismus entspricht. Andere Forschung unterscheidet verschiedene Typen von Staatskapitalismus, z.B. Musaccio et al. (2015) oder Wright et al. (2021).

Genauer genommen muss man sagen, dass das Konzept des Staatskapitalismus *wieder* enormen Auftrieb bekommen hat, denn historisch war es schon früher, vor allem in der Mitte des 20. Jahrhunderts, in Mode. So unterscheiden ten Brink und Nölke (2013) auch drei Phasen des Staatskapitalismus: Als »Staatskapitalismus 1.0« bezeichnen sie die Art des Wirtschaftssystems, das im 19. Jahrhundert in Deutschland und Teilen Skandinaviens sowie in den USA und Japan entwickelt wurde, um den industrialisierten Nationalstaat auf- und auszubauen. »Staatskapitalismus 2.0« findet sich dann ab den 1930er Jahren u.a. in der New-Deal-Politik der USA unter Präsident Roosevelt, aber auch in den diversen europäischen Faschismen sowie in Ostasien. Der heutige chinesische Staatskapitalismus stellt aus dieser Sicht einen »Staatskapitalismus 3.0« dar.

Einerseits ist diese Einordnung sehr wichtig und kann helfen, (noch) besser zu verstehen, welche Rolle Staaten in unterschiedlichen Kapitalismen gespielt haben und spielen. Andererseits ist aus meiner Sicht die Gefahr hoch, dass der Begriff »Staatskapitalismus« analytisch umso mehr an Brauchbarkeit verliert, je breiter er auf die diversesten Phänomene angewendet wird (ähnlich: Alami/Dixon 2020). Natürlich kann und sollte man fragen, inwiefern die Wirtschaftspolitik unter Roosevelt oder während der Corona-Pandemie staatskapitalistische Züge trägt, und natürlich sollten wir die zentrale Rolle des Staates in der Wirtschaftspolitik beleuchten – doch ist die Brille der Vergleichenden Kapitalismusforschung dann am hilfreichsten, wenn damit ganze Wirtschaftssysteme und nicht einzelne spezifische Elemente dieser Systeme in den Blick genommen werden. Es droht sonst die Gefahr, dass jede Form der staatlichen Aktivität (die es in *jedem* Kapitalismustyp gibt) als Staatskapitalismus bezeichnet werden kann und der Begriff analytisch nutzlos wird. So zeigt auch Vogel (2018) in seinem Buch *Marketcraft*, dass Staat und Markt nicht als Gegensätze verstanden werden sollten – oft brauchen Märkte, um zu funktionieren, einen (starken) Staat, so dass Liberalisierungs- oder Privatisierungspolitik de facto oft gleichzeitig auch »mehr Staat« bedeutet.

Kurzum, es sollte – zumindest aus meiner Sicht – vermieden werden, dass der Begriff »Staatskapitalismus« zunehmend synonym für »staatliche Aktivität im Kapitalismus« genutzt wird. Mein Verständnis ist: Der Begriff »Staatskapitalismus« sollte ein ganzes Wirtschaftssystem beschreiben, weder irgendwelche Ausnahmen vom dominierenden Typ in einem Land (z.B. die Waffenindustrie in den USA) noch einzelne Wirtschaftspolitiken oder Episoden (z.B. Roosevelts New Deal). Zwar sind dies natürlich sehr wichtige staatliche Elemente im Kapitalismus. Aber ich würde den Term »Staatskapitalismus« reservieren wollen für ein ganzes Wirtschaftssystem – wie das chinesische. Selbst wenn es in manchen Sektoren starke staatliche Einmischung, Regulierung und Subventionierung gibt, heißt das nicht, dass die USA »staatskapitalistisch« sind. Sie sind vielmehr, wie wir gesehen haben, ein klares Beispiel für den Liberalen Kapitalismus – selbst wenn wir teilweise atypische Elemente darin finden. Es bleibt aber eine fruchtbare Forschungsdebatte, die Nutzbarkeit dieses Begriffs weiter auszuloten und vor allem auch weitere Staaten mit dieser Brille zu analysieren.

Gibt es noch weitere Kapitalismustypen?

China, Laos sowie Vietnam und teilweise Indien und Taiwan sind also Beispiele des Staatskapitalismus, welchen wir als weiteren Kapitalismustyp in unsere Aufstellung aufnehmen können. Gibt es darüber hinaus noch weitere Kapitalismustypen in anderen Weltregionen? Wie bereits angesprochen sind viele andere

Länder, insbesondere in Süd-, West- und Zentralasien sowie auf dem afrikanischen Kontinent bislang weniger systematisch erforscht, und es hat sich bislang noch keine Typologie zur Gruppierung der dortigen Wirtschaftssysteme etabliert. Es gibt aber einige sehr nützliche vergleichende Analysen. Besonders hervorzuheben sind die Arbeiten von Fainshmidt, Judge, Aguilera und Smith (2018) sowie die von Witt, de Castro, Amaeshi, Mahroum, Bohle und Saez (2018).

Fainshmidt et al. (2018) untersuchen 68 »unterforschte« Länder und unterscheiden dabei sieben Ländergruppen. Manche dieser Gruppen lehnen sich an bekannte Kapitalismustypen an wie etwa der »Hierarchisch Koordinierte Kapitalismus« (z.B. in Bulgarien, Georgien oder Jordanien), der »Entstehende Liberale Kapitalismus« (in Botswana, Israel oder Namibia) oder der »Staatsgeführte Kapitalismus« (in Bangladesch, China, Indien, Pakistan u.a.). Hinzu kommen »Fragmentierte Länder mit Fragilem Staat« (z.B. Angola, Kamerun, Ghana), »Familiengeführter Kapitalismus« (z.B. Algerien, Aserbaidschan, Marokko), »Zentralisierte Stämme« (z.B. Iran, Kuwait) und ein Kapitalismus um »Kollaborative Agglomerate« (in Osteuropa). Einerseits ist diese Typologie plausibel und zeigt weitere mögliche bzw. potenziell gerade entstehende Kapitalismustypen auf. Andererseits verwundert die Zusammensetzung mancher Ländergruppierungen, denn es werden z.B. alle zentral- und osteuropäischen Länder (von Estland über Ungarn bis Slowenien) in dieselbe Gruppe gesteckt, obwohl sie ja stark voneinander abweichende Systeme haben, wie wir in Kapitel 6 gesehen haben. Auch gibt es einige Rätsel auf, dass so unterschiedliche Länder wie Korea, Bulgarien, die Türkei und Libanon in derselben Gruppe (»hierarchisch koordiniert«) landen.

Überzeugender ist die Typologie von Witt et al. (2018), die neben den in diesem Buch diskutierten Typen u.a. die Kapitalismustypen der »hoch entwickelten Stadt-Wirtschaften« (in Hongkong und Singapur) und der »Arabischen ölbasierten Wirtschaften« (Kuwait, Katar, Saudi-Arabien und Vereinigte Arabische Emirate) unterscheidet. Auch hier bleiben aber als Residualkategorien weniger überzeugend zusammengesetzte Gruppen übrig, etwa die Gruppe der »Entstehenden Ökonomien«, die so diverse Länder wie Algerien, Argentinien, Bangladesch, Brasilien, China u.a. umfasst, oder die der »Entwickelten Entstehenden Ökonomien«, in der Chile, Israel, Korea, Südafrika, Taiwan und die Türkei zusammengruppiert werden. Diese Forschung sollte also eher als Auftakt und als Forschungsagenda verstanden werden.

Neben diesen großen Ländervergleichen gibt es auch spannende Fallstudien zu einzelnen Ländern. Um nur wenige zu nennen, seien Studien zu Nigeria (Amaeshi/Amao 2009) und zu Eritrea und Kenia (Bellucci 2017) als Beispiel genannt, die zu einem besseren Verständnis der unterforschten Regionen beitragen. Es bleibt aber zu konstatieren, dass manche Ländergruppen viel schlechter erforscht bleiben, insbesondere die meisten afrikanischen Länder, teilweise Südostasien sowie die west- und zentralasiatischen Länder. Hier bietet sich vielfältige Variation für zukünftige Forschung. Die Vergleichende Kapitalismusforschung bewegt sich aktuell in diese Richtung und sollte dies auch noch viel systematischer tun.

10. Kapitalismus und Kapitalismen: Zwischen Herausforderung, Kritik, Alternativlosigkeit und Utopien

Dieses Buch sollte gezeigt haben: Über Kapitalismus können wir im Singular und im Plural nachdenken. Im Singular ist *der Kapitalismus* das politökonomische Modell, das sich nach der Epoche des Feudalismus weltweit nahezu überall durchgesetzt hat und in unserem Zusammenhang definiert wurde als Wirtschaftssystem mit geschütztem Privateigentum und einer zentralen Rolle von Märkten und Kapital in weitreichenden Teilen der Wirtschaft. Im Plural sind *die Kapitalismen* ganz unterschiedliche Wirtschaftssysteme, denn während mittlerweile zwar die meisten Länder dieser Welt kapitalistisch sind, zeichnen sie sich konkret durch sehr unterschiedliche Systeme aus. Aus der Perspektive der Vergleichenden Kapitalismusforschung, die in diesem Band vorgestellt wurde, müssen wir verschiedene Kapitalismustypen voneinander abgrenzen, wenn wir diese Variation verstehen möchten.

Dieser Band hat sich – im Gegensatz zum Großteil der bestehenden Forschung – nicht auf den transatlantischen Vergleich von Westeuropa und Nordamerika oder auf eine andere geografische Region fokussiert, sondern eine globale Perspektive eingenommen. Dabei habe ich verschiedene Kapitalismustypen vorgestellt: den *Liberalen* Kapitalismus mit dem dominanten Beispiel der USA, den wir aber auch in anderen angelsächsischen Ländern sowie im Baltikum finden; den *Koordinierten* Kapitalismus, der in Deutschland und anderen kontinentaleuropäischen Ländern vorherrscht; den *Abhängigen* Kapitalismus der zentraleuropäischen Visegrád-Länder; Lateinamerikas *Konglomerat*-Kapitalismus; den *Netzwerk*-Kapitalismus Nordostasiens sowie den *Staatskapitalismus* vor allem chinesischer Prägung. Weitere möglicherweise als Beschreibungskategorie geeignete oder im Entstehen befindliche Kapitalismustypen wurden in Kapitel 9 angesprochen. Die unterschiedlichen Kapitalismustypen sind gekennzeichnet durch unterschiedliche institutionelle Gefüge, die alle Bereiche des gesellschaftlichen und wirtschaftlichen Lebens von Bildung und Arbeit über Unternehmensstrukturen und Wettbewerb bis zu Kapital und Finanzen durchziehen.

Anstatt die Charakteristika jedes einzelnen Typs hier noch einmal einzeln zusammenzufassen, nehme ich diese hier im letzten Kapitel vergleichend in den Blick und betone nur ein paar zentrale, teilweise vielleicht überraschende Gemeinsamkeiten und Unterschiede. Nach dieser vergleichenden Zusammenfassung der Hauptergebnisse thematisiere ich zweitens ein paar Limitationen dieses Bandes (und der Vergleichenden Kapitalismusforschung genereller). Danach komme ich drittens auf (aktuelle) Herausforderungen *des* Kapitalismus und *der* Kapitalismen zu sprechen. Hier geht es einerseits – im Plural – um konkrete empirische Herausforderungen der einzelnen *Kapitalismen*. Andererseits soll es – im Singular – um Herausforderungen *des Kapitalismus* gehen; so ist dieser zwar seit Jahrzehnten, wenn nicht seit Jahrhunderten ein Gegenstand der Kritik, erweist sich aber doch als erstaunlich alternativlos. Gibt es überhaupt noch »realexistierende« oder zumindest denkbare Alternativen zum Kapitalismus? Schließen möchte ich das Buch dann mit der Frage, wie eigentlich Demokratie und Kapitalismus zusammenpassen, denn Demokratie beruht auf Gleichheit und Kapitalismus hat zumindest empirisch bekanntlich eine Tendenz, Ungleichheit zu verstärken. Ist dies ein Paradox?

Gegenüberstellung: Die Kapitalismen im Vergleich

Die vorangehenden Kapitel haben die einzelnen Kapitalismustypen entlang der fünf institutionellen Arenen vorgestellt, ihre jeweiligen Ursachen herausgearbeitet und Konsequenzen aufgezeigt. Um allzu viel Repetition zu vermeiden, soll dies hier nicht noch einmal »wiedergekäut« werden. Stattdessen bietet Tabelle 1 einen knappen Überblick einiger zentraler Elemente der sechs unterschiedlichen Kapitalismen. An dieser Stelle möchte ich nur auf eine bemerkenswerte Beobachtung hinweisen: Einerseits ist jeder Kapitalismustyp individuell und unterscheidet sich klar von den anderen. Andererseits aber gibt es Überschneidungen und Gemeinsamkeiten zwischen jedem Kapitalismustyp mit den jeweils anderen. Im Folgenden hebe ich ein paar Beispiele hervor; Leser:innen können weitere anhand der Kapitel und anhand von Tabelle 1 ableiten.

Der Liberale Kapitalismus und der Koordinierte Kapitalismus unterscheiden sich in vielerlei Hinsicht – und wie schon Hall und Soskice (2001) zeigten, stehen diese sich oft diametral gegenüber. Nichtsdestotrotz gibt es auch Gemeinsamkeiten. Insbesondere im Vergleich mit dem Konglomerat-Kapitalismus und dem Abhängigen Kapitalismus, aber auch dem Staatskapitalismus fällt auf, dass sowohl der Liberale als auch der Koordinierte Kapitalismus auf die Entwicklung und Produktion von High-end-Produkten spezialisiert sind. Zwar sind der Liberale und der Koordinierte Kapitalismus auf unterschiedliche Weisen der Fertigung und Produktentwicklung spezialisiert (Stichwort: radikale vs. inkrementelle Innovation), aber beide befinden sich an der »Speerspitze« der Entwicklung und Produktion von High-end-Gütern. Darüber hinaus haben beide herausragende Bildungssysteme, die für eine hochgebildete Bevölkerung und Arbeitnehmerschaft sorgen – wenn sie dies auch auf unterschiedliche

Weise tun, mit einem stärkeren Fokus auf generelle Fähigkeiten im Liberalen Kapitalismus und auf spezifische Fähigkeiten im Koordinierten Kapitalismus.

Gleichzeitig gibt es aber auch Überschneidungen des Liberalen Kapitalismus mit dem Konglomerat-Kapitalismus sowie dem Staatskapitalismus: In allen dreien sind die Unternehmen dominant gegenüber ihrer eigenen Belegschaft – die Arbeitnehmerschaft hat kaum Mitspracherechte oder -möglichkeiten. Gewerkschaften sind schwach (oder politisch abhängig wie in China), Arbeitskarrieren dadurch oft unterbrochen; anders gesagt: die Arbeitsmärkte sind sehr flexibel, oft auch segmentiert. Dies fällt insbesondere im Vergleich mit dem Koordinierten Kapitalismus und dem Netzwerk-Kapitalismus auf, in denen (lebens-)lange Beschäftigung in ein- und demselben Unternehmen üblich ist.

Aber auch der Koordinierte Kapitalismus und der Konglomerat-Kapitalismus haben Gemeinsamkeiten: In beiden spielen Banken und stabile Verbindungen zwischen Banken und Unternehmen (Stichwort: Hausbanken bzw. konglomerateigene Banken) eine ganz zentrale Rolle in der Unternehmensfinanzierung. Dies gilt ebenso, wie wir gesehen haben, für den Staatskapitalismus, der durch staatlich dominierte Banken geprägt ist. Dadurch unterscheiden sich diese drei Kapitalismen vor allem von dem durch den Finanzmarkt dominierten Liberalen Kapitalismus und vom Abhängigen Kapitalismus, in dem ausländische Direktinvestitionen zentral sind. Der Netzwerk-Kapitalismus nimmt hier eine Mittelstellung ein, denn wie wir gesehen haben, ist er gleichzeitig auf Banken und (limitiert) den Finanzmarkt fokussiert.

Auch der Konglomerat-Kapitalismus und der Netzwerk-Kapitalismus haben Gemeinsamkeiten: In beiden spielen große Unternehmensgruppen eine zentrale Rolle. Zwar hat jeder Kapitalismustyp irgendwelche mächtigen Unternehmen, doch ist diese

Tendenz zur Etablierung von großen Konzernen sowohl im Konglomerat- als auch im Netzwerk-Kapitalismus stark ausgebildet. Gleichzeitig gibt es auch große Unterschiede der beiden Kapitalismen, nicht zuletzt völlig unterschiedliche Arbeitsmärkte (flexibel und segmentiert im Konglomerat-Kapitalismus vs. stabil und gesichert im Netzwerk-Kapitalismus), ganz unterschiedliche Bildungssysteme (hochqualifizierte berufliche Bildung im Netzwerk-Kapitalismus vs. vorherrschende Niedrigqualifikation – *low-skill, bad-jobs-trap* – im Konglomerat-Kapitalismus).

Auch der Staatskapitalismus weist Gemeinsamkeiten mit allen anderen Kapitalismustypen und gleichzeitig prägnante Unterschiede zu ihnen auf: Wie im Liberalen und im Konglomerat-Kapitalismus sind die Arbeitsmärkte flexibel und segmentiert; wie im Koordinierten Kapitalismus ist die Unternehmensfinanzierung bankenbasiert; wie im Konglomerat-Kapitalismus setzt das Bildungssystem vor allem auf generelle Fähigkeiten im Schulbereich und bringt vergleichbar schwache Bildungsleistungen hervor; und wie im Liberalen Kapitalismus sind die Unternehmen hierarchisch mit einem Top-down-Management organisiert und eine Hire-and-fire-Kultur herrscht vor.

Es ließen sich viele weitere Gemeinsamkeiten und Unterschiede herausarbeiten, aber ich denke, das Prinzip sollte klar geworden sein: Jeder Kapitalismustyp hat eigene Merkmale, aber gleichzeitig Gemeinsamkeiten mit den jeweils anderen Typen. Ein Verstehen dieser Gemeinsamkeiten und Unterschiede ist nicht nur akademisch hochinteressant, sondern auch für die Lebenswirklichkeit vieler Menschen sehr relevant: Der Vergleich der Kapitalismen hilft nicht zuletzt, viele konkrete empirische sozioökonomische und politische Phänomene zu verstehen.

Nehmen wir drei Beispiele: Krisenanfälligkeit, Jugendarbeitslosigkeit und Ungleichheiten. Wir haben gesehen, dass die unterschiedlichen Kapitalismen unterschiedlich anfällig für Krisen sind, genauer: auf unterschiedliche Weise anfällig für unterschiedliche Krisen sind. Im Liberalen Kapitalismus machen sich wirtschaftliche Krisen (aber auch Aufschwünge) schnell und deutlich bemerkbar. Diese haben direkte, sichtbare Effekte auf Unternehmen (welche schnell Gewinne machen, aber auch ebenso schnell bankrottgehen können) sowie auf Arbeitsmärkte (schnelle Einstellungen, schnelle Kündigungen) und damit auf das Leben aller Menschen im Liberalen Kapitalismus – z.B. das Leben unseres fiktiven Freunds James, der uns in diesem Buch als Beispiel für einen Arbeitnehmer im Liberalen Kapitalismustyp gedient hat.

Weniger anfällig für Krisen sind dagegen einzelne Unternehmen sowohl im Koordinierten, im Konglomerat- als auch im Netzwerk-Kapitalismus, denn sie werden durch verschiedene Institutionen stabilisiert: Netzwerke im Netzwerk-Kapitalismus, langfristige Kooperationen im Koordinierten Kapitalismus und Konglomerat-Strukturen im Konglomerat-Kapitalismus. Die Auswirkungen von Krisen auf Unternehmen und einzelne Arbeiter:innen sind daher weniger direkt – insbesondere unser fiktiver Andreas aus Stuttgart und Haruki aus Tokyo sind sehr gut geschützt. Umgekehrt bedeutet dies aber auch, dass diese drei Kapitalismen »systemischer« anfällig sind; einzelne Unternehmen mögen gut eingebettet sein und dadurch an Stabilität gewinnen, doch als Kehrseite kann sich eine Krise auch einfacher von einem Unternehmen auf ganze Unternehmensbereiche oder die ganze Wirtschaft des jeweiligen Landes ausweiten. Das vielleicht anschaulichste Beispiel dafür ist die nun schon jahrelange wirtschaftliche Stagnation in Japan: Der Netzwerk-Kapitalismus macht es hier schwierig, die Wirtschaft »anzukurbeln«. Für aufschlussreiche Analysen der unterschiedlichen Kapitalismen in und durch Krisen sind z.B. die Arbeiten von Alison Johnston et al. (2014), von Stefanie Walter (2013) und von Peter Hall (2013) zu empfehlen.

Als zweites Beispiel können wir auf Unterschiede in der Jugendarbeitslosigkeit schauen. Hier schneiden der Koordinierte Kapitalismus und der Netzwerk-Kapitalismus deutlich besser ab als die anderen drei Kapitalismen. Und dies ist kein Zufall, sondern strukturell begründet in den jeweiligen Institutionen, insbesondere dem jeweiligen Bildungssystem, aber auch allen anderen betreffenden Institutionen. Ich habe besonders am deutschen Beispiel hervorgehoben, dass, wie und warum das starke (duale) Ausbildungssystem zu geringer Jugendarbeitslosigkeit beiträgt: Jugendlichen stehen gute und sichere Bildungs- und Arbeitskarrieren offen. Die Wahrscheinlichkeit, dass jemand nach der Ausbildung übernommen wird oder woanders eine gute Anstellung findet, ist sehr hoch. Dies gilt noch weit mehr im Netzwerk-Kapitalismus, wo die Möglichkeit einer Lebenszeitbeschäftigung direkt nach der Schule winkt. Die anderen drei Kapitalismen schneiden hier schlechter ab, denn sie bieten Jugendlichen entweder nur schlechte (Aus-)Bildungsmöglichkeiten (im Konglomerat-Kapitalismus), dualisieren sehr stark zwischen hoch anerkannter akademischer Bildung und wenig anerkannter rein schulischer Bildung (im Liberalen Kapitalismus) oder bieten nur kurze, tätigkeitsfokussierte Programme an (im Abhängigen Kapitalismus).

Ein letztes Beispiel für die Relevanz der Unterscheidung von Kapitalismen sind ihre sehr verschiedenen Effekte auf Ungleichheiten. Obwohl wir oft über »Ungleichheit« im Singular sprechen, sollte klar geworden sein, dass wir es vielmehr mit unterschiedlichen Ungleichheiten zu tun haben, die zwar zusammenhängen können, aber nicht notwendigerweise müssen, z.B. Einkommens-, Geschlechter-, oder Bildungsungleichheit. Es können in einem Land zwar alle Ungleichheiten gleichzeitig stark oder gering ausgeprägt sein, doch ist die Realität oft komplexer. – Und dies ist kein Zufall, sondern in den jeweili-

Tabelle 1: Kapitalismustypen im Vergleich

	Liberaler Kapitalismus	**Koordinierter Kapitalismus**	**Abhängiger Kapitalismus**
Bildungs-system	stark privatisiert u. marktdominiert; diverse Hochschul-landschaft; kaum berufliche Bildung (nur *on the job training*); Fokus generelle *skills* (*high-skill* und *low-skill*), kaum spezifische *skills*	öffentliches Bildungssystem, stark stratifiziert; starker Fokus auf berufliche Fähigkeiten in hochqualitativer dualer Ausbildung; geringe und späte Akademisierung; Fokus auf industriespezifische berufliche *skills*	öffentliches Bildungssystem; Fokus auf berufliche Fähigkeiten, oft kurze schulische Berufsbildungsprogramme; eher spezifische *skills*
Arbeitsbe-ziehungen	schwacher/kein Kündigungsschutz; schwache Gewerkschaften; individualisierte Verhandlungen; Hire-and-fire-Kultur; kurzfristige Beschäftigung und viele Jobwechsel üblich; flexibler Arbeitsmarkt	starker Kündigungsschutz; starke Gewerkschaften und starke und organisierte Arbeitgeberverbände; Koordination und Verhandlungssysteme (Korporatismus); Betriebsräte; Mitbestimmung; Tarifverträge; langfristige Beschäftigung üblich	Gewerkschaften schwach; Arbeitgeber schwach organisiert; kaum Kooperation; keine Hire-and-fire-Kultur
Unterneh-mensfinan-zierung und -kontrolle	finanzmarktfokussiert; *shareholder value*; Orientierung auf kurzfristige Gewinne	Hausbanken; langfristige Kooperation; geduldiges Kapital; langfristige Orientierung; Informationsnetzwerke; *stakeholder value*	starke Abhängigkeit von westlichem Kapital (und Wissenstransfer); Finanzierung und Kontrolle durch ausländisches Kapital
Innerbe-triebliche Beziehun-gen	hierarchische Strukturen; Top-down-Management; Hire-and-fire-Kultur	Kooperation und Koordination; Mitbestimmung	Abhängigkeit in Unternehmenskontrolle; schwache Mitsprache der lokalen Stakeholder

Konglomerat-Kapitalismus	Netzwerk-Kapitalismus	Staatskapitalismus
geringe Bildungsbeteiligung; Qualitätsprobleme im Bildungsbereich; wenig postsekundäre Bildung; kaum spezifische *skills*, aber auch nur geringe generelle *skills*; *low-skill, bad-jobs trap*	öffentliches Schulsystem, danach hochqualitative Berufsbildung in Unternehmen oder Studium in privatisierten Hochschulen; traditionell Fokus auf Unternehmensspezifische berufliche *skills*	generell öffentliches Bildungssystem; starker Fokus auf Primar- und Sekundarbildung, wenig postsekundäre; kaum spezifische *skills*, eher generelle, aber insgesamt niedriges Bildungsniveau; hohe Bildungsungleichheit, stark segmentiert; zentrale Rolle von ideologischer Propaganda
starke Arbeitgeber (Konglomerate), aber nicht organisiert in Dachverbänden; schwache Gewerkschaften; Arbeitnehmerschaft atomisiert und segmentiert; kurze Beschäftigungsdauern und häufige Jobwechsel üblich; Hire-and-fire-Kultur; de facto schwacher Arbeitnehmerschutz	Lebenszeitbeschäftigung; extrem lange Beschäftigung üblich; Kündigungen unüblich; Senioritäts-system und Betriebsrenten; *shukko*-System; schwache, kooperative Gewerkschaften auf Unternehmensebene; strikter Kündigungsschutz	de facto schwacher/kein Kündigungsschutz; Gewerkschaften = verlängerter Arm der Staatspartei; kurzfristige Beschäftigung und Hire-und-fire üblich; flexibler und stark segmentierter Arbeitsmarkt; großer informeller Arbeitsmarkt
Eigenkapital durch konglomerateigene Banken; dazu ausländische Direktinvestitionen; geringe Rolle von Finanzmärkten; Familienbesitz und -steuerung üblich	bankenbasiert, netzwerkeigene Bank; gleichzeitig Finanzmarkt, aber durch *mochiai*-System limitiert; gegenseitige Unternehmenskontrolle; »Anleihen« von eigener Belegschaft (Rentenfonds etc.); sehr geduldiges Kapital	Staat = zentrale Rolle (durch Staatsunternehmen, Anteilseignerschaft und/oder persönliche Netzwerke [*guanxi*] zwischen Politik und Wirtschaft) + durch staatliche Banken und Finanzmarktregulierung; Privatunternehmen i.d.R. in Familienbesitz
hierarchisch organisierte Unternehmen in Familienbesitz	vertikale und horizontale Unternehmensnetzwerke; hierarchisch organisiert, aber gewisse Einbeziehung der Belegschaft	hierarchische Strukturen; Top-down-Management; Hire-and-fire-Kultur; hohe Politisierung; enge Netzwerke zwischen Wirtschafts- und Politikeliten

	Liberaler Kapitalismus	**Koordinierter Kapitalismus**	**Abhängiger Kapitalismus**
Zwischen-betriebliche Beziehungen	Wettbewerb; ungewollte Übernahmen üblich; formale Verträge üblich	Kooperation zwischen Unternehmen (insb. Zulieferketten); limitierter Wettbewerb	Wettbewerb um Kapital und qualifizierte Arbeiterschaft (zwischen Unternehmen und Ländern)
Stärken & Schwächen	radikale Innovation (Bsp. »Einhörner«); flexible Märkte (mehr Höhen und Tiefen); hohe Gewinne möglich; hohe sozioökonomische und hohe Bildungs-Ungleichheiten; geringe soziale Absicherung durch Sozialstaat	inkrementelle Innovation; *diversified quality production*; Kriseneffekte weniger stark; geringere (Jugend-)Arbeitslosigkeit; hohe Bildungs- und Geschlechterungleichheit; geringere Einkommensungleichheit; wenig Flexibilität; Arbeitsmarktdualisierung	günstige, relativ hochqualitative Massenproduktion; hohe Geschlechter- und Einkommensungleichheiten; Abhängigkeit von internationalem Kapital und Technologietransfer und Export; Herausforderung durch Strukturwandel
Politics	schwache Gewerkschaften; keine »Arbeiterparteien«; Mehrheitswahlsystem resultierend in Zwei-Parteien-System; Pfadabhängigkeiten (Privatisierungs-»Erbe«); kein Feudalismus; zentrale Rolle von Sklaverei; frühe u. starke Öffnung für Freihandel; kulturelle Prägungen (Puritanismus, Liberalismus, *American Dream*)	starke und organisierte Gewerkschaften und Arbeitgeberverbände; Korporatismus; späte Industrialisierung und unter autoritärem Korporatismus; Verhältniswahlrecht mit Mehrparteiensystemen; Koalitionsregierungen (oft: Mitte-rechts oder Mitte-links); teilweise: kleine, homogene Staaten	beeinflusst durch Sowjetunion aber weniger direkt als Baltikum; gradueller Wandel zu Kapitalismus; Beständigkeit in Bürokratie; rechtskonservative/populistische Regierungen; geografische Nähe zu Westeuropa; Pfadabhängigkeiten (lange Industriegeschichte und bestehende Infrastruktur)
Länder-Beispiele	USA + angelsächsische Länder + Baltikum	Deutschland + Kontinentaleuropa + Slowenien	Visegrád-Länder

Konglomerat-Kapitalismus	Netzwerk-Kapitalismus	Staatskapitalismus
Konkurrenz zwischen Konglomeraten; Kooperation innerhalb der Konglomerate	extrem enge Kooperation innerhalb der Netzwerke (z.B. *mochiai*-System); zwischen Netzwerken teilweise Konkurrenz, aber teilweise auch Kooperation	Wettbewerb zwischen staatlichen und privaten Unternehmen (u.a. kaum Schutz von geistigem Eigentum); aber verzerrter Wettbewerb, da staatliche Unternehmen bezorzugt
kostengünstige Gewinnung und Weiterverarbeitung von natürlichen Ressourcen; Produkte mit geringer Komplexität (Agrar und Metalle, aber auch Textil, Elektro- und Autoteile); diversifizierte wirtschaftliche Orientierung streut Risiko; *low-skill, bad-job trap*; hohe Armut; sehr hohe sozioökonomische Ungleichheit	langfristige Planbarkeit für Netzwerke und Arbeitnehmer; Sicherheit und Risikominimierung; einzelne Unternehmen in Netzwerken geschützt; Risiko des »systemischen« Problems; hochkomplexe, qualitative Massenproduktion; hohe individuelle Arbeitsbelastung; hohe Geschlechterungleichheit; niedrige Einkommensungleichheit	günstige Massenproduktion von einfacher, niedrigerqualitativer Güter, großer inländischer Markt und Nachfrage; »Kopieren« von Innovationen; strategische Sektoren und Unternehmen stark und langfristig gefördert; Armutsreduktion aber massive Ungleichheit; potenziell herausgefordert durch Liberalisierung u. Entstehende neue Mittelklasse
historische Entwicklung (Kolonialgeschichte schafft Fokus auf natürliche Ressourcen und bestimmte Sozialstruktur u. hält Finanzmarkt klein); ISI-Politik, gefolgt von Washington-Consensus-Politik; geringere Staatskapazität; mächtige Arbeitgeber (Konglomerate), schwache Gewerkschaften; unterdrückte Arbeiterbewegung; klientilistischer Parteienwettbewerb; Ressourcenreichtum	historische Isolation »vom Westen« gefolgt von »Modernisierungspolitik«; staatliche Förderung von (industriellen) Netzwerken; Primat des Wirtschaftswachstums; starke konservative Regierungen; starke technokratische Bürokratie; schwache Gewerkschaften (teilweise unterdrückt), schwache (teilweise unterdrückte) Arbeiterbewegung; homogene Gesellschaften	dominiert durch (oft: autoritären) Staat und Staatspartei; sozialistisches Erbe; strategische und nur teilweise Liberalisierung, Privatisierung und Globalisierung; Größe des inländischen Absatzmarkts
Lateinamerika	Japan, Korea (teilweise Taiwan und Thailand)	China, Laos, Vietnam (teilweise Indien und Taiwan)

gen Institutionen des betreffenden Kapitalismustyps begründet. Das gerade genannte Beispiel der dualen Ausbildung illustriert dies sehr gut: Ein starkes duales Ausbildungssystem trägt zu geringer Jugendarbeitslosigkeit und auch zu geringer Einkommensungleichheit bei, denn oft verdienen die Ausgebildeten vergleichsweise gut (definitiv besser als Menschen ohne Hochschulstudium in anderen Kapitalismen). Gleichzeitig trägt die duale Ausbildung aber de facto zu höherer Bildungsungleichheit bei (weil die Heranwachsenden sehr unterschiedliche Bildungswege einschlagen und diese de facto auch durch den familiären Hintergrund stark beeinflusst sind) und kann damit auch Geschlechterungleichheit erhöhen, insofern viele Ausbildungsberufe weiterhin eine starke Gender-Konnotation haben (etwa: Mechaniker = eher männlich; Medizinische Fachangestellte = eher weiblich). Und dies ist nur ein Beispiel von sehr vielen. Jede der hier vorgestellten Institutionen kann hinsichtlich ihrer Effekte auf Ungleichheiten untersucht werden. Darüber hinaus können die Effekte natürlich auch noch komplexer sein, also z.B. geschlechterbezogene Bildungsunterschiede die Einkommensungleichheit beeinflussen. Diese Zusammenhänge untersucht unter anderem die Forschung zur Intersektionalität.

Die Gemeinsamkeiten und Unterschiede der Kapitalismen sowie deren Ursachen und Konsequenzen konnten hier nur kurz angeschnitten werden. Ihre systematische Analyse könnte ein weiteres Buch füllen. Klar geworden sollte jedoch sein, dass, inwiefern und warum Vergleiche der unterschiedlichen Kapitalismen nicht nur interessant, sondern auch extrem hilfreich und nützlich sind.

Limitationen dieses Buches und der Vergleichenden Kapitalismusforschung

Ziel dieses Bandes war es, eine gut lesbare und leicht zugängliche Einführung in die Vergleichende Kapitalismusforschung anzubieten und Leser:innen für diese Forschung zu begeistern. Das Buch erhebt somit keinerlei Anspruch auf »Vollständigkeit« oder auf eine umfassende Diskussion der existierenden Forschung und ihrer empirischen Ergebnisse. Dies kann und will dieses Buch gar nicht leisten. Vielleicht öffnet es bei manchen Leser:innen sogar mehr neue Fragen, als es Antworten liefert. Auch darüber wäre ich sehr froh. Ein paar offensichtliche Limitationen sollen hier aber kurz hervorgehoben werden.

Erstens: Wie schon in Kapitel 9 beschrieben, bietet das Buch zwar eine global vergleichende Perspektive und geht damit über den Großteil der bestehenden Forschung hinaus, die größtenteils noch stark auf die reichen, entwickelten Demokratien fokussiert ist. Ich habe dagegen versucht, verschiedene Kapitalismen in ganz unterschiedlichen Weltregionen vorzustellen und deren jeweilige Ursachen und Folgen zu erläutern. Gleichzeitig können hier aber auch nicht alle Weltregionen gleichermaßen systematisch abgedeckt werden. Insbesondere der Afrikanische Kontinent sowie Süd-, Zentral- und Westasien wurden in Kapital 9 nur knapp thematisiert. Dies liegt einerseits (das will ich nicht verbergen) an meiner eigenen Expertise, die zwar global vergleichend ist, aber weniger ausgeprägt für die genannten Regionen. Andererseits ist diese Unterbelichtung jedoch auch repräsentativ für die Disziplin, denn wie wir gesehen haben, gibt es immer noch sehr viel weniger systematische Forschung zu den hier weniger behandelten Regionen und dies nicht zuletzt teilweise schon, weil Informationen und systematische Daten fehlen.

Eine zweite Limitation des Buches besteht darin, dass der Fokus nahezu ausschließlich auf Nationalstaaten liegt. Dies spielt darüber hinweg, dass es auch erhebliche Variationen innerhalb von Staaten gibt. Einerseits sind hier regionale Unterschiede zu nennen. Das klassische Beispiel dafür sind Unterschiede innerhalb der USA zwischen dem Innovationscluster für Hightech im Silicon Valley, der Auto- und Industrie-Metropolregion Detroit, dem agrarischen Mittleren Westen und der banken- und finanzfokussierten Ostküste. Beispiele in Deutschland wären etwa die Unterschiede zwischen der (ehemaligen) Schwerindustrie im Ruhrgebiet, dem Biotechnologie-Standort in Martinsried nahe München, der auf Automobilproduktion und -entwicklung fokussierten Region um Stuttgart oder dem Finanzcluster in Frankfurt. Die *intranationalen* Unterschiede sind sogar noch um einiges größer, wenn man in die »Mega-Staaten« China und Indien schaut, wo es regional massive Unterschiede gibt: In Indien etwa zwischen den sehr wohlhabenden Regionen wie Goa, Sikkim und Delhi mit starkem Industrie- und/oder Dienstleistungssektor einerseits und den sehr armen, landwirtschaftlich geprägten Regionen wie Uttar Pradesh oder Bihar andererseits – viele der indischen (und chinesischen) Regionen sind übrigens deutlich bevölkerungsreicher als die meisten europäischen Staaten (Uttar Pradesh z.B. hat etwa 200 Millionen Einwohner). Diese subnationalen Unterschiede wurden hier also nur am Rande thematisiert. Der hier vorgestellte Ansatz der Vergleichenden Kapitalismusforschung lässt sich jedoch, zumindest teilweise, auch auf subnationale Phänomene übertragen, wofür sich eine eigene Forschung zu den »regional varieties of capitalism« entwickelt hat.

Eine andere Form der innerstaatlichen Variation, die hier etwas überspielt wurde, ist die zwischen Unternehmen. Ich habe versucht herauszuarbeiten, dass und warum unterschiedliche

Kapitalismen unterschiedliche Vor- und Nachteile haben und z.B. unterschiedlich gut für unterschiedliche Produktionsweisen geeignet sind: Der Liberale Kapitalismus zum Beispiel ist ein produktiveres Umfeld für radikale Innovation, während inkrementelle Innovation besser im Koordinierten oder im Netzwerk-Kapitalismus gedeihen kann. Das bedeutet aber umgekehrt nicht, dass alle Unternehmen in einem Kapitalismustyp von genau derselben Art von Produktion und Innovation geprägt wären. Natürlich gibt es auch im Liberalen Kapitalismus inkrementelle Innovation und im Koordinierten Kapitalismus radikale. Der Konglomerat-Kapitalismus mag besser als andere Typen geeignet sein, um natürliche Ressourcen zu gewinnen und weiterzuverarbeiten – doch heißt das nicht, dass Unternehmen in den anderen Kapitalismen das nicht tun. Dies wurde bislang nur indirekt thematisiert, um auf die größeren Unterschiede der Kapitalismen hinzuweisen. Es wurde allerdings indirekt angesprochen, insofern der Varieties-of-Capitalism-Ansatz annimmt, dass solche Unternehmen (langfristig) erfolgreicher sind, die die institutionellen Komplementaritäten des jeweiligen Kapitalismustyps gewinnbringend nutzen.

Drittens schließlich hat dieser Band, wie in der Einleitung angekündigt, die *Unterschiede* der verschiedenen Kapitalismen betont und darüber deren *Gemeinsamkeiten* etwas heruntergespielt. Nicht vergessen werden sollte, dass alle der hier diskutierten Systeme eben kapitalistisch sind, dass sie also alle Privateigentum schützen und Märkte und Kapital in weiten Teilen der Wirtschaft nutzen. Darüber hinaus gibt es noch weitere Gemeinsamkeiten, etwa dass sie alle durch gewisse globale Trends wie Globalisierung, Finanzialisierung, Deindustrialisierung oder Automatisierung beeinflusst werden, die nicht an Grenzen haltmachen. Darauf komme ich im nächsten Abschnitt zu sprechen. Noch einmal soll aber betont werden, dass ich in diesem Band die Perspektive der *Vergleichenden* Politischen Ökonomie vorstelle, welche eher auf die Unterschiede der Kapitalismen fokussiert, während die *Internationale* Politische Ökonomie eher auf deren Gemeinsamkeiten achtet.

Herausforderungen *der* Kapitalism*en*

Die Welt ist nie statisch, es gibt immer Veränderung – zum Glück, sonst wäre sie doch schrecklich langweilig! Entsprechend sind auch die Kapitalismustypen nicht statisch, sondern werden kontinuierlich durch verschiedene soziale, ökonomische und politische Prozesse beeinflusst und herausgefordert. Es gibt zahlreiche große Veränderungen in unseren Gegenwartsgesellschaften, die für die Wirtschaftssysteme Chancen bieten, aber auch Herausforderungen darstellen. Unter anderem wären zu nennen: Deindustrialisierung, Digitalisierung, Automatisierung und die Verschiebung zu wissensbasierter Arbeit, eine wachsende Rolle und Macht von Finanzmärkten sowie globalen Kapitalströmen, Globalisierung in all ihren Facetten, demografischer Wandel – insbesondere eine in einigen Weltregionen immer älter werdende Gesellschaft, steigende Ungleichheit(en) sowie die Entstehung und das Erstarken von Populismus mit seinen (ver)einfach(t)en Antworten auf komplexe Phänomene. Man könnte diese Liste leicht fortführen und um weitere große Veränderungen ergänzen.

Worauf ich aber hinauswill, ist, dass all diese Veränderungen die unterschiedlichen Kapitalismen *unterschiedlich* herausfordern. Man nennt dies »Effekt-Heterogenität«: Ein und dieselbe Ursache kann in unterschiedlichen Kontexten unterschiedliche Effekte haben. Ein und dieselbe sozioökonomische Veränderung kann in dem einen Kapitalismustyp eher als Chance wahrgenommen werden, während sie in einem zweiten kaum Effekte hat, aber einen dritten Typ fundamental herausfordert. Dies möchte ich an drei Beispielen (Deindustrialisierung, Finanzialisierung und dem Niedergang der Gewerkschaften) knapp illustrieren.

Eine der größten strukturellen Veränderungen unserer Zeit ist die *Deindustrialisierung*, d.h. die abnehmende Bedeutung der Industrie in der Wirtschaft. Dies zeigt sich u.a. darin, dass immer weniger Menschen im Industriesektor angestellt sind und der Anteil der industriellen Produktion am Bruttoinlandsprodukt weltweit stetig sinkt. Wir sehen zunehmend eine Verschiebung hin zu einer sogenannten Dienstleistungs- oder Wissensgesellschaft. Diese Entwicklung fordert alle Wirtschaftssysteme heraus, denn sie hat weitreichende Konsequenzen für Arbeitnehmer, Arbeitgeber und den Staat.

Aus Sicht der Vergleichenden Kapitalismusforschung fällt allerdings auf, dass Deindustrialisierung nicht alle Kapitalismen gleichermaßen beeinflusst. Dies ist so, weil die unterschiedlichen Kapitalismen unterschiedlich stark und auf unterschiedliche Weise auf industrielle Produktion angewiesen sind. Jensen (2011) zeigt dies im Vergleich des Koordinierten und des Liberalen Kapitalismus: Der Koordinierte Kapitalismus ist mit seinem Fokus auf spezifische berufliche Fähigkeiten, kooperative Beziehungen von (industriellen) Gewerkschaften und Arbeitgebern und inkrementelle Verbesserung industrieller Produktion viel fundamentaler durch die Deindustrialisierung herausgefordert als der Liberale Kapitalismus mit seinem Fokus auf generelle Fähigkeiten, radikale Innovation und flexible Arbeitsmärkte. So fällt Ländern wie den USA die Verschiebung zu einer Dienstleistungs- und Wissensgesellschaft deutlich leichter als Ländern wie Deutschland, wo industrielle Produktion viel stärker in die »DNA« des Kapitalismustyps eingebrannt ist. Ähnliches gilt für den Netzwerk-Kapitalismus in Nordostasien, in dem industrielle

Produktion tief verankert ist, sowie für den Abhängigen Kapitalismus der Visegrád-Länder, deren Ökonomien nahezu vollständig auf industrielle Produktion angewiesen sind (Garritzmann et al. 2022a, 2022b, 2022c).

Genereller lässt sich festhalten, dass nicht nur Deindustrialisierung, sondern jede Art des technologischen Wandels jedes Wirtschaftssystem einerseits vor Herausforderungen stellt und Chancen bietet, diese sich aber für unterschiedliche Kapitalismen sehr unterschiedlich darstellen. Ein Hauptmechanismus dabei ist, dass jede Art von technologischem Wandel (z.B. Industrialisierung, Deindustrialisierung, Digitalisierung, Automatisierung) Veränderungen mit sich bringt, welche *skills* und Fähigkeiten wirtschaftlich benötigt und gefragt sind. Die Industrialisierung führte zu einer starken und lang andauernden Nachfrage nach beruflich ausgebildeten Arbeitnehmern; die Verschiebung zur Wissensgesellschaft basiert zunehmend auf hochschulischer Bildung; die Automatisierung fordert »routinisierbare« Berufe heraus, insofern diese wegfallen könnten: Je mehr die Routine die tagtägliche Arbeit bestimmt, desto besser lassen die Jobs sich automatisieren. Dies trifft gleichermaßen auf den Niedrigqualifikationsbereich (etwa Kassierer:innen im Supermarkt) wie auf den Hochqualifikationsbereich zu (beispielsweise Radiolog:innen, die u.a. Röntgenbilder analysieren), aber am meisten betroffen sind die mittel bis hoch qualifizierten und eher technisch gebildeten Arbeitnehmer:innen (Goos et al. 2014; Garritzmann et al. 2022a).

Um die Herausforderung durch Technologie noch anders zu illustrieren, lasse ich die Technologie selbst zu Wort kommen und bitte den auf Künstlicher Intelligenz basierenden Chat-Bot ChatGPT[43] die Frage zu beantworten, ob technologischer Wandel unterschiedliche Kapitalismustypen unterschiedlich herausfordert:

»Die Herausforderungen, die der technologische Wandel für kapitalistische Wirtschaftssysteme darstellt, können je nach Art des Kapitalismus unterschiedlich sein. In einem Liberalen Kapitalismus, bei dem die Regulierung und der Einfluss des Staates auf die Wirtschaft minimal sind, kann der technologische Wandel die Prozesse der Marktdisziplinierung und des »Survival of the fittest« verstärken, wodurch Unternehmen, die nicht in der Lage sind, sich an die neuen Technologien anzupassen, aus dem Markt gedrängt werden. In einem Koordinierten Kapitalismus, bei dem der Staat eine größere Rolle in der Wirtschaftspolitik spielt und Unternehmen und Gewerkschaften enger zusammenarbeiten, kann der technologische Wandel dazu beitragen, dass die Umstellung auf neue Technologien und die Verteilung der Lasten und Nutzen der technologischen Entwicklung in enger Abstimmung mit Arbeitnehmern und Gewerkschaften erfolgt. In einem staatlich gelenkten Kapitalismus, bei dem der Staat eine dominante Rolle in der Wirtschaftspolitik spielt, kann der technologische Wandel eine größere Rolle spielen bei der Steuerung der Wirtschaft und der Verteilung der Lasten und Nutzen der technologischen Entwicklung.«

Es muss vermutlich kaum erwähnt werden, aber trotzdem: Natürlich kommt »die Technologie« hier nicht wirklich »selbst zu Wort«, wie ich oben versprochen habe. Vielmehr spuckt ein mit Daten gefütterter und trainierter Algorithmus mehr oder weniger sinnvolle Texte aus. Je nachdem, auf welche Daten dabei gerade zurückgegriffen wird (Soziale Medien, Datenbanken, Journalismus etc.), und je nachdem, wann und wie wir eine Frage stellen, erhalten wir unterschiedliche Antworten. In dem zitierten Text scheint ChatGPT die größten Herausforderungen im Liberalen Kapitalismus zu sehen (steigende Ungleichheit), während Koordinierter und Staatskapitalismus (andere Formen werden nicht genannt) die Folgen abmildern können. Diese Antwort ist nicht unrichtig – aber sie unterschlägt, dass umgekehrt besonders der Koordinierte Kapitalismus durch technologischen Wandel herausgefordert sein könnte. Es soll aber hier gar nicht um die technologischen Details des Algorithmus gehen, sondern generell darum, dass technologischer Wandel allen Wirtschaftssystemen Chancen bietet und Risiken beschert – und diese sich für die unterschiedlichen Kapitalismustypen unterscheiden.

Ein zweites Beispiel illustriert das weiter. Eine zweite gravierende aktuelle Veränderung, die die Forschung zur Politischen Ökonomie beschäftigt, ist die sogenannte *Finanzialisierung*. Finanzialisierung bedeutet, grob gesagt, die wachsende Bedeutung von Finanzmärkten, -instrumenten, -akteuren und -logiken für Wirtschaftssysteme und die zunehmende Ausrichtung der Wirtschaft und Gesellschaft daran (für eine viel genauere Diskussion und einen guten Forschungsüberblick siehe van der Zwan 2014 und Mader et al. 2020). Die Finanzialisierung hat weitreichende soziale, wirtschaftliche und politische Konsequenzen.

Genau wie der technologische Wandel fordert Finanzialisierung alle Wirtschaftssysteme heraus – doch nicht alle im selben Maße. Wie wir gesehen haben, variiert die Art der Unternehmensfinanzierung über die unterschiedlichen Kapitalismen stark: Während manche eher bankenbasierte Finanzstrukturen haben (insbesondere der Koordinierte Kapitalismus, der Netzwerk-Kapitalismus, der Konglomerat-Kapitalismus und der Staatskapitalismus), spielen Finanzmärkte in anderen Typen eine größere Rolle (vor allem im Liberalen Kapitalismus, aber teilweise auch im Netzwerk-Kapitalismus).

Somit ist es naheliegend, dass Finanzialisierung unterschiedliche Dynamiken in den unterschiedlichen Kapitalismen auslöst. Im Liberalen Kapitalismus, in dem Finanzmärkte schon lange eine zentrale und definierende Rolle spielten, verstärkt die Finanzialisierung diesen Fokus nur weiter und intensiviert die bestehenden Dynamiken. Dies kann die betreffenden Länder zwar auch vor Herausforderungen stellen (insofern diese Entwicklungen die Ungleichheit innerhalb dieser Länder erhöhen können und de facto auch erhöhen, siehe Kollmeyer 2018), aber insgesamt »passt« Finanzialisierung gut in das System des Liberalen Kapitalismus und fordert diesen nicht systemisch heraus. Anders ist dies in den bankenbasierten Kapitalismen wie dem Koordinierten, dem Netzwerk-, dem Konglomerat- und dem Staatskapitalismus. Eine Verschiebung hin zu Finanzmärkten und -akteuren fordert hier die etablierte Logik der Unternehmensfinanzierung heraus und »stört« die Eigendynamiken dieser Kapitalismen.

Dies kann weitreichende Konsequenzen haben. Wie wir gesehen haben, hat die Art der Unternehmensfinanzierung einige Bedeutung. Sie beeinflusst nicht zuletzt die Ziele der Unternehmen, insofern eine bankenbasierte Finanzierung oft zu einer Orientierung auf langfristige Gewinne beiträgt, während eine kapitalmarktfinanzierte Wirtschaft eher zu kurzfristiger Gewinnorientierung neigt. Drängen mit der Finanzialisierung also Finanzmärkte, -akteure, -instrumente und -logiken in diese bankenbasierten Kapitalismen, dann haben sie potenziell auch disruptive Wirkung und können das bestehende institutionelle Gleichgewicht herausfordern und sogar umwerfen. Auch dieses Beispiel zeigt also, wie ein und dieselbe sozioökonomische Veränderung in unterschiedlichen Kapitalismen ganz unterschiedliche Dynamiken hervorrufen kann.

Als ein drittes und letztes Beispiel kann der sogenannte *Niedergang der Gewerkschaften* dienen. Wir haben an verschiedenen Stellen in diesem Buch gesehen, dass und warum Gewerkschaften in jeder wichtigen Arena der verschiedenen Kapitalismen eine zentrale Rolle spielen können – am deutlichsten wurde dies sicher im Bereich der Arbeitsbeziehungen und des Bildungssystems. Wir haben auch gesehen, dass die Stärke, Rolle und Präferenzen der Gewerkschaften sowie die Art und Weise, wie sie institutionell in die Politik eingebunden sind, sich je nach Kapitalismustyp stark unterscheidet. So spiel(t)en Gewerkschaften auch eine ganz zentrale Rolle bei der Ausgestaltung der jeweiligen Kapitalismen.

Vor diesem Hintergrund ist es relevant zu wissen, dass Gewerkschaften in den allermeisten Ländern in den letzten Jahrzehnten kontinuierlich an Mitgliedern eingebüßt haben. Abbildung 7 zeigt die Gewerkschaftsdichte, d.h. den Anteil der Arbeitnehmer, die Gewerkschaftsmitglieder sind, welche wir schon in Abbildung 3 gesehen haben. Hier zeige ich aber die Trends von 1960 bis 2017 – der längste Zeitraum, für den wir gute, vergleichbare Daten haben (siehe Visser 2022). Abbildung 7 zeigt Daten für ein paar Länder mit unterschiedlichen Kapitalismustypen – von Brasilien über Deutschland bis Indien. Wir sehen, dass die Gewerkschaftsdichte in (fast) allen Ländern sinkt. In manchen Ländern, vor allem im Baltikum, aber teilweise auch in der Visegrád-Region, geschieht dies rapide – die Gründe dafür wurden in Kapitel 6 schon diskutiert. In anderen Ländern ist der Wandel schleichender, z.B. in Deutschland, Österreich oder Japan. Nur in Skandinavien bleibt die Gewerkschaftsdichte auf einem hohen Niveau, beginnt aber auch dort zu bröckeln. Zu diesem Niedergang gibt es eine breite Forschungsliteratur, die den generellen Trend sowie die Länderunterschiede zu erklären versucht (z.B. Ebbinghaus/Visser 1999).

Für uns sind hier die Konsequenzen für die Wirtschaftssysteme relevanter (siehe auch Hassel 2015). Wie für die anderen bereits diskutierten Beispiele (technologischer Wandel und Finanzialisierung) gilt auch hier wieder, dass diese in den unterschiedlichen Kapitalismen unterschiedlich ausfallen. In Kapitalismen, in denen Gewerkschaften traditionell keine oder nur eine marginale Rolle spielen, ist die Schwäche der Gewerkschaften wenig auffällig und verstärkt das bestehende Kapitalismusmodell noch. Dies ist vor allem im Liberalen Kapitalismus so –

Gewerkschaften waren hier entweder immer schon schwach (z.B. in den USA), wurden aktiv durch die Regierung geschwächt (z.B. im Vereinigten Königreich) oder im Zuge von Demokratisierung und Regimewechseln als Teil des »sowjetischen Erbes« abgelehnt (im Baltikum). Eine weitere Schwächung der Gewerkschaften führt diese Länder nur weiter entlang desselben Pfades. Ähnlich ist dies im Konglomerat-Kapitalismus: Für den großen Teil der oft informell oder atypisch Beschäftigten spielen Gewerkschaften keine direkte Rolle. Gewerkschaftlich organisiert sind hier vor allem die Arbeitsmarkt-Insider, für die eine Schwächung der Gewerkschaften sich allerdings in der Tat durch schlechtere Arbeitsbedingungen und eine geringere soziale Sicherung auswir-

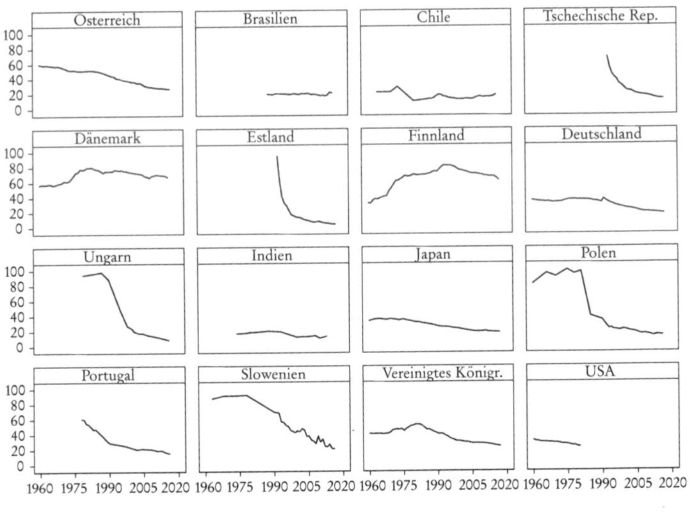

Abbildung 7: Gewerkschaftsdichte (Anteil der Gewerkschaftsmitglieder an der Arbeitnehmerschaft), 1960–2017 (Quelle: Eigene Darstellung mit Daten von www.ictwss.org, Visser 2022).

ken kann. Mitgliederschwund wirkt sich hier also unterschiedlich für unterschiedliche Teile der Arbeitnehmerschaft aus. Auch im Abhängigen Kapitalismus und im Staatskapitalismus spielen die Gewerkschaften zwar eine gewisse, aber doch eher marginale Rolle. Ihre weitere Schwächung ist zwar keineswegs unbedeutend und hat wichtige Implikationen für die arbeitende Bevölkerung, aber sie fordert diese Arten des Kapitalismus nicht systemisch heraus.

In anderen Kapitalismen, in denen Gewerkschaften eine ganz zentrale Rolle in der Wirtschaftspolitik gespielt haben, wirkt sich der Niedergang der Gewerkschaften dagegen viel stärker und gravierender aus. Dies ist am deutlichsten im Koordinierten Kapitalismus der Fall, der ja durch ein starkes Mitwirken der Gewerkschaften geprägt und charakterisiert ist. Verlieren die Gewerkschaften an Rückhalt, kann dies auch dazu führen, dass zentrale Elemente des Koordinierten Kapitalismus (wie die Art der sozialen Sicherung oder des Ausbildungssystems) an Rückhalt verlieren und nicht mehr aufrechtzuerhalten sind. Wie sich der Mitgliederschwund im Netzwerk-Kapitalismus bemerkbar macht, ist weniger klar. Wir haben gesehen, dass sich die Gewerkschaften in Ländern wie Japan nach der Befriedung der Arbeiterkämpfe der frühen Nachkriegszeit auf kooperative Mitwirkung auf Unternehmensebene fokussiert haben. Sie sind damit keineswegs unwichtig, spielen aber eine andere Rolle als in Systemen, wo sie unternehmensübergreifend aktiv sind. Der Mitgliederschwund könnte hier dazu führen, dass die Arbeitnehmer schlechter geschützt sind (z.B. durch ein weiteres Abrücken von der Lebenszeitbeschäftigung), womit ein wesentliches Charakteristikum des Netzwerk-Kapitalismus zerbröckelt.

Die drei Beispiele (Deindustrialisierung/technologischer Wandel, Finanzialisierung, Niedergang der Gewerkschaften) zeigen, dass und wie vermeintlich ähnliche strukturelle Veränderungen in den unterschiedlichen Kapitalismen ganz unterschiedliche Konsequenzen haben können. Diskutieren ließe sich dies noch für viele weitere Faktoren, etwa für Ungleichheit(en) (Rueda/Pontusson 2011), für Liberalisierung (siehe z.B. Thelen 2012, 2014) oder für das Erstarken des Populismus (Roberts 2019). In diesem einführenden Band sollen diese Beispiele aber zunächst reichen. Kommen wir als Nächstes von den Herausforderungen *der Kapitalismen* (im Plural) zu den Herausforderungen *des Kapitalismus* (im Singular) und fragen: Ist der Kapitalismus eigentlich mittlerweile alternativlos?

Herausforderungen *des* Kapitalismus: Viel kritisiert, aber alternativlos?

In den 1980er Jahren rechtfertigte die britische Premierministerin Margaret Thatcher ihre Wirtschaftspolitik und andere politische Entscheidungen mit dem simplen Slogan: »There is no (real) alternative!« – »Es gibt keine (gangbare) Alternative!« In der Folge wurde der als »TINA« abgekürzte Slogan von Politiker:innen immer wieder als politische Rechtfertigung für bestimmte Entscheidungen genutzt, prominent etwa von Angela Merkel, um ihre Politik während der »Eurokrise« als »alternativlos« zu legitimieren. Werden Politiken als »TINA« ausgegeben, stellt der/die Sprecher:in jede Alternativoption als inexistent, absurd oder zumindest als unrealistisch und nicht gangbar dar. Die eigene Entscheidung wird so zur einzig wahren deklariert.

TINA-Argumente sind häufig nicht nur inhaltlich nicht richtig, sondern auch antidemokratisch. Keine politische Entscheidung, ja vermutlich keine menschliche Entscheidung ist alternativlos. Zumindest lassen sich in der Nachbetrachtung politischer Entscheidungen keine finden, die alternativlos waren. Immer standen und stehen Alternativen bereit – und zumindest in Demokratien sind diese auch prinzipiell diskutier- und gangbar. So ist TINA auch zu Recht zum »Unwort des Jahres« 2010 erklärt worden. Wer etwas als alternativlos darstellt, läuft Gefahr, sich autokratischen Positionen anzunähern. Was auch immer man also inhaltlich von den jeweiligen Positionen hält (natürlich mögen sie oft immer noch der beste oder gangbarste Weg sein!) – alternativlos sind sie nicht.

Ganz ähnlich wird häufig für den Kapitalismus – im Singular – gefragt: Ist der Kapitalismus alternativlos? Die Frage liegt nahe, denn schaut man sich in der gegenwärtigen Welt des 21. Jahrhunderts um, wird man feststellen, dass der mit Abstand größte Teil aller Länder dieser Welt kapitalistisch ist. Vor allem angesichts der historischen Entwicklung ist die Frage nicht leicht abzuweisen. So wurde ja in der Einleitung zu diesem Band gezeigt, dass der Kapitalismus – wegen seiner globalen Dominanz – auch als historische Epoche (nach dem Feudalismus) verstanden werden kann. Sollte die Frage mit Blick auf den Kapitalismus also doch eine Berechtigung haben? Gibt es tatsächlich keine Alternative (mehr)?

Schaut man genauer um den Globus, so findet man ein paar »real existierende« Ausnahmen. Dies sind einerseits sozialistische Wirtschaftssysteme, die oft noch aus der Zeit des Kalten Krieges stammen – z.B. in der autoritären Diktatur Nordkoreas, die sich zumindest auf dem Papier als sozialistisch ausgibt; auf Kuba, das sich zwar neuerdings vorsichtig für marktwirtschaftliche Strukturen öffnet, insgesamt aber immer noch von Planwirtschaft geprägt ist und zentrale Elemente des Kapitalismus explizit zu verhindern sucht; oder etwa in dem autokratischen Polizeistaat Eritrea, in dem es kaum Unternehmen oder Dienstleistungsangebote in Privatbesitz gibt und das ganze politische, wirtschaftliche und soziale Leben von der erklärtermaßen marxistischen »Staatspartei« »Volksfront für Demokratie und Gerechtigkeit« durchzogen ist. Neuerdings gesellt sich u.a. Venezuela zu dieser Gruppe, insofern die zunehmend autoritär herrschenden Präsidenten Hugo Chávez und – seit dessen Tod 2013 – Nicolás Maduro einen »Sozialismus des 21. Jahrhunderts« zu etablieren suchen.

Aus »westlicher« Sicht scheinen diese Systeme oft wie aus der Zeit gefallen – anachronistische Überbleibsel einer längst vergangenen Zeit. Touristen in Kuba delektieren sich an den »Oldtimern«, die das Straßenbild prägen und die zumindest die jüngeren Generationen nur noch von alten Fotografien kennen. Man mag an den klassischen Beginn der Asterix-Hefte denken, den man etwa so leicht adaptieren könnte: »Wir befinden uns im 21. Jahrhundert n. Chr. Die ganze Welt ist vom Kapitalismus besetzt ... Die ganze Welt? Nein! Ein paar von unbeugsamen Kommunisten bevölkerte Länder hören nicht auf, dem Eindringling Widerstand zu leisten ...«

Zugleich lassen sich, als zweite Alternative zum Kapitalismus, in manchen von der restlichen Welt isolierten Bevölkerungen andere wirtschaftliche Strukturen finden, z.B. bei indigenen Gruppen wie den Ayoreo in Bolivien, bei verschiedenen Gruppen im brasilianischen Regenwald, bei den Tagaeri-Taromenane in Ecuador oder bei den Sentinelesen auf einer buchstäblich einsamen Insel vor Indien im Golf von Bengalen. Nach allem, was wir wissen, herrschen dort keine kapitalistischen, sondern auf Naturalientausch und Kollektivgütern basierende Wirtschaften vor. Geografisch weniger weit entfernte Beispiele bilden ein paar kommunale Ausnahmen auch in den westlichen Staaten wie etwa die Kibbuzim innerhalb des kapitalistischen Staats Israel – etwa zwei Prozent der israelischen Bevölkerung leben in Kibbuzim mit Kollektiveigentum (wobei sich die Strukturen im Detail unterscheiden). Global betrachtet sind dies jedoch Einzelfälle, und es bleibt festzuhalten, dass mit wenigen Ausnahmen fast die gesamte Weltbevölkerung heute in kapitalistischen Systemen lebt.

Wir können noch fundamentaler fragen: Sind andere, nichtkapitalistische Systeme also überhaupt noch *denkbar*? Und falls ja, so lässt sich aus einer normativen Perspektive fragen, wären diese wünschenswert? Und falls wir auch diese Frage bejahen, wären sie empirisch realisierbar? Diese Fragen können hier nicht abschließend beantwortet und müssen als Fragen, auf die es keine »wissenschaftlich richtige« Antwort gibt, jedenfalls in politischer und normativer Hinsicht, den Leser:innen zur eigenen Beantwortung überlassen bleiben. Ein paar Anhaltspunkte lassen sich aber geben, um systematisch darüber nachdenken zu können.

Dies kann auf ganz unterschiedliche Arten und Weisen geschehen. Wichtig ist dabei zu betonen, dass es verschiedene Alternativen zum Kapitalismus gibt, auch wenn gemeinhin angenommen wird, es gebe nur eine Alternative: *die* Alternative zum Kapitalismus müsse der Sozialismus sein. Anstatt Kapitalismus und Sozialismus hier als dichotome und einzig mögliche Gegenpole darzustellen (was selbst für die Zeiten des Kalten Krieges so nicht richtig wäre), sollen im Folgenden ein paar differenziertere Perspektiven und Utopien vorgestellt werden.

Mein Ausgangspunkt für diese Überlegungen ist die diesem Band zugrunde liegende Minimaldefinition von Kapitalismus: Kapitalismus wurde hier verstanden als ein Wirtschaftssystem (1) mit geschütztem Privateigentum und (2) einer zentralen Rolle von Märkten sowie (3) Kapital in weitreichenden Teilen der Wirtschaft. Um Alternativen zu durchdenken, können wir gedanklich jedes dieser drei definierenden Elemente auflösen und überlegen, welche Art von Wirtschaft daraus folgen würde (es gibt sieben logisch mögliche Kombinationen, siehe Tabelle 2). Machen wir also das folgende Gedankenexperiment. Dies ist zugegebenermaßen recht schematisch und verkürzt viele differenzierte Debatten –

doch finde ich die vereinfachte Darstellung hier hilfreich, um verschiedene komplexe Literaturen relativ einfach darzustellen und gegenüberzustellen. Interessierten Leser:innen seien die jeweiligen Primärtexte sehr empfohlen, um die Details der jeweiligen Modelle genauer nachvollziehen zu können.

Erstens könnten wir uns ein System vorstellen, in dem zwar Privateigentum, Märkte und Kapital vorhanden sind, diese aber nicht weitreichende Teile der Wirtschaft durchziehen und eher marginal sind. Ein solches System würde ich allerdings nicht als wirkliche Alternative zum Kapitalismus, sondern eher als eine historische Phase des Kapitalismus – die frühkapitalistische – verstehen. Wie wir eingangs im historischen Überblick gesehen haben, haben in geschichtlicher Betrachtung alle heutigen kapitalistischen Systeme dieses Stadium irgendwann durchlaufen. Eine radikalere Version dieses Szenarios wäre ein Wirtschaftssystem ganz ohne Privateigentum, ohne Märkte und ohne Kapital – dieses schwebt vielen Verfechter:innen des (wirtschaftlichen) Anarchismus vor: Anarchist:innen wenden sich gegen hierarchische (Macht-)Beziehungen und setzen sich für maximale Freiheit der Individuen in freien Gemeinschaften ein. In vielen Varianten des Anarchismus werden staatlicher Einfluss, Privateigentum, sowie Märkte und Kapital abgelehnt und alternative Gesellschaftsmodelle gesucht.

Als ein ganz anderes Beispiel dieser Konstellation (kein Privateigentum, keine Märkte, kein Kapital) könnte man die *Commons*-Literatur und Bewegung anführen, die schon eine lange Tradition hat, aber vor allem durch Elinor Ostroms (1990, 2006) bereits zitierte Arbeiten massiven Aufwind erhalten hat: Ostrom erforschte, unter welchen (institutionellen) Bedingungen Menschen – abseits von Staat und Marktmechanismen – *Commons* und Kollektivgüter schaffen und sinnvoll nutzen können, z.B. Weideland, Fischbestände, saubere Luft oder Wissen.

Inspiriert von dieser Idee entstand zunehmend auch eine politische Bewegung, die *Commoner* (z.B. de Angelis 2017). Anstelle von Privateigentum, Marktmechanismen, Lohnarbeit, Wettbewerbsmechanismen, Angebot- sowie Nachfrage-Orientierung und Kapitalfinanzierung suchen die Commoner eine ganz andere Gesellschaft und Wirtschaft aufzubauen: Güter und Services werden bedürfnisorientiert und gemeinsam koproduziert (so sprechen die Commoner oft auch von »Prosument« statt »Konsument«); Privateigentum, Marktmechanismen und Kapital sollen an Bedeutung verlieren und durch andere Mechanismen und Werte (z.B. »Beziehungswert« statt »Gebrauchswert«) ersetzt werden. Während diese Literatur und Bewegung viele spannende Ideen hervorbringt, fügen diese sich allerdings (noch?) nicht zu einem holistischen Wirtschaftssystem zusammen – was genau z.B. die Marktallokation ersetzen soll, bleibt noch vage. Auch wenn die Details und Zusammenhänge teilweise unklar bleiben, stellt die Commoner-Bewegung somit ein Beispiel für Überlegungen für Alternativen zum Kapitalismus dar.

Als zweite Alternative zum Kapitalismus können wir uns ein System vorstellen, in dem Privateigentum existiert und geschützt ist, es aber weder Märkte noch Kapital gibt oder diese zumindest keine bedeutende Rolle spielen. Am ehesten kommen diesem Szenario wohl Wirtschaften nahe, die auf Geschenketausch/Schenkungen basieren (*gift economy*) und in denen Güter und Dienstleistungen nicht durch Marktmechanismen bzw. direkte Reziprozität ausgetauscht und verteilt werden, sondern durch einseitige Leistungen ohne direkt erkennbare Gegenleistung (Reziprozität vollzieht sich de facto oft über komplexere Mechanismen) (siehe z.B. Mauss 2002 [1950]). Anthropolog:innen haben diese Art der Wirtschaft bei manchen indigenen Völkern ausgemacht. Mir ist allerdings kein Fall bekannt, in dem diese Mechanismen einem größeren Wirtschaftssystem (etwa einem Nationalstaat) als ökonomische Prinzipien zugrunde gelegt worden wären. Theoretisch wäre dies zwar denkbar, es würden sich allerdings zahlreiche Fragen zur Realisierbarkeit stellen.

Drittens können wir uns ein System vorstellen, in dem Märkte existieren, aber weder Privateigentum noch Kapital. Diese Kombination halte ich zwar theoretisch für denkbar, aber es fällt besonders schwer, sich auszumalen, wie eine solche Wirtschaft zwar von Marktmechanismen durchzogen wäre, das Eigentum aber nicht privat und Kapital nicht vorhanden oder nicht genutzt würde. Hier würde also gesellschaftliches oder Staatseigentum auf Märkten gehandelt, aber ohne Kapital. Dies scheint mir ein recht fiktives Szenario zu sein.

Viertens können wir uns ein System vorstellen, in dem Kapital existiert und weitreichende Teile der Wirtschaft durchzieht, aber weder Privateigentum noch Märkte vorhanden sind. Auch wenn dies auf den ersten Blick überraschen mag, würde ich hier die klassischen sozialistischen Planwirtschaften einordnen. In diesen herrschen Eigentumsrechte vor, die nicht auf Privatbesitz beruhen (sondern in der Regel auf Staatseigentum oder vergesellschaftetem Eigentum), und anstelle von Marktmechanismen würde die Wirtschaft durch Planwirtschaft der öffentlichen Hand gesteuert. Gleichzeitig könnte die Wirtschaft aber immer noch kapitalbasiert arbeiten und Kapital würde eine zentrale Rolle spielen.

Fünftens können wir uns ein System vorstellen, in dem Privateigentum und Märkte vorhanden sind, aber kein Kapital bzw. Kapital nicht weite Teil der Wirtschaft durchzieht. Dies trifft auf klassische Tauschwirtschaften zu – bei ihnen handelt es sich zwar um Marktwirtschaften, aber sie sind nicht kapitalistisch. Historisch ließen sich einige Beispiele dafür finden – empirische Beispiele aus der Gegenwart wären die genannten isoliert lebenden indigenen Völker. Als eine andere Variante dieser Kombination (Privateigentum und Märkte ja, Kapital nein) lässt

Tabelle 2: Schematische Darstellung möglicher Wirtschaftssysteme

Kriterium		Denkbare Alternativen zum Kapitalismus		
Privat-eigentum	ja	nein	ja	nein
Märkte	ja	nein	nein	ja
Kapital	ja	nein	nein	nein
Mögliche Beispiele von Wirtschafts-systemen	*Kapita-lismus*	*Frühkapitalis-mus; Anarchie; Commoner-Bewegung*	*Schenk-Wirtschaft*	?

sich John Roemers (1994) »Marktsozialismus« nennen. Roemer stellt sich ein System vor, in dem Märkte und Privateigentum vorherrschen, es aber eine strikte Regulierung von Kapital gibt: Kapital soll in Form von »Coupons« gleichmäßig an alle verteilt werden; nur diese Coupons – und nicht Geld – können dann genutzt werden, um gemeinsame Fonds zu kaufen.

Sechstens können wir uns ein System vorstellen, in dem Privateigentum und Kapital, aber keine Märkte vorherrschen. Als eine (moderate) Version dieser Kombination könnte man die Idee der »property-owning democracy« (POD) verstehen. Sie geht auf den bekannten Philosophen John Rawls zurück, der den Begriff POD wiederum von dem Nobelpreisträger James Meade borgte: Rawls lehnte sowohl den Kapitalismus als auch einen planwirtschaftlich gesteuerten Sozialismus als mit seinen Gerechtigkeitsprinzipien und mit individuellen Freiheitsrechten unvereinbar ab. Als eine Alternative diskutiert er deshalb die POD: in der POD wären Privateigentum und Kapital üblich – sollten allerdings viel breiter und gleichmäßiger in der Bevölkerung verteilt

Denkbare Alternativen zum Kapitalismus			
nein	ja	ja	nein
nein	ja	nein	ja
ja	nein	ja	ja
Sozialistische Planwirtschaft	*Tauschwirtschaft; »market socialism« (Roemer)*	*Property-owning democracy (Rawls, O'Neill/ Williamson)*	*Economic democracy (Schweickart)*

sein, um allen die wirtschaftlichen Bedingungen von individuellen Freiheiten zu ermöglichen. Märkte würden zwar existieren, wären aber sehr stark reguliert, um zu einer gerechten Verteilung des Kapitals zu kommen (siehe die Beiträge in O'Neill/Williamson 2012). Zugegebenermaßen ist dies somit keine extreme Version der Kombination »Privateigentum ja, Märkte nein, Kapital ja«, geht aber in meiner Lesart in diese Richtung.

Siebtens schließlich könnten in einem System Märkte und Kapital ohne Privateigentum existieren. Dieses Szenario skizziert etwa David Schweickart (1992) mit seiner »Economic Democracy«: In diesem Modell sollen Unternehmen demokratisch durch die Arbeitnehmer gesteuert – aber nicht besessen – werden, die Wirtschaft durch den Markt und den Wettbewerb von Angebot und Nachfrage reguliert sein und Kapital und Investitionen eine wichtige Rolle spielen (allerdings ebenfalls demokratisch kontrolliert und vor allem durch Steuern auf Kapital gewonnen). Schweickart selbst bezeichnet dieses Modell als sozialistisch und bewirbt es als »a worthy socialism that would really work« (ebd.).

Insgesamt sehen wir also, dass es zumindest theoretisch einige neuere Überlegungen zu alternativen Wirtschaftssystemen gibt. Wie deutlich geworden sein sollte, wird dabei heute weniger im Dualismus von Kapitalismus und Sozialismus gedacht, sondern es werden eher Systeme im Zwischenbereich zwischen beiden konzipiert. Eine Reihe von Autor:innen denkt dabei vor allem über alternative Eigentumsrechte nach, die irgendwo zwischen reinem Privateigentum einerseits und vollständigem Staatseigentum andererseits verortet sind, etwa Roemer, Schweickart, Rawls u.a. Weitere interessante Ansätze und Ideen skizziert z.B. der gut lesbare und lesenswerte Band *Post-Capitalist Futures* von Samuel Alexander, Sangeetha Chandrashekeran und Brendan Gleeson (2022). Und daneben gibt es noch einige weitere Diskussionen, etwa zu den Schlagworten *zero-growth, degrowth, post-growth, ecosocialism, mutualism, community economy, sharing economy* u.v.m.

Es ist fraglos spannend, über diese unterschiedlichen Wirtschaftsmodelle nachzudenken und ihre möglichen Vor- und Nachteile gegenüberzustellen. Gleichzeitig drängt sich mir als Politikwissenschaftler immer die Frage auf, ob irgendeines dieser Systeme in der Realität eine gangbare Alternative sein könnte. Oder umgekehrt formuliert: Ich bin skeptisch, ob es – selbst wenn eines dieser Systeme sich als normativ wünschenswerter als der Kapitalismus (im Singular) erweisen würde – politisch realistisch wäre, die diversen Kapitalismen der Gegenwart in diese Richtung zu verändern, weil dies in vielen Fällen radikalen Systemwandel bedeuten würde. Ich kann mir nur schwerlich vorstellen, dass es möglich ist, unsere »real existierenden« Kapitalismen in diese Richtungen zu reformieren bzw. zu revolutionieren. Vorstellbar finde ich dies für einzelne, bestimmte Güter (z.B. Open Source Software) oder auf dezentraler, lokaler Ebene für kleinere Gemeinschaften (z.B. Kooperativen) – sehr viel schwieriger vorstellbar finde ich es für ganze Wirtschaftssysteme auf Nationalstaats- oder sogar globaler Ebene. In der Politikwissenschaft finden sich zahlreiche Theorien, die erklären können, warum radikalerer Systemwandel unwahrscheinlich ist, etwa unter den Schlagwörtern des »Status-quo-Bias«, der »Pfadabhängigkeit« oder der »Verlustaversion«. Gleichzeitig wissen wir aber auch aus der Forschung, dass es zumindest theoretisch nicht unmöglich ist, vermeintliche Barrieren zu durchbrechen, wobei es dafür vermutlich entweder übergroße, stabile Mehrheiten bräuchte oder gradueller Wandel die Systeme in Trippelschritten aushöhlen müsste bzw. größere Krisen Möglichkeitsfenster zu öffnen hätten (dazu jüngst etwa Nölke 2022 in *Post-Corona Capitalism*).

Vielleicht sind die Leser:innen dieser Einführung kreativer als ich und können sich diese Systeme gut und als mögliche und gangbare Realitäten vorstellen. Mir scheinen sie eher sehr abstrakte, theoretische Gedankenspiele zu sein – und selbst wenn sie vorstellbar sind, fällt mir schnell eine Vielzahl von Gründen ein, warum ihre Umsetzung in der Praxis vermutlich bald scheitern würde. Mit dieser »Fantasielosigkeit« bin ich nicht allein. Mark Fisher (2009) hat dazu ein ganzes Buch geschrieben: *Capitalist Realism*. Seine These: »not only is capitalism the only viable political and economic system, but also that it is now impossible even to *imagine* a coherent alternative to it« (Fisher 2009: 2, Hervorh. im Original) – wir könnten uns also *gangbare* Alternativen zum Kapitalismus *nicht einmal mehr vorstellen*. Ist Kapitalismus also doch TINA?

Dies lässt sich auch fragen, wenn man in die aktuelle und historische Kapitalismuskritik schaut. Kritik am Kapitalismus ist so alt wie der Kapitalismus selbst. Und sie ist enorm vielschichtig: So gab und gibt es Kritik am Kapitalismus u.a. aus Sicht der Sozialdemokratie, der sozialpartnerschaftlichen Gewerkschaften, der Neuen Linken, der wachstumskritischen Linken, der Globalisierungsgegner und -kritiker:innen, der ökologischen und der Nachhaltigkeitsbewegung, aus feministischer Sicht, aus der Perspektive der Kritischen Theorie oder »Frankfurter Schule«, vonseiten des Anarchismus, des Sozialismus und Kommunismus sowie seinen unterschiedlichen Strömungen, aus der Christlichen Soziallehre, dem Konservatismus, dem Nationalsozialismus, dem Rechts- und Linkspopulismus, in der Literatur (z.B. beim Namensgeber »meiner« Goethe-Universität, aber auch in der Romantik bei Novalis, Tieck u.a.) und ganz handfest in den Weberaufständen und bei den »Maschinenstürmern« sowie aus vielen, vielen weiteren Richtungen. Mit Kapitalismuskritik lassen sich ganze Bücherwände füllen, so dass auch Rucht (2016: 123) in seinem Versuch, die unterschiedlichen Kapitalismuskritiken zu systematisieren, konstatieren muss: »Die Einzelheiten dieser Entwicklung [i.e. der Kapitalismuskritik] in all ihren Verästelungen sind selbst für Spezialisten kaum überschaubar.« Einen Gliederungsversuch finden wir bei Erik Olin Wright (2021) in *How to be an Anticapitalist in the 21st Century*, der fünf Arten von Kapitalismuskritik unterscheidet: »smashing, dismantling, taming, resisting, escaping capitalism«.

Ignoriert man alle Nuancen dieser vielen Stimmen für einen Moment, so scheint aus einer abstrakteren Perspektive ein genereller Wandel innerhalb der Kapitalismuskritik stattgefunden zu haben: Beobachten lässt sich eine zunehmende Verschiebung von Kritik *gegen* den Kapitalismus und Überlegungen zu dessen Überwindung (»Antikapitalismus«/»Postkapitalismus«) zu einer Kritik *innerhalb* des Kapitalismus und zu dessen Reform bzw. Verbesserung. Zumindest der »Mainstream« der Kapitalismuskritik – wenn man diesen überhaupt so nennen kann und darf – scheint sich immer mehr darauf zu konzentrieren, die größten Schwächen des Kapitalismus korrigieren oder einhegen, anstatt diesen gänzlich durch ein anderes Wirtschaftssystem ersetzen zu wollen. Auch scheint mir die Kapitalismuskritik vielschichtiger und weniger ideologisch und dogmatisch geworden zu sein: So gibt es zwar immer noch treue und überzeugte Marxist:innen, Trotzkist:innen, Leninist:innen und viele andere Gruppen im antikapitalistischen Fahrwasser des 19. und 20. Jahrhunderts, doch scheint der Großteil der Kapitalismuskritik insofern pragmatischer und weniger dogmatisch geworden zu sein, als nun Kritiken aus verschiedenen »Theorieschulen« häufiger kombiniert und gemeinsam vorgebracht werden; etwa aus Sicht des Feminismus, der Umweltbewegung oder mit einer globalen Gerechtigkeitsperspektive. Interessant ist diese Entwicklung, weil – zumindest in demokratischen Systemen – prinzipiell alle Elemente der Wirtschaftspolitik und des Wirtschaftssystems durch Politik verändert werden können. Wenden wir uns also abschließend dem Zusammenhang von Kapitalismus und Demokratie zu.

Kapitalismus und Demokratie: Widerspruch oder Eintracht?

Die Frage, wie Kapitalismus und Demokratie zusammenhängen, ist eine der ältesten und zugleich wichtigsten Fragen der Politischen Ökonomie: Demokratie beruht auf Gleichheit, Kapitalismus dagegen produziert de facto immer Ungleichheit(en) – wie passt das zusammen? Sind »demokratischer Kapitalismus« bzw. »kapitalistische Demokratie« Paradoxe? Diese Frage wird seit Jahrzehnten (bzw. seit den Diskussionen über die Einführung eines allgemeinen Wahlrechts) in Forschung und Gesellschaft diskutiert – allerdings ohne dass dies zu einem abschließenden Ergebnis geführt hätte. Noch immer versuchen wir, die komplexen Zusammenhänge zwischen Demokratie und Kapitalismus, bzw. genauer: zwischen *Demokratien* und *Kapitalismen*, zu verstehen. Ich möchte hier erst gar nicht versuchen, die komplexe und vielschichtige Debatte zu systematisieren, geschweige denn vollständig wiederzugeben. Vielmehr will ich ein paar der zentralen Fragen und Positionen zum Zusammenhang von Demokratie und Kapitalismus darstellen und Leser:innen zum weiteren Nachdenken und Nachlesen motivieren.

Interessanterweise finden wir in der Literatur sehr unterschiedliche Standpunkte zum Verhältnis von Kapitalismus und Demokratie. Ich habe dieses Buch mit dem Mauerfall und dem Ende des »Kalten Krieges« begonnen und geschildert, dass und warum zu dieser Zeit die »end-of-history«-Perspektive vorherrschte: Mit dem Ende des »real existierenden« Sozialismus, so eine sehr verbreitete Ansicht der Zeit, habe nun der Kapitalismus ebenso wie die Demokratie und die Liberalisierung »gesiegt«. Immer weniger bezweifelt wurde also ein Verständnis, dem zufolge Kapitalismus und Demokratie (und Liberalismus) miteinander Hand in Hand gehen – Demokratie und Kapitalismus wurden Sozialismus und Autokratie vielmehr als jeweils zusammenhängende Gefüge gegenübergestellt. Grundlegender findet sich diese Art der Argumentation in der Modernisierungstheorie, die einen generellen Zusammenhang zwischen ökonomischem Wohlstand, Demokratie und Liberalismus annimmt.

Historisch war dies allerdings nicht immer so: Demokratie und Kapitalismus wurden lange nicht in einem Atemzug genannt. Um das zu sehen, sollten wir uns erst noch einmal ins Gedächtnis rufen, dass der Kapitalismus als Wirtschaftssystem älter ist als die modernen Demokratien. Natürlich gab es antike Vorläufer der Demokratie, aber die moderne Demokratie mit ihrem Schutz von individuellen Bürgerrechten, allgemeinem Wahlrecht und repräsentativer Demokratie ist ein vergleichsweise junges Phänomen: Selbst die weltweit frühesten Beispiele (Neuseeland 1893, Finnland 1906, Norwegen 1913, Dänemark 1915) fallen in eine Zeit, als die Wirtschaftssysteme der betreffenden Länder bereits kapitalistisch waren – viele andere Länder demokratisierten erst deutlich später (z.B. Portugal 1974, Spanien 1977, Schweiz 1971/1990, je nach Definition). Als die Demokratiebewegungen zunehmend auf die Einführung des allgemeinen Wahlrechts drängten, machten sich vor allem konservative Politiker (hier in der Tat quasi ausschließlich Männer) Sorgen, dass die Einführung dieses Kernelements der Demokratie das existierende kapitalistische Wirtschaftssystem umwerfen oder auf den Kopf stellen könnte. Zum geflügelten Wort wurde dabei ein Ausspruch des britischen Politikers Lord Salisburys, der vor der Einführung des allgemeinen Wahlrechts warnte mit der Sorge, dass dann »the rich shall pay all the taxes and the poor shall make all the decisions« (zitiert in Hall 2022: 2). Demokratie wird hier also als existenzielle Herausforderung des Kapitalismus (im Singular) verstanden.

Aber auch die gegenteilige Position finden wir, vor allem in der gegenwärtigen politischen Diskussion wie in der Wissenschaft: Vor dem Hintergrund zunehmender Ungleichheiten in vielen Ländern sehen einige Beobachter:innen die Demokratie immer mehr in Gefahr – durch den Kapitalismus. Ein zentrales Argument dabei ist, dass Kapitalismus *ökonomische* Ungleichheiten schafft, welche sich in *politische* Ungleichheiten übersetzen, indem der Kapitalismus es den ökonomisch Mächtigeren erlaubt, auch politisch mächtiger zu werden. Kapitalismus, vor allem in seiner wenig regulierten liberalen Variante, wird hier teilweise als »democracy's existential rival« (McElroy 2022: 2), als existenzieller Erzfeind der Demokratie gesehen. Prominent finden sich diese Überlegungen etwa in Wolfgang Streecks (2016) *How Will Capitalism End?*, in Thomas Pikettys (2014) *Capital in the Twenty-First Century* oder in Branko Milanovics (2019) *Capitalism, Alone*.

Einen ganz anderen Zusammenhang zwischen Demokratie und Kapitalismus postulieren dagegen Torben Iversen und David Soskice – zwei der zentralen Autoren der Varieties-of-Capitalism-Theorie. In *Democracy and Prosperity* (Iversen/Soskice 2019) argumentieren sie, dass Demokratie und (hoch entwickelter) Kapitalismus nicht im Spannungsverhältnis stehen sondern vielmehr eine Symbiose bilden. Ihre These: Demokratie und Kapitalismus könnten einander zwar theoretisch unterminieren oder aushebeln, in der Realität sei es aber so, dass in den hoch entwickelten kapitalistischen Demokratien immer eine Mehrheit der Wähler:innen aus materiell-wirtschaftlichen Gründen Regierungsparteien gewählt habe, die den jeweiligen Kapitalismustyp beibehalten wolle und stärke. Der Kapitalismus bzw. die Kapitalismen seien somit politisch auf Demokratie und demokratische Zustimmung angewiesen, während umgekehrt auch die Demokratie nur im Kapitalismus ihr volles Potenzial entfalten könne. Ähnlich wie in der Modernisierungstheorie, aber aus anderen Gründen, werden hier also Kapitalismus und Demokratie als Zwillingserscheinungen gesehen (für eine Rezension des Buches siehe Garritzmann 2019).

In eine ähnliche Richtung argumentiert Peter A. Hall, der andere zentrale Autor des VoC-Ansatzes: Weder dominiere die Demokratie den Kapitalismus noch umgekehrt. Vielmehr habe sich ihr Verhältnis über die Zeit immer wieder verändert und transformiert. Um das zu zeigen, beschreibt Hall (2022), wie sich in den reichen kapitalistischen Demokratien drei unterschiedliche ökonomische Wachstumsmodelle (*growth regimes*) abgelöst hätten und jeweils mit einem entsprechenden politischen Repräsentationsregime Hand in Hand gegangen seien. Halls extrem dichte und vielschichtige Argumentation kann hier nicht im Detail nachgezeichnet werden, sei interessierten Leser:innen aber zur Lektüre empfohlen. Aus Sicht der global vergleichenden Kapitalismusforschung sei nur kritisch angemerkt, dass Halls geografische Perspektive sehr euro- und USA-zentristisch ist und andere Regionen außer Acht lässt.

Das Verhältnis von Demokratie und Kapitalismus (und Ungleichheiten) ist und bleibt eine der spannendsten Fragen der Politischen Ökonomie ebenso wie von Politik und Gesellschaft. Ich hoffe, dass dieses Buch dazu beiträgt, Leser:innen weiter und differenzierter über die Frage nachdenken zu lassen, ob und wie ein System, das auf politische Gleichheit setzt (Demokratie), mit einem anderen System, das in der Realität ökonomische Ungleichheit produziert (Kapitalismus), zusammenpasst. Auch darüber können und sollten wir gleichermaßen im Singular (»Kapitalismus und Demokratie«) wie im Plural (»Kapitalismen und Demokratien«) nachdenken.

Anhang

Anmerkungen

1 Für hilfreiche Diskussionen, Anregungen, Kommentare und Unterstützung danke ich herzlich: Konstantin Dulin, Helmut Garritzmann, Susanne Garritzmann, Christel Greiser-Garritzmann, Lukas Haffert, Isabelle Hüglin, Bruno Leipold, Daniel Mertens, Fabian Mushövel, Otis Schaffeld, Luki Schmitz, Katrijn Siderius, Andrea Stork sowie den Studierenden in meinen Kursen an den Universitäten in Frankfurt, Konstanz und Zürich.

2 Populär geworden ist in diesem Zusammenhang die Metapher der Steuerung durch eine »unsichtbare Hand«, die, anstelle des Staates, die Wirtschaft lenke. Ironischerweise taucht dieser Begriff (»invisible hand«) in Smiths 700-seitigem *Wealth of Nations* überhaupt nur einmal auf (Buch 4, Kapitel 2) und ist dort als Ausdruck kaum prominent.

3 Eine Gesamtausgabe findet sich u.a. unter http://telota.bbaw.de/mega/ (20.10.2022)

4 Moderne Varianten dieses Gedankens finden sich etwa prominent bei Wolfgang Streeck, dessen Buch von 2016 nur noch fragt »How will capitalism end?«. Eine systematische Diskussion neomarxistischer (und anderer) Untergangsprophezeiungen findet sich in Boldizzonis (2020) *Foretelling the End of Capitalism*, dessen Untertitel diese Vorhaben bereits als »Intellectual Misadventures« charakterisiert und zu erklären versucht, warum sich Prognosen zum Ende des Kapitalismus als falsch herausgestellt haben.

5 Dies illustriert beispielsweise eine alte Szene der Sitcom-Serie *Friends:* Zwei Charaktere, Joey und Phoebe, spielen zusammen Schach. Allerdings ohne die Regeln zu kennen – sie setzen die Figuren wahllos. Der Witz funktioniert natürlich nur, da das Publikum von dem Nicht-Befolgen der Regeln überrascht ist.

6 https://www.bls.gov/charts/employment-situation/civilian-unemployment-rate.htm (30.9.2022).

7 Z.B. bei CB Insights: https://www.cbinsights.com/research-unicorn-companies (20.7.2022).

8 https://en.wikipedia.org/wiki/List_of_colleges_and_universities_in_metropolitan_Boston (20.7.2022).

9 https://www.forbes.com/sites/zackfriedman/2022/05/16/student-loan-debt-statistics-in-2022-a-record-17-trillion/ (20.7.2022).

10 https://us.milliman.com/en/insight/the-student-loan-debt-crisis-in-perspective (20.7.2022).

11 https://www.whitehouse.gov/briefing-room/statements-releases/2022/08/24/fact-sheet-president-biden-announces-student-loan-relief-for-borrowers-who-need-it-most/ (26.9.2022).

12 https://www.oecd-ilibrary.org/sites/14bbef20-en/index.html?itemId=/content/component/14bbef20-en (20.7.2022).

13 https://www.tagesschau.de/ausland/amerika/usa-amazon-gewerkschaftsgruendung-101.html (20.7.2022).

14 Mit »Kontinentaleuropa« sind hier sowohl die westlichen kontinentaleuropäischen Staaten (Deutschland, Österreich, Schweiz, BeNeLux, Frankreich) als auch Südeuropa und Skandinavien gemeint, aber explizit nicht Großbritannien (siehe dazu Kapitel 4) und Zentral- und Osteuropa (siehe Kapitel 6). Die Forschung zeigt, dass ein genauerer Blick auch Variation innerhalb dieser Gruppe aufdeckt, etwa zwischen dem sozialdemokratisch geprägten Skandinavien, den deutschsprachigen Ländern und dem mediterranen Raum. Das ist richtig – dieses einführende Kapitel fokussiert jedoch mehr auf den Idealtyp des Koordinierten Kapitalismus mit dem typischen Beispiel Deutschlands. Interessierte Leser:innen seien ermuntert, weiter über Variation innerhalb dieser Gruppe nachzulesen, z.B. bei Amable (2003) oder bei Ahlquist und Breunig (2009).

15 OECD Statistiken: »Employment by job tenure intervals – average tenure«, https://stats.oecd.org/Index.aspx?DataSetCode=TENURE_FREQ# (16.11.2022)

16 https://www.oecd.org/els/emp/oecdindicatorsofemploymentprotection.htm (2.8.22)

17 https://www.deutschlandfunk.de/unguenstige-fokussierung-autoproduktion-in-der-slowakei-100.html (2.8.22)

18 https://www.faz.net/aktuell/wirtschaft/unternehmen/mercedes-benz-erweitert-fertigung-in-ungarn-18192982.html (2.8.22)

19 https://www.mdr.de/heute-im-osten/orban-steuerpolitik-100.html (2.8.22)

20 https://www.dw.com/de/tausende-ungarn-stemmen-sich-gegen-sklavengesetz/a-46839437 (3.8.22)

21 https://oec.world (2.8.22)

22 https://www.direkt36.hu/en/a-magyar-nemet-kapcsolatok-rejtett-tortenete/ (2.8.22)

23 https://www.sueddeutsche.de/politik/ungarn-wahlkampf-autoindustrie-orban-1.5556804 (2.8.22)

24 https://pt.wikipedia.org/wiki/Votorantim_S.A. (8.8.22)

25 https://exame.com/negocios/a-historia-do-bilionario-antonio-ermirio-de-moraes-em-fotos/#2 (8.8.22)

26 Korrekter wäre es von »Lateinamerika und der Karibik« zu sprechen – der Kürze halber verwende ich hier den Term »Lateinamerika«.

27 https://www.faz.net/aktuell/wirtschaft/unternehmen/besuch-bei-der-industriellenfamilie-luksic-der-hapag-lloyd-gehoert-14568607.html (8.8.22)

28 https://www.forbes.com/profile/iris-fontbona/ (8.8.22)

29 https://www.statista.com/statistics/1037216/informal-employment-share-latin-america-caribbean-country/ (8.8.22)

30 Der *Washington Consensus* ist ein Wirtschaftsprogramm, das von der Weltbank und dem Internationalen Währungsfonds (IWF) vorgeschlagen und gefördert wurde und insbesondere den schwächer entwickelten Ökonomien als Reformprogramm vorgeschlagen bzw. teilweise vorgeschrieben wurde. Es besteht aus zehn Reformmaßnahmen, die auf mehr Liberalisierung (in Richtung des Modells der Liberalen Marktwirtschaft) hinarbeiten. Konkret sind dies: (1) Reduktion von öffentlicher Verschuldung, (2) Fokussierung öffentlicher Ausgaben auf Bereiche mit potenziell höheren wirtschaftlichen Erträgen, (3) Steuerreformen, (4) Liberalisierung des Finanzsektors, (5) kompetitive Wechselkurse, (6) Abbau von Handelsbarrieren/Unterstützung des Freihandels, (7) Abbau von Barrieren für ausländische Direktinvestitionen (FDI), (8) Privatisierungen (staatlicher Konzerne), (9) Abbau von Wettbewerbsbeschränkungen und (10) Garantie von Eigentumsrechten.

31 https://www.strategy-business.com/article/03 307 (8.8.22)
32 https://ourworldindata.org/extreme-poverty (8.8.22)
33 https://ourworldindata.org/extreme-poverty (8.8.22)
34 Eine sehr gute Einleitung in die Geschichte Lateinamerikas findet sich unter https://www.britannica.com/place/Latin-America (5.9.22)
35 Dies zeigt sich teilweise schon in den Landesbezeichnungen, die die Spanier und Portugiesen wählten. »Argentinien« stammt vom Lateinischen »argentum« = Silber ab, denn die Spanier hofften in Argentinien Silber und andere Rohstoffe finden und abbauen zu können. Ebenso ist »Brasilien« nach dem portugiesischen Wort »brasil« = glutartig/rotglühend benannt, das die Farbe des dortigen Holzes bezeichnet – welches als Exportgut von den Portugiesen genutzt wurde. Auch der Ländername »Kolumbien« geht offensichtlich auf den »Entdecker« Kolumbus zurück.
36 https://www.tagesschau.de/wirtschaft/weltwirtschaft/samsung-sued-korea-begnadigung-101.html (14.8.2022)
37 https://www.theverge.com/2012/11/30/3 709 688/samsung-25-years-lee-kun-hee (14.12.2022)
38 https://www.nytimes.com/1988/04/10/education/japan-s-examination-hell.html (14.12.2022)
39 https://www.statista.com/statistics/1 314 374/south-korea-samsung-groups-revenue-as-a-share-of-gdp/ (15.12.2022)
40 https://pulsenews.co.kr/view.php?year=2020&no=1 290 847 (15.12.2022)
41 https://www.newyorker.com/culture/culture-desk/the-larger-meaning-of-chinas-crackdown-on-school-tutoring (5.1.2023)
42 https://www.reuters.com/world/china/china-add-xi-jinping-thought-national-curriculum-2021-08-25/ (5.1.2023)
43 https://chat.openai.com/chat (21.1.2022)

Literaturverzeichnis

Abegglen, James C. (1958): The Japanese Factory, Glencoe, Ill.: Free Press.

Ahlquist, John S./Breunig, Christian (2009): »Country Clustering in Comparative Political Economy«, in MPIfG Discussion Paper 09/5.

Ahmadjian, Christina L. (2014): »Corporate Governance and Business Systems in Asia«, in: The Oxford Handbook of Asian Business Systems, hrsg. von Michael A. Witt und Gordon Redding, Oxford: Oxford University Press, S. 332-357.

Ahmadjian, Christina L./Robbins, Gregory E. (2005): »A Clash of Capitalisms: Foreign Shareholders and Corporate Restructuring in 1990s' Japan«, in: American Sociological Review 70, S. 451–471.

Alami, Ilias/Dixon, Adam D. (2020): »State Capitalism(s) Redux? Theories, Tensions, Controversies«, in: Competition & Change 24(1), S. 70-94.

Albert, Michel (1993): Capitalism Against Capitalism: How America's Obsession with Individual Achievement and Short-term Profit Has Led It to the Brink of Collapse, New York: Four Walls Eight Windows.

Alesina, Alberto/Devleeschauwer, Arnaud/Easterly, William/Kurlat, Sergio/Wacziarg, Romain (2003): »Fractionalization«, in: Journal of Economic Growth 8, S. 155–194.

Alexander, Samuel/Chandrashekeran, Sangeetha/Gleeson, Brendan (2022): Post-Capitalist Futures: Paradigms, Politics, and Prospects, Singapore: Palgrave Macmillan.

Alexiadou, Despina (2018): »Technocratic Government and Economic Policy«, in: Oxford Research Encyclopedia of Politics, hrsg. von William R. Thompson, DOI: 10.1093/acrefore/9780190228637.013.614 (Online).

Amable, Bruno (2003): The Diversity of Modern Capitalism, Oxford: Oxford University Press.

Amaeshi, Jenneth/Amao, Olufemi O. (2009): »Corporate Social Responsibility in Transnational Spaces: Exploring Influences of Varieties of Capitalism on Expressions of Corporate Codes of Conduct in Nigeria«, in: Journal of Business Ethics 86, S. 225–239.

Aoki, Masahiko/Jackson, Gregory/Miyajima, Hideaki (2007): Corporate Governance in Japan. Institutional Change and Organizational Diversity, Oxford: Oxford University Press.

Aßländer, Michael S. (2007): Adam Smith zur Einführung, Hamburg: Junius.

Atkinson, Anthony (2015): Inequality. What Can Be Done?, Cambridge: Harvard University Press.

Baccaro, Lucio/Pontusson, Jonas (2016): »Rethinking Comparative Political Economy: The Growth Model Perspective«, in: Politics and Society 44(2), S. 175–207.

Ban, Cornel (2013): »From Cocktail to Dependence: Revisiting the Foundations of Dependent Market Economies«, in: Global Economic Governance Initiative Working Paper, Paper 3, December 2, 2013.

Ban, Cornel (2019): »Dependent Development at a Crossroads? Romanian Capitalism and Its Contradictions«, in: West European Politics 42(5), S. 1041–1068.

Barndt, William T. (2014): »Corporation-based Parties: The Present and Future of Business Politics in Latin America«, in: Latin American Politics and Society 56(3), S. 1–22.

Baumann, Fabienne-Agnes/Frommberger, Dietmar/Gessner, Michael/Holle, Larissa/Krichewsky-Wegener, Léna/Peters, Susanne/Vossiek, Jannis (2020): Berufliche Bildung in Lateinamerika und Subsahara-Afrika: Entwicklungsstand und Herausforderungen dualer Strukturansätze, Wiesbaden: Springer VS.

Becker, Uwe/ Vasileva, Aleandra (2017): »Russia's Political Economy Re-Conceptualized: A Changing Hybrid of Liberalism, Statism and Patrimonialism«, in: Journal of Eurasian Studies 8(1), S. 83–96.

Bellucci, Stefano (2017): »Wahe Labour and Capitalism: A Comparative and Historical Analysis of Eritrea and Kenya«, in: Labor History 58(2), S. 154–169.

Bizberg, Ilan (2014): »Types of Capitalism in Latin America«, in: Revue Interventions Économiques (Online) 49, https://journals.openedition.org/interventionseconomiques/1772.

Blattmann, Christopher/Hwang, Jason/Williamson, Jeffrey G. (2004): »The Impact of the Terms of Trade on Economic Development in the Periphery, 1870-1939: Volatility and Secular Change«, in: NBER Working Paper 10600.

Blyth, Mark (2013): Austerity: The History of a Dangerous Idea, Oxford: Oxford University Press.

Bogliaccini, Juan/Madariaga, Aldo (2020): »Varieties of Skills Profiles in Latin America: A Reassessment of the Hierarchical Model of Capitalism«, in: Journal of Latin American Studies 52, S. 601–631.

Bogliaccini, Juan/Madariaga, Aldo (2022): »State Capacity and Social Investment: Explaining Variation in Skills Creation Reforms in Latin America«, in: The World Politics of Social Investment (Volume I): Welfare States in the Knowledge Economy, hrsg. von Julian L. Garritzmann, Silja Häusermann und Bruno Palier, Oxford: Oxford University Press, S. 227–250.

Bohle, Dorothee/Greskovits, Béla (2009): »Varieties of Capitalism and Capitalism ›tout court‹, in: European Journal of Sociology 50(3), S. 355–386.

Bohle, Dorothee/Greskovits, Béla (2012): Capitalist Diversity on Europe's Periphery, Ithaca: Cornell University Press.

Boldizzoni, Francesco (2020): Foretelling the End of Capitalism: Intellectual Misadvantures since Karl Marx, Cambridge: Harvard University Press.

Boyer, Robert (2005): »How and Why Capitalisms Differ«, in: Economy and Society 34(4), S. 509–557.

Brandl, Barbara (2018): Wissenschaft, Technologieentwicklung und die Spielarten des Kapitalismus. Analyse der Entwicklung von Saagut in USA und Deutschland, Wiesbaden: Springer VS.

Busemeyer, Marius R. (2009): Wandel trotz Reformstau: Die Politik der beruflichen Bildung seit 1970, Frankfurt am Main: Campus.

Busemeyer, Marius R./Trampusch, Christine (2012): The Political Economy of Collective Skill Formation, Oxford: Oxford University Press.

Casanova, Lourdes (2009): Global Latinas. Latin America's emerging multinationals, Basingstoke: Palgrave Macmillan.

Chakrabarty, Dipesh (2009): Provincializing Europe. Postcolonial Thought and Historical Difference, Princeton: Princeton University Press.

Chandler, Alfred D. Jr. (1990): Scale and Scope: The Dynamics of Industrial Capitalism, Cambridge: Harvard University Press, Belknap Press.

Chen, Haohan/Kitschelt, Herbert (2022): »Political Linkage Strategies and Social Investment Policies: Clientelism and Education Policy in the Developing World«, in: The World Politics of Social Investment (Volume I): Welfare States in the Knowledge Economy, hrsg. von Julian L. Garritzmann, Silja Häusermann und Bruno Palier, Oxford: Oxford University Press, S. 194–226.

Collier, Ruth/Collier, David (1991): Shaping the Political Arena: Critical Junctures, the Labor Movement, and Regime Dynamics in Latin America, Princeton, NJ: Princeton University Press.

Colomer, Jacob (2005): »It's Parties that Choose Electoral Systems (or, Duverger's Laws Upside Down)«, in: Political Studies 53, S. 1–21.

Coppedge, Michael (1998): »The Evolution of Latin American Party Systems«, in: Politics, Society, and Democracy. Latin America, hrsg. von Scott Mainwaring und Arturo Valenzuela, London: Routledge, S. 171–206.

Crowley, Stephen/Stanojevic, Miroslav (2011): »Varieties Of Capitalism, Power Resources, And Historical Legacies: Explaining The Slovenian Exception«, in: Politics & Society 39(2), S. 268–295.

De Angelis, Massimo (2017): Omnia Sunt Communia: On the Commons and the Transformation of Postcapitalism, London: Zed Books.

Ebbinghaus, Bernhard/Visser, Jelle (1999): »When Institutions Matter: Union Growth and Decline in Western Europe, 1950–1995«, in: European Sociological Review 15(2), S. 135–158.

Ebner, Alexander (2007): »Joseph A. Schumpeter und die Geschichte der ökonomischen Analyse«, in: Geschichte der ökonomischen Analyse, Joseph A. Schumpeter, Neue Ausgabe mit einer Einführung von Alexander Ebner, Göttingen: Vandenhoeck und Ruprecht, IX–XL.

Esping-Andersen, Gøsta (1990): The Three Worlds of Welfare Capitalism, Cambridge: Polity Press.

Estévez-Abe, Margarita (2008): Welfare and Capitalism in Postwar Japan, Cambridge: Cambridge University Press.

Fainshmidt, Stav/Judge, William Q./Aguilera, Ruth V./Smith, Adam (2018): »Varieties of Institutional Systems: A Contextual Taxonomy of Understudied Countries«, in: Journal of World Business 53, S. 307–322.

Fearon, James D. (2003): »Ethnic and Cultural Diversity by Country«, in: Journal of Economic Growth 8, S. 195–222.

Feldmann, Magnus (2006): »Emerging Varieties of Capitalism: Industrial Relations and Wage Bargaining in Estonia and Slovenia«, in: Comparative Political Studies 39(7), S. 829–854.

Fisher, Mark (2009): Capitalist Realism: Is There No Alternative? Winchester: Zero Books.

Frieden, Jeffrey/Rogowski, Ronald (2014): »Modern Capitalism: Enthusiasts, Opponents, and Reformers«, in: Cambridge History of Capitalism, hrsg. von Larry Neal und Jeffrey G. Williamson, Cambridge: Cambridge University Press, S. 384–425.

Friedman, Thomas L. (2007): The World is Flat. A Brief History of the Twenty First Century, New York: Picador.

Fukuyama, Francis (1989): »The End of History?«, in: The National Interest 16, S. 3–18.

Fukuyama, Francis (1992): The End of History and the Last Man, New York: Free Press.

Futagami, Shiho/Waragai, Tomoki/Westphal, Thomas (1998): »Shukko in Japanese Companies and Its Economic and Managerial Effects«, in: WZB Discussion Papers (FS-IV 98-5).

Garritzmann, Julian L. (2016): The Political Economy of Higher Education Finance. The Politics of Tuition Fees and Subsidies in OECD Countries, 1945–2015, Basingstoke: Palgrave Macmillan.

Garritzmann, Julian L. (2019): Rezension von Iversen, Torben/Soskice, David (2019): Democracy and Prosperity. Reinventing Capitalism through a Turbulent Century, Politische Vierteljahresschrift 60, S. 655–657.

Garritzmann, Julian L./Häusermann, Silja/Kurer, Thomas/Palier, Bruno/Pinggera, Michael (2022a): »The Emergence of Knowledge Economies: Educational Expansion, Labor Market Changes, and the Politics of Social Investment«, in: The World Politics of Social Investment (Volume I): Welfare States in the Knowledge Economy, hrsg. von Julian L. Garritzmann, Silja Häusermann, Bruno Palier, Oxford: Oxford University Press, S. 251–281.

Garritzmann, Julian L./Häusermann, Silja/Palier, Bruno (2022b): The World Politics of Social Investment (Volume I): Welfare States in the Knowledge Economy, Oxford: Oxford University Press.

Garritzmann, Julian L./Häusermann, Silja/Palier, Bruno (2022c): The World Politics of Social Investment (Volume II): The Politics of Varying Social Investment Strategies, Oxford: Oxford University Press.

Garritzmann, Susanne (2021): Education Systems and Political Inequality: How Educational Institutions Shape Turnout Gaps, Konstanz: University of Konstanz.

Gerschenkron, Alexander (1962): Economic Backwardness in Historical Perspective: A Book of Essays, Cambridge: Harvard University Press.

Gingrich, Jane (2013): Making Markets in the Welfare State: The Politics of Varying Market Reforms, Cambridge: Cambridge University Press.

GIZ (Deutsche Gesellschaft für Internationale Zusammenarbeit) (2020): The Green Finance Market Emerging in Brazil, Bonn and Eschborn: GIZ.

Goldfajn, Ilan/Martínez, Lorenza/Valdés, Redrigo E. (2021): »Washington Consensus in Latin America: From Raw Model to Straw Man«, in: Journal of Economic Perspectives 35(3), S. 109–132.

Goos, Maarten/Manning, Alan/Salomons, Anna (2014): »Explaining Job Polarization: Routine-Biased Technological Change and Offshoring«, in: American Economic Review 104(8), S. 2509–2526.

Hall, Peter A. (1993): »Policy paradigms, social learning and the state: the case of economic policymaking in Britain«, in: Comparative Politics 25(3), S. 275–96.

Hall, Peter A. (2013): »Varieties of Capitalism and the Euro Crisis«, in: West European Politics 37(6) S. 1223–1243.

Hall, Peter A. (2022): »The Shifting Relationship between Post-War Capitalism and Democracy (The Government and Opposition/Leonard Schapiro Lecture)«, in: Government & Opposition 57, S. 1–30.

Hall, Peter A./Soskice, David (2001): Varieties of Capitalism. The Institutional Foundations of Comparative Advantage, Oxford: Oxford University Press.

Hall, Peter A./Taylor, Rosemary C. R. (1996): »Political Science and the Three Institutionalisms«, in: Political Studies 44, S. 936–957.

Hallin, Daniel/Papathanassopoulos, Stylianos (2002): »Political Clientelism and the Media: Southern Europe and Latin America in Comparative Perspective«, in: Media, Cultures, and Society 24(2), S. 175–195.

Hancké, Bob (2009): Debating Varieties of Capitalism: A Reader, Oxford: Oxford University Press.

Hassel, Anke (2006): »Die Schwächen des deutschen Kapitalismus«, in: Gibt es einen deutschen Kapitalismus? Die soziale Marktwirtschaft im Weltsystem, hrsg. von Volker Berghahn und Sigurt Vitols, Frankfurt: Campus, S. 200–214.
Hassel, Anke (2015): »Trade Unions and the Future of Democratic Capitalism«, in: The Politics of Advanced Capitalism, hrsg. von Pablo Beramendi, Silja Häusermann, Herbert Kitschelt und Hanspeter Kriesi, Oxford: Oxford University Press, S. 231–256.
Hassel, Anke/Palier, Bruno (2020): Growth and Welfare in Advanced Capitalist Economies, Oxford: Oxford University Press.
Häusermann, Silja/Schwander, Hanna (2012): »Varieties of Dualization? Labor Market Segmentation and Insider-Outsider Divides across Regimes«, in: The Age of Dualization: The Changing Face of Inequality in Deindustrializing Societies, hrsg. von Patrick Emmenegger, Silja Häusermann, Bruno Palier und Martin Seeleib-Kaiser, Oxford: Oxford University Press, S. 27–51.
Hellmeier, Sebastian/Cole, Rowan/Grahn, Sandra/Kolvani, Palina/Lachapelle, Jean/Lührmann, Anna/Maerz, Seraphine E./Pillai, Shreeya/Lindberg, Staffan I. (2021): »State of the World 2021: Autocratization Turns Vital«, in: Democratization 28(6), S. 1053–1074.
Hodgson, Geoffrey M. (2015): Conceptualizing Capitalism: Institutions, Evolution, Future, Chicago: Chicago University Press.
Holliday, Ian (2000): »Productivist Welfare Capitalism: Social Policy in East Asia«, in: Political Studies 48, S. 706–723.
Hope, David/Soskice, David (2016): »Growth Models, Varieties of Capitalism, and Macroeconomics«, in: Politics and Society 44(2), S. 209–226.
Huber, Evelyne (2002): Models of Capitalism: Lessons for Latin America, Pennsylvania: Pennsylvania State University Press.
Huber, Evelyne/Stephens, John D. (2001): Development and Crisis of the Welfare State: Parties and Policies in Global Markets, Chicago: Chicago University Press.
Huber, Evelyne/Dunn, Clarie/Huber, John D. (2022): »Social Investment and Neoliberal Legacies in Latin America: Breaking the Mold?«, in: The World Politics of Social Investment (Volume I): Welfare States in the Knowledge Economy, hrsg. von Julian L. Garritzmann, Silja

Häusermann und Bruno Palier, Oxford: Oxford University Press, S. 377–403.
Huberman, Michael (2014): »Labor Movements«, in: The Cambridge History of Capitalism (Volume II). The Spread of Capitalism: From 1848 to the Present, hrsg. von Larry Neal und Jeffrey G. Williamson, Cambridge: Cambridge University Press, S. 426–463.
Ingham, Geoffrey (2008): Capitalism, Cambridge: Polity Press.
Inglot, Tomasz (2008): Welfare States in East Central Europe, 1919–2004, Cambridge: Cambridge University Press.
Iversen, Torben/Soskice, David (2006): »Electoral Institutions and the Politics of Coalitions: Why Some Democracies Redistribute More Than Others«, in: American Political Science Review 100(2), S. 165–181.
Iversen, Torben/Soskice, David (2019): Democracy and Prosperity: Reinventing Capitalism through a Turbulent Century, Princeton: Princeton University Press.
Janelli, Roger L (1993): Making Capitalism: The Social and Cultural Construction of a South Korean Conglomerate, Stanford: Stanford University Press.
Jensen, Carsten (2011): »Capitalist Systems, Deindustrialization, and the Politics of Education«, in: Comparative Political Studies 44(4), S. 412–435.
Johnston, Aliston/Hancké, Bob/Pant, Suman (2014): »Comparative Institutional Advantage in Europe's Sovereign Debt Crisis«, in: Comparative Political Studies 47(13), S. 1771–1800
Kambayashi, Ryo/Kato, Takao (2016): »Long-Term Employment and Job Security over the Past 25 Years: A Comparative Study of Japan and the United States«, in: ILR Review 70(2), S. 359–394.
Kitschelt, Herbert (2000): »Linkages Between Citizens and Politicians in Democratic Polities«, in: Comparative Political Studies 33, S. 845–879.
Kitschelt, Herbert/Lange, Peter/Marks, Gary/Stephens, John D. (1999): Continuity and Change in Contemporary Capitalism, Cambridge: Cambridge University Press.
Kocka, Jürgen (2013): Geschichte des Kapitalismus, München: C.H. Beck.
Kollmeyer, Christopher (2018): »Trade Union Decline, Deindustrialization, and Rising Income Inequality in the United States, 1947–2015«, in: Research in Social Stratification and Mobility 57, S. 1–10.

Kublin, Hyman (1952): »The Origins of Japanese Socialist Tradition«, in: Journal of Politics 14(2), S. 257–280.
Kurzer, Paulette (1991): »Unemployment in Open Economies: The Impact of Trade, Finance, and European Integration«, in: Comparative Political Studies 24(1), S. 3–30.
Lechevalier, Sébastian (2014): The Great Transformation of Japanese Capitalism, Abingdon: Routledge.
Lee, Sophia Seung-yoon/Kim, Yeon-Myung (2022): »Politics of Social Investment in Post-industrial South Korea«, in: The World Politics of Social Investment (Volume II): The Politics of Varying Social Investment Strategies, hrsg. von Julian L. Garritzmann, Silja Häusermann und Bruno Palier, Oxford: Oxford University Press, S. 303–323.
Leidinger, Hannes (2008): Kapitalismus, Stuttgart: UTB.
Macpherson, Wayne G./Lockhart, James C./Kavan, Heather/Iaquinto, Anthony (2015): »Kaizen: A Japanese Philosophy and System for Business Excellence«, in: Journal of Business Strategy 36(5), S. 3–9.
Mader, Philip/Mertens, Daniel/van der Zwan, Natascha (2020): The Routledge Handbook of Financialization, London: Routledge.
Mares, Isabela (2003): The Politics of Social Risk. Business and Welfare State Development, Cambridge: Cambridge University Press.
Martin, Cathie Jo (2000): Stuck in Neutral: Business and the Politics of Human Capital Investment Policy, Princeton: Princeton University Press.
Martin, Cathie Jo (2018): »Imagine All the People: Literature, Society, and Cross-National Variation in Education Systems«, in: World Politics 70(3), S. 398–442.
Martin, Cathie Jo/Swank, Duane (2008): »The Political Origins of Coordinated Capitalism: Business Organizations Party Systems and State Structure in the Age of Innocence«, in: American Political Science Review 102, S. 181–98.
Martin, Cathie Jo/Thelen, Kathleen (2011): »The State and Coordinated Capitalism: Contributions of the Public Sector to Social Solidarity in Postindustrial Societies«, in: World Politics 60(1), S. 1–36.
Mauss, Marcel (2002 [1950]): The Gift: The Form and Reason for Exchange in Archaic Societies, London: Routledge.

McElroy, Brendan (2022): »Editor's Introduction.«, in: APSA Democracy and Autocracy Section Vol. 20(3): Capitalism and Democracy Revisited, S. 2–4
McGuire, Jean/Dow, Sandra (2009): »Japanese Keiretsu: Past, Present, Future«, in: Asia Pacific Journal of Management 26, S. 333–351.
Meelen, Toon/Herrmann, Andrea M./Faber, Jan (2017): »Disentangling Patterns of Economic, Technological and Innovative Specialization of Western Economies: An Assessment of the Varieties-Of-Capitalism Theory on Comparative Institutional Advantages«, in: Research Policy 46(3), S. 667–677.
Milanovic, Branko (2019): Capitalism, Alone, Cambridge: Harvard University Press.
Musaccio, Aldo/Lazzarini, Sergio G./Aguilera, Ruth V. (2015): »New Varieties of State Capitalism: Strategic and Governance Implications«, in: Academy of Management Perspectives 29(1), S. 115–131.
Nakamura, Masao (2011): »Adoption and Policy Implications of Japan's New Corporate Governance Practices after the Reform«, in: Asia Pacific Journal of Management 28, S. 187–213.
Neal, Larry/Williamson, Jeffrey G. (2014): The Cambridge History of Capitalism (Volume II). The Spread of Capitalism: From 1848 to the Present, Cambridge: Cambridge University Press.
Niedzwiecki, Sara (2018): Uneven Social Policies: The Politics of Subnational Variation in Latin America, Cambridge: Cambridge University Press.
Nölke, Andreas (2022): Post-Corona Capitalism: The Alternatives Ahead, Bristol: Bristol University Press.
Nölke, Andreas/Vliegenhart, Arjan (2009): »Enlarging the Varieties of Capitalism: The Emergence of Dependent Market Economies in East Central Europe«, in: World Politics 61(4), S. 670–702.
Nölke, Andreas/ten Brink, Tobias/May, Christian/Claar, Simone (2020): State-Permeated Capitalism in Large Emerging Economies. Abingdon: Routledge.
Oesch, Daniel (2013): Occupational Change in Europe: How Technology and Education Transform the Job Structure, Oxford: Oxford University Press.
O'Rouke, Kevin H./Williamson, Jeffrey G. (2014): »Introduction: The Spread and Resistance to Global Capitalism«, in: Cambridge History

of Capitalism, hrsg. von Larry Neal und Jeffrey G. Williamson, Cambridge: Cambridge University Press, S. 1–21.
O'Neill, Martin/Williamson, Thad (2012): Property-Owning Democracy: Rawls and Beyond, Malden: Wiley-Blackwell.
Ono, Hiroshi (2010): »Lifetime Employment in Japan: Concepts and Measurement«, in: Journal of the Japanese and International Economies 24(1), S. 1–27.
O'Reilly, Colin/Murphy, Ryan H. (2022): »An Index Measuring State Capacity, 1789–2019«, in: Economica 89, S. 713–745.
Ostrom, Elinor (1990): Governing the Commons. The Evolution of Institutions for Collective Action, Cambridge: Cambridge University Press.
Ostrom, Elinor (2006): Understanding Institutional Diversity, Princeton: Princeton University Press.
Petry, Johannes (2021): »Same Same, But Different: Varieties of Capital Markets, Chinese State Capitalism and the Global Financial Order«, in: Competition and Change 25(5), S. 605–630.
Pfau-Effinger, Birgit (2005): »Culture and Welfare State Policies: Reflections on a Complex Interrelation«, in: Journal of Social Policy 34(1), S. 3–20.
Pierson, Paul (1993): »When Effect Becomes Cause: Policy Feedback and Political Change«, in: World Politics 45(4), S. 595–628.
Piketty, Thomas (2014): Capitalism in the 21st Century, Cambridge: Harvard University Press.
Polanyi, Karl (1978 [1944]): The Great Transformation: Politische und ökonomische Ursprünge von Gesellschaften und Wirtschaftssystemen, Frankfurt am Main: Suhrkamp.
Prentice, Susan/White, Linda A. (2022): »The Politics of Early Years and Family Policy Investments in North America«, in: The World Politics of Social Investment (Volume II): The Politics of Varying Social Investment Strategies, hrsg. von Julian L. Garritzmann, Silja Häusermann und Bruno Palier, Oxford: Oxford University Press, S. 135–155.
Quante, Michael (2018): Karl Marx: Ökonomisch-Philosophische Manuskripte. Studienausgabe mit Kommentar, 3. Aufl., Frankfurt am Main: Suhrkamp Verlag.
Reale, Filippo (2019): »Comparative Institutional Advantage: An Obituary«, in: Journal of Institutional Economics 15, S. 569–578.

Roberts, Kenneth M. (2019): »Bipolar Disorders: Varieties of Capitalism and Populist Out-Flanking on the Left and Right«, in: Polity 51(4): 641–653.

Roberts, Kenneth M./Wibbels, Erik (1999): »Party Systems and Electoral Volatility in Latin America: A Test of Economic, Institutional, and Structural Explanations«, in: American Political Science Review 93(3), S. 575–590.

Roemer, John E. (1994): »A Future for Socialism«, in: Politics & Society 22(4), S. 451–478.

Rossel, Cecilia/Antía, Florencia/Manzi, Pilar (2022): »The Politics of Conditionality in Latin America's Cash Transfer Reforms«, in: The World Politics of Social Investment (Volume II): The Politics of Varying Social Investment Strategies, hrsg. von Julian L. Garritzmann, Silja Häusermann und Bruno Palier, Oxford: Oxford University Press, 379–401.

Rucht, Dieter (2016): »Neuere kapitalismuskritische und antikapitalistische Bewegungen«, in: Forschungsjournal Soziale Bewegungen 29(3), S. 121–134.

Rueda, David/Pontusson, Jonas (2011): »Wage Inequality and Varieties of Capitalism.«, in: World Politics 52(3): S. 350–383.

Schmidt, Christian (2018): Karl Marx zur Einführung, Hamburg: Junius.

Schneider, Ben Ross (2013): Hierarchical Capitalism in Latin America. Business, Labor, and the Challenges of Equitable Development, Cambridge: Cambridge University Press.

Schumpeter (1939): Business Cycles: A Theoretical, Historical and Statistical Analysis of the Capitalist Process, New York: McGraw Hill Book Company.

Schumpeter, Joseph (1942): Capitalism, Socialism, and Democracy, New York und London: Harper & Brothers.

Schweickart, David (1992): »Economic Democracy: A Worthy Socialism That Would Really Work«, in: Science & Society 56(1), S. 9-38.

Shavit, Yossi/Müller, Walter (2010): »Vocational Secondary Education«, in: European Societies 2(1), S. 29–50.

Shonfield, Andrew (1965): Modern Capitalism: The Changing Balance of Public and Private Power, Oxford: Oxford University Press.

Skocpol, Theda (1992): Protecting soldiers and mothers. The political origins of social policy in the United States, Cambridge: The Belknap Press of Harvard University Press.

Smith, Adam (2005 [1776]): Untersuchung über Wesen und Ursachen des Reichtums der Völker, Deutsche Übersetzung, hrsg. von Erich W. Streissler, Tübingen: UTB Mohr Siebeck.

Snower, Dennis (1994): »The Low-Skill, Bad-Job Trap«, in: Center for Economic Policy Research Discussion Paper Series, No. 999, Washington, DC: International Monetary Fund.

Sorge, Arndt/Streeck, Wolfgang (1988): »Industrial Relations and Technical Change: The Case for an Extended Perspective«, in: New Technology and Industrial Relations, hrsg. von Richard Hyman und Wolfgang Streeck, Oxford: Basil Blackwell, S. 19–47.

Soskice, David (1990): »Wage Determination: The Changing Role of Institutions in Advanced Industrialized Countries«, in: Oxford Review of Economic Policy 6 (4), S. 36–61.

Streeck, Wolfgang (2010): »E Pluribus Unum? Varieties of Commonalities of Capitalism«, in: MPIfG Discussion Paper 10/12.

Streeck, Wolfgang (2016): How Will Capitalism End? Essays on a Failing System, London: Verso.

Streeck, Wolfgang/Yamamura, Kozo (2001): The Origins of Nonliberal Capitalism: Germany and Japan in Comparison, Ithaca: Cornell University Press.

Szelewa, Dorota/Polakowski, Michał (2022): »Explaining the Weakness of Social Investment in the Visegrád Countries: The Cases of Childcare and Active Labor Market Policies«, in: The World Politics of Social Investment (Volume I): Welfare States in the Knowledge Economy, hrsg. von Julian L. Garritzmann, Silja Häusermann und Bruno Palier, Oxford: Oxford University Press, S. 185–208.

Takanashi, Akira/Sano, Yoko/Koike, Kazuo/Inagami, Takeshi/Hayami, Hitoshi (1996): Shunto Wage Offensive, Tokyo: Japan Institute of Labour.

ten Brink, Tobias (2013): Chinas Kapitalismus: Entstehung, Verlauf, Paradoxien, Frankfurt am Main: Campus.

ten Brink, Tobias/Nölke, Andreas (2013): »Staatskapitalismus 3.0«, in: der moderne staat 6(1), S. 21–32.

Thelen, Kathleen (2004): How Institutions Evolve: The Political Economy of Skills in Germany, Britain, the United States, and Japan, Cambridge: Cambridge University Press.
Thelen, Kathleen (2012): »Varieties of Capitalism: Trajectories of Liberalization and the New Politics of Social Solidarity«, in: Annual Review of Political Science 15, S. 137–159.
Thelen, Kathleen (2014): Varieties of Liberalization and the New Politics of Social Solidarity, Cambridge: Cambridge University Press.
Tomeczek, Artur F. (2022): »The Evolution of Japanese keiretsu Networks: A Review and Text Network Analysis of Their Perceptions in Economics«, in: Japan and the World Economy 62, S. 1–10.
Trampusch, Christine (2010a): »Co-evolution of Skills and Welfare in Coordinated Market Economies? A Comparative Historical Analysis of Denmark, the Netherlands, and Switzerland«, in: European Journal of Industrial Relations 16(3), S. 197–220.
Trampusch, Christine (2010b): »Employers, the State, and the Politics of Institutional Change: Vocational Education and Training in Austria, Germany and Switzerland«, in: European Journal of Political Research 49, S. 545–573.
Van der Zwan, Natascha (2014): »Making Sense of Financialization«, in: Socio-Economic Review 12, S. 99–129.
Vantuch, Juraj/Jelinkova, Dagmar (2019): Vocational Education and Training for the Future of Work: Slovakia, Cedefop ReferNet Slovakia.
Visser, Jelle (2022): ICTWSS Database. version 6.1. Amsterdam: Amsterdam Institute for Advanced Labour Studies (AIAS), University of Amsterdam. November 2019.
Vogel, Steven K. (2018): Marketcraft: How Governments Make Markets Work, Oxford: Oxford University Press.
Walter, Andrew/Zhang, Xiaoke (2012): East Asian Capitalism. Diversity, Continuity, and Change, Oxford: Oxford University Press.
Walter, Stefanie (2013): Financial Crisis and the Politics of Macroeconomic Adjustments, Cambridge: Cambridge University Press.
Whitley, Richard (1999): Divergent Capitalisms: The Social Structuring and Change of Business Systems, Oxford: Oxford University Press.
Willke, Gerhard (2006): Kapitalismus, Frankfurt am Main: Campus.
Witt, Michael A. (2014): »South Korea: Plutocratic State-Led Capitalism Reconfiguring«, in: The Oxford Handbook of Asian Business Systems,

hrsg. von Michael A. Witt und Gordon Redding, Oxford: Oxford University Press, S. 216–237.

Witt, Michael A./Redding, Gordon (2013): »Asian Business Systems: Institutional Comparison, Clusters and Implications for Varieties of Capitalism and Business Systems Theory«, in: Socio-Economic Review 11, S. 265–300.

Witt, Michael A./Redding, Gordon (2014a): »Asian Business Systems: Implications and Perspectives for Comparative Business Systems and Varieties of Capitalism Research«, in: The Oxford Handbook of Asian Business Systems, hrsg. von Michael A. Witt und Gordon Redding, Oxford: Oxford University Press, S. 667–697.

Witt, Michael A./Redding, Gordon (2014b): »China«, in: The Oxford Handbook of Asian Business Systems, hrsg. von Michael A. Witt und Gordon Redding, Oxford: Oxford University Press, S. 11–32.

Witt, Michael A./Kabbach de Casto, Luiz/Amaeshi, Ricardo Kenneth/Mahroum, Sami/Bohle, Dorothee/Saez, Lawrence (2018): »Mapping the Business Systems of 61 Major Economies: A Taxonomy and Implications for Varieties of Capitalism and Business Systems Research«, in: Socio-Economic Review 16(1), S. 5–38.

Wright, Erik Olin (2021): How to Be an Anticapitalist in the 21st Century, London: Verso.

Wright, Mike/Wood, Geoffrey/Musaccio, Aldo/Okhmatovskiy, Ilya/Grosman, Anna/Doh, Jonathan P. (2021): »State Capitalism in International Context: Varieties and Variations«, in: Journal of World Business 56, S. 1–16.

Wright, Mike/Wood, Geoffrey/Cuervo-Cazurra, Alvaro/Sun, Pei/Okhmatovskiy, Ilya/Grosman, Anna (2022): The Oxford Handbook of State Capitalism and the Firm, Oxford: Oxford University Press.

Zhang, Xiaoke/Whitley, Richard (2013): »Changing Macro-Structural Varieties of East Asian Capitalism«, in: Socio-Economic Review 11, S. 301–336.

Julian L. Garritzmann ist Professor für Politikwissenschaft an der Goethe-Universität Frankfurt. Seine Forschungsschwerpunkte liegen in der Vergleichenden Politischen Ökonomie, der politischen Soziologie, der Sozial- und Bildungspolitik und der Parteienforschung. Nach einem Studium in Köln und einer Promotion in Konstanz forschte und lehrte er u.a. an der Harvard University, der Duke University, der Universität Zürich und dem Europäischen Hochschulinstitut in Florenz. Seine Forschung wurde u.a. mit Preisen der Deutschen Vereinigung für Politikwissenschaft, der Schweizer Vereinigung für Politikwissenschaft und der American Political Science Association ausgezeichnet. Neben zahlreichen Journal-Beiträgen publizierte er Bücher zur Politischen Ökonomie der Hochschule (Palgrave), zu öffentlicher Meinung und Bildungspolitik (Cambridge University Press) und zu Wohlfahrtsstaaten in der Wissensgesellschaft (Oxford University Press).

Zur Einführung →

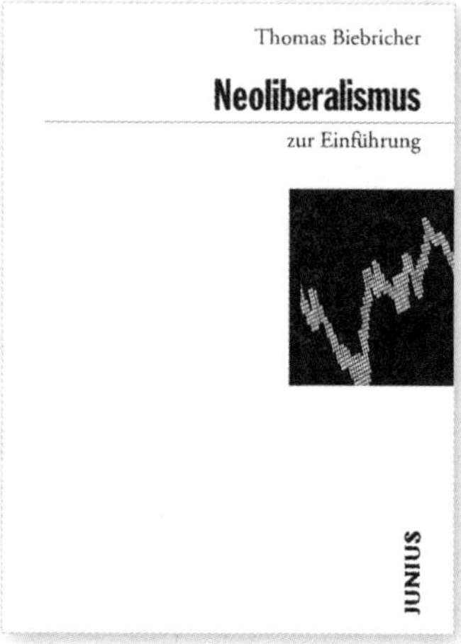

Thomas Biebricher
Neoliberalismus zur Einführung
ISBN 978-3-88506-743-6
260 Seiten, 16.90 Euro

Mit der Finanzkrise 2008 sahen viele Beobachter das Ende des Neoliberalismus gekommen. Einige Jahre und mehrere Krisen später kann davon kaum mehr die Rede sein. Doch worum handelt es sich, wenn von Neoliberalismus die Rede ist? Diese Einführung nimmt ihren Ausgang bei einer Analyse der wichtigsten Vertreter neoliberalen Denkens von Walter Eucken über Friedrich August von Hayek bis zu Milton Friedman, analysiert Neoliberalisierungsprozesse in den USA, Großbritannien und Deutschland während der 1980er und 1990er Jahre und thematisiert die Frage neoliberalen Regierens aus der Perspektive von Governance-Theorien sowie der Gouvernementalitätstheorie.

Ludger Heidbrink u.a.
Wirtschaftsphilosophie zur Einführung
ISBN 978-3-96060-308-5
200 Seiten, 14.90 Euro

Angesichts der Bedeutung der Wirtschaft für unsere Gesellschaft sowie der Kritik an methodischen und normativen Grundannahmen der Wirtschaftswissenschaft scheint eine philosophische Reflexion der ökonomischen Theorie und Praxis heute angebracht zu sein. Dieser Band gibt einen Überblick über die Geschichte und Grundlagen der Wirtschaftsphilosophie von Aristoteles über Adam Smith und John Stuart Mill bis zur Neoklassik und Verhaltensökonomik. Neben der Behandlung von wichtigen Grundbegriffen wie Kapital, Arbeit, Markt, Wohlstand, Wachstum und Zeit liegt ein besonderer Fokus auf dem Verhältnis von Ethik und Ökonomie sowie neueren Entwicklungen im Feld der Wirtschaftsphilosophie.

JUNIUS
www.junius-verlag.de